中国政法大学“211 工程”三期经费资助出版
国务院法制办公室政府协调司委托项目“规范行政执法程序立法研究”

转型期诉讼法学创新文库（7）

总主编　卞建林

中华人民共和国行政执法程序条例（建议稿）及立法理由

王万华　著

中国人民公安大学出版社
·北　京·

图书在版编目（CIP）数据

中华人民共和国行政执法程序条例（建议稿）及立法理由/王万华著．—北京：中国人民公安大学出版社，2016.11

ISBN 978-7-5653-2775-9

Ⅰ．①中…　Ⅱ．①王…　Ⅲ．①行政执法—研究—中国

Ⅳ．①D922.114

中国版本图书馆 CIP 数据核字（2016）第 260056 号

转型期诉讼法学创新文库

中华人民共和国行政执法程序条例（建议稿）及立法理由

王万华　著

出版发行：中国人民公安大学出版社

地　　址：北京市西城区木樨地南里

邮政编码：100038

经　　销：新华书店

印　　刷：北京兴华昌盛印刷有限公司

版　　次：2016 年 11 月第 1 版

印　　次：2016 年 11 月第 1 次

印　　张：9.25

开　　本：880 毫米×1230 毫米　1/32

字　　数：249 千字

书　　号：ISBN 978-7-5653-2775-9

定　　价：35.00 元

网　　址：www.cppsup.com.cn　www.porclub.com.cn

电子邮箱：zbs@cppsup.com　zbs@cppsu.edu.cn

营销中心电话：010-83903254

读者服务部电话（门市）：010-83903257

警官读者俱乐部电话（网购、邮购）：010-83903253

法律图书分社电话：010-83905745

总 序

在全球化背景下展开的社会转型是当下中国面临的最为艰巨的课题。随着经济体制、社会结构、利益格局的深刻调整与变革，利益主体多样化和价值取向差异化日益显现，而以人民内部矛盾为主的社会矛盾朝多发性、多样性和复杂性不断发展，成为影响社会和谐稳定与经济社会发展的突出问题。

社会转型对法治建设提出了新的挑战，全面落实依法治国基本方略，为社会转型提供有力的法治保障，是我国当前法治建设的主要任务。法学研究是社会主义法治建设的重要组成部分，肩负着为法治建设提供理性解读与智识支撑的重要任务。诉讼法学作为与法治实践密切相关的应用性学科，面对社会转型万象，更需要深入自觉地回应实践发展需求。只有建立能够适应我国国情、符合社会发展趋势的诉讼法学理论学说与制度体系，才能满足司法实践的需要。社会转型时期的复杂形势，为诉讼法学研究提供了新的机遇，也使诉讼法学研究面临前所未有的挑战与压力。面对这种挑战与压力，有必要重点强调“创新”二字。创新是学术研究与理论发展之魂，是推动诉讼法学研究不断发展的最大动力。创新诉讼法学研究，可以从以下几个方面理解：

首先是学术研究领域的创新。研究领域的创新并不意味着否定、抛弃过去的研究成果，而是在此基础上往更广、更深、更符合实践需要的方向拓展。这不仅需要我们在今后的研究中进一步加强基础性研究，争取在原有研究范畴上获得层次更高、深度更深的学术成果，并不断挖掘、开发新的理论研究范畴，同时也需要我们进一步加强应用性研究，特别是法律实施问题的研究，从而使得诉讼法学理论研究的成果能够顺利转化到实践中去，能够真正引导国家司法制度的变革与发展。此外，社会的发展是一个系统工程，各个部分、环节与层面的发展都是相互影响与相互制约的，这种影响与制约的关系越来越紧密，因此，诉讼法学的发展要想跟上社会发展的步伐并充分发挥其作用，也必须加强对社会科学及自然科学中相关研究成果的吸收、借鉴，进一步开展跨学科、交叉学科、边缘学科的探索研究。

其次是学术研究思路的创新。过去，诉讼法学研究存在较明显的功利化倾向，同时也难以摆脱条文的限制，从而缺乏研究的深度和新意。从规范诉讼法学走向理论诉讼法学，是诉讼法学发展的必然趋势。加强对诉讼原理、诉讼规律的研究，有助于诉讼立法的科学化，也对正确开展司法活动具有重要的指导作用。在这个过程中，不仅需要我们积极借鉴法制发达国家丰富的研究成果和宝贵的实践经验，也需要我们深刻解读、准确把握中国法治实践与法治道路的客观规律，重点解决国际司法准则的本土化问题，努力打造具有中国特色的诉讼法治话语体系。

再次是学术研究方法的创新。长期以来，我国学者在诉讼法学研究方法的运用上偏重于采用概念推理、理论辨析等传统方法，缺乏实践调查与数据分析，以致产生理论设想与实践操作之间的偏离与脱节。面对转型时期司法实践中出现的诸多问题，有必要进一步加强探索实证研究方法，积极开展各种形式的实践调查和试点实验，加强数据采集与定量分析，不断总结、推广试点经验与实证成果，回答和检验理论研究中的特定问题。实证研究方法的运用，有利于实现理论法学与应用法学的衔接、法学理论与司法实践的衔接，也有助于将法学研究成果及时地投入到司法实践中加以检验和修正。

最后是学术研究队伍的创新。以往，诉讼法学研究大都局限于自身学科领域，在研究队伍的组建上存在成员单一、结构固定等普遍问题。在社会转型时期，面对不同性质、不同诉求的社会矛盾相互交织、共同作用的现实情况，突破学科壁垒与部门围墙，实现多学科、多部门之间的协同创新势在必行。协同创新理念的实施，要求诉讼法学科在自身优势与特色的基础上紧密联系其他学科，在学术研究队伍的搭建与研究项目的设计上努力实现高校、科研院所、司法实务部门以及企事业单位等不同学科、不同主体之间的资源集成与共享，以此消除诉讼法学科与其他学科、理论研究与司法实践之间的脱节现象。

中国政法大学诉讼法学研究院是从事诉讼法学研究的新型综合性研究机构。2000 年 10 月，诉讼法学研究院入选教育部普通高等学校人文社会科学百所重点研究基地，成为全国法学专业九个重点研究基地之一。诉讼法学研究院以中国政法大学雄厚的法学专业为基础，以国家级重点学科诉讼法学科为依托，集中开展诉讼法学、证据法学与司法制度研究，下设刑事诉讼法学研究所、民事诉讼法学研究所、行政诉讼法学研究所和证据法学研究所四个研究所。自成立以来，诉讼法学研究院坚持以科研为立院之本，积极承担多个国家级、省部级重大攻关项目，注重人才培养与团队建设，广泛开展多层次学术交流与合作，为国家立法完善作出重要贡献，很好地发挥了重点研究基地的引领与示范作用。在教育部 2004 年和 2010 年两次重点研究基地评估中，诉讼法学研究院均取得了“优秀”的成绩。

面对社会转型期涌现的诸多研究课题，在学术研究方面不断创新，积极进取，充分展现重点研究基地的学术影响力，是诉讼法学研究院长期建设、发展的主要目标。为了达此目标，诉讼法学研究院专门创办了“转型期诉讼法学创新文库”这一系列著作项目，用以汇集、总结和展示研究院各位研究人员近年来探讨社会转型期诉讼理论与实践中热点、重点、难点问题而形成的各项学术研究成果。这一文库的出版领域涵盖刑事诉讼法学、民事诉讼法学、行政诉讼法学、证据法学、司法制度等多个方面，以有新意、有深度、有分量的专著、译著为主要形式。我们希望能通过这个文库鼓励学术创新，积累学术成果，并为繁荣、深化和开拓诉讼法领域的学术研究积极贡献力量。

中国政法大学诉讼法学研究院院长

卞建林

2012 年 8 月　北京

由分散立法模式走向法典式立法模式

（代序）

法治的核心是程序法治。《中共中央关于全面推进依法治国若干重大问题的决定》（以下简称《依法治国决定》）中明确提出“完善行政组织和行政程序法律制度，推进机构、职能、权限、程序、责任法定化”，其中包括完善行政执法程序立法。《依法治国决定》的这一要求如果进入立法工作层面，首先需要解决的问题就是完善行政程序法律制度应采用何种立法模式，是继续分散立法思路，还是在整合分散立法基础上走向制定综合性统一立法？当下，有三点因素需要我们由分散立法模式走向法典式立法模式。

一、在全面深入推进依法行政阶段，完善行政执法程序立法要解决的不再是单一执法行为的规范问题，而是全面规范行政执法活动的全局性问题，延续分散立法模式难以回应这一立法需求

分散立法模式的优势是能够针对急需解决的问题尽快出台相应法律，又不会对整个行政体系形成大的冲击，适合解决依法行政中的具体问题和局部问题。在行政法治建设初期，程序立法经验还不足，采用分散立法模式符合当时的实际情况。但是，分散立法模式只解决特定局部问题，易出现立法空白、重复立法浪费立法资源、不同立法之间互相冲突等问题，随着依法行政的持续推进，已经难以适应新的历史时期的程序立法需求。在深入推进依法行政阶段，中央对作为国家治理体系重要组成部分的行政执法提出了较之法治政府建设起步阶段更为广泛和严格的规范要求。针对行政执法中存在的执法乱作为、执法不作为、执法慢作为、运动式执法、执法不公、执法效率不高、执法效力不明确等诸多问题，《依法治国决定》明确提出完善行政程序立法，并对全面规范行政执法活动提出制度建构要求。2015 年 12 月发布的《法治政府建设实施纲要》(2015~2020）中再次提出完善行政执法程序，创新行政执法方式。与 1991 年起草《行政处罚法》时所处的时期与面临的任务相比较，完善执法程序立法要解决的不再是特定领域的具体规范问题，而是如何全面规范行政执法活动的全局性问题，以保障作为国家治理体系重要组成部分的行政执法合法、规范、有效，不乱作为侵犯民众权利，积极作为履行职责，保障公法秩序有效得以建构，为民众提供良好公共服务。针对具体问题的单行立法无疑难以回应全面规范的立法需求，需要转向制定综合性的、内容更为全面的统一程序立法。

二、“互联网+”行动计划与国家大数据战略的实施，需要政府调整行政权力内部和对外运行机制，分散立法模式难以回应构建新的行政权力运行机制的立法需求

英国学者维克托·迈尔-舍恩伯格在《大数据时代》一书中提出“大数据是人们获得新的认知，创造新的价值的源泉；大数据还是改变市场、组织机构，以及政府与公民关系的方法”。大数据时代的来临，在深刻改变商业模式和人们行为模式的同时，也在深刻改变政府管理模式和重塑政府与公民之间的关系。2014 年 9 月 1 日，欧盟行政法研究网发布了由来自德国、法国、意大利、英国等国家公法学者历经五年完成的《欧盟示范行政程序法》，与欧洲大陆国家已有的行政程序法典相比较，法典内容发生的重大变化之一就是增加了与政府大数据有关的新内容，涉及行政机关信息的标准化、规范化，不同机关之间信息的共享，以及机关信息的开放使用。中国的互联网网民人数目前已经达到 6.5 亿，党的十八届五中全会公报中明确提出实施互联网+行动计划与国家大数据战略，随着这一战略实施的推进，互联网对经济、社会生活的覆盖将会进一步加速扩大。在互联网使商业模式发生巨变并使人们的生活变得更为便利时，政府在公共管理中同样需要利用互联网技术优势为人们提供便捷的公共服务，降低企业经济活动成本，减轻人们的社会生活负担，并将政府大数据开放给社会使用，激发企业创新，让公众有效参与公共事务治理。

（1）在行政系统内部，大数据时代要求执法机关突破碎片化的部门执法格局，消除不同部门之间的隐性壁垒，加强行政之间的整合与协力。大数据解决了传统社会管理中难以全面获得管理对象整体信息的技术障碍，相应对行政管理体制和机制提出新的要求。体制方面需要由碎片化的执法体制整合转向综合执法体制，机制方面需要打破部门壁垒、加强部门之间的信息共享与协力。当前，部门碎片化在执法信息的收集、使用中表现为部门各自为政，形成一个个信息孤岛。部门之间信息采集标准不统一，信息不流动、不共享，有时不同部门关于同一事项发布的信息还不一致，互相矛盾。部门之间的信息壁垒造成人们为了得到一个机关的证明需要到其他行政机关开具多个证明，民众不堪其累。为保障“互联网+”行动计划和国家大数据战略的顺利实施，必须首先打破机关之间的隐性壁垒，实现政府数据的流动性与可获取性，立足行政整体性原则，在政府信息采集规范化、标准化的基础上，加强不同行政部门之间的协作与合力，实现政府信息的流动与分享。如在社会信用体系的建构中，分散在工商、税务、质监、民政、公安等不同部门的关于企业信用、个人信用的信息需要整合至统一的信用信息平台，这就对部门信息采集的规范化、标准化，进而对信息能够真正做到共享，提出了规范要求。如果不同行政执法部门的信息采集实现规范化、标准化，使用环节实现执法信息共享，统一的大数据就能将分散在不同部门的与个人、企业相关的信息完整呈现，便利获取。个人、企业不需要为了开一个证明再跑遍各部门，这将极大缩短企业经济活动周期、降低成本，减轻人们到行政机关办事的负担。

要实现执法信息在部门之间的流动与分享，仅靠传统的工作协调机制动力远远不够，内部扯皮打架现象不是什么新鲜事情，需要寻求法治的动力。我们可以借鉴《欧盟示范行政程序法》的思路，通过立法将执法信息采集的规范化、执法信息的分享与流动、执法信息开放为社会使用等机制转化为行政机关法定义务，并明确其相应的法律责任，否则，很难真正触及各自为政的传统部门执法问题。机关之间的执法信息标准化建设、执法信息流动与共享，都是立足于行政整体性原则引申出的机制，需要部门在观念上突破部门思维，形成大数据整体思维，让分散在不同部门的碎片化信息整合成完整的大数据。执法中的大数据思维更强调部门之间的趋同与合作，因而建构的是普遍性规则，以建构特别规则为己任的单行立法模式客观上无法回应这一立法需求，立法路径上需要转向法典式立法模式，如《欧盟示范行政程序法》那样，对所有行政机关信息收集的规范化、标准化，以及信息共享，作出相应制度安排。

（2）对外，互联网时代要求政府一方面利用互联网互联互通带来的便捷，简化行政程序，统一行政程序；另一方面要求政府将大数据向社会开放，让社会充分挖掘政府大数据的潜在价值，为“大众创业、万众创新”创造条件。行政机关通过实施法律为社会提供公共服务，行政执法应当利用互联网的技术优势，简化行政程序，降低企业经济活动成本，方便老百姓到行政机关办事。此外，在互联网平台上，分布在世界各个角落的人们的行为模式日益趋同，不同地区、不同国家的人们在从事着相同的行为，当经济活动和人们的社会生活已经出现高度同质化的时候，立法所要规范的问题更多是共性问题，而非差异性问题，特别是政府管理行为的程序规则，更应趋同。面对这一立法趋势，分散立法模式难以回应建构普遍程序规则的统一立法需求，在中央层面制定统一的《行政程序法》或者《行政执法程序条例》正是实现行政权力运行机制转型的法律保障。

三、十五部地方行政程序规定的内容高度重合，表明程序规则具有高度统一性，有必要在地方立法的基础上，在国家层面尽早制定统一立法

为回应实践对全面规范政府活动的需要，地方立法先行先试，由湖南省于2008年率先出台《湖南省行政程序规定》，迄今，已有十五部地方行政程序规定出台。这一数字目前还在增长中，重庆市人大、北京市人大正在起草《行政程序条例》，浙江省正在起草《浙江省行政程序规定》。行政执法程序是地方行政程序规定的核心内容，各地的规定基本以《湖南省行政程序规定》为立法蓝本，内容高度重合，不应该继续地方立法的量的增加，这种量的简单增加，除了重复立法耗费立法资源没有其他意义，很有必要在国家层面尽早制定《行政程序法》或者《行政执法程序条例》，避免立法资源的浪费。

行政法学界自20世纪90年代初开始关注行政程序法的研究，时至今日已近三十年的时光，仍然在法典式立法必要性问题上徘徊不能前行，程序无用论的阴影依然挥之不去，甚至官员腐败、人大代表贿选等政治层面问题也被作为行政程序法治无用的论据。政治与行政在现代的二元分离意在保障行政尽可能摆脱政治之影响，能由专业人士依据自然与社会的发展规律来处理行政事务。目前，行政系统的运行相当程度仍受到机关首长个人意志的影响，高度遵循政治规则而非主要基于专业因素在运作，这无疑影响了程序法治效用的发挥。但是，我们也要看到，有效的公共治理是政府必须达成的目标，客观上又为程序法治效用的发挥留出空间。尤其是随着经济、社会的快速发展，政府面对的公共事务日益复杂，为达成良好的公共治理秩序，行政机关负责人必须在个人话语权与行政的理性公正之间寻求平衡点。如PX项目在各地的流产暴露出由于过于忽视决策过程的正当程序，政府看似很有权威与工作效率，迅速拍板，却因为缺乏与民意的沟通得不到公众内心的认同，一旦民众群

起反对，政府迅速宣告终止项目落户本地，一切努力将付之东流。践行程序法治能够保障行政系统遵循客观规律、秉承专业精神，为实现社会公平正义而运作，进而赋予遵循正当程序的行政结果以正当性基础和执行力，从而实现行政的积极有效运行，增加民众福祉。翁岳生先生在论及制定《行政程序法》的意义时说“没有行政的现代化，就没有国家的现代化，而没有现代的行政程序法典，就没有行政的现代化”。《民法典》的立法进程已经启动，尽管当下行政法学者没有民法学者那般幸运，但是在实现国家治理体系与治理能力现代化的目标之下，制定《行政程序法典》的共识正在增强。期盼立法机关在不远的将来，积极回应时代的召唤，尽早启动立法程序，制定《行政程序法典》，推动行政的现代转型，让民众享受到精细、有效、公平的公共服务，让我们的子孙后代能够在美丽的自然环境中、公平的社会制度下健康、快乐地成长！

行政程序法的理论研究在与行政法治建设的互动中不断拓宽研究视野，完善理论体系，这是一个现代程序法治理论如何更好契合中国法治政府建设实践的过程。作为一名长期从事行政程序法研究的学者，在有幸参与地方行政程序立法过程中，我的思考受益于丰富的行政法治实践，同时也深刻感受到社会飞速发展对正当程序制度供给的强烈需求。面对行政执法和完善行政程序立法遇到新问题，本书以之前的研究成果为基础，吸收十三部地方行政程序规定的内容，针对行政执法实践中存在的各种新问题，在全面推进依法治国新的时代背景下，对如何构建行政执法程序法律制度提出一些新的思考。书中不足之处，敬请读者批评指正。

本书即将出版之际，感谢国务院法制办协调司青锋司长、赵振华司长对我的信任，委托我承担《行政执法程序条例》的立法研究工作；感谢协调司谢莉、雪石、吴睿、赵楠、徐芳、林承与课题组的充分交流与探讨，给了我很多启发。在课题组前期调研过程中，辽宁省人民政府法制办方世奎副主任、山东省人民政府法制办刘鲁平处长、淄博市人民政府法制办张志超主任对课题组在辽宁省、山东省的调研工作做了精心安排，使课题组对于辽宁省和山东省的行政执法状况，以及《辽宁省行政执法条例》、《山东省行政程序规定》的实施经验有了非常全面的了解，得以准确把握行政执法实践中存在的问题，在此表示衷心感谢。也要感谢我的学生张奖励博士、殷玉凡博士、熊婕硕士、王婧洁硕士为课题所做的资料收集、梳理工作。

是为序。

王万华

二〇一六年四月于蓟门桥法大综合科研楼

目 录

立 法 篇

研　究　篇

附　录

立　法　篇

中华人民共和国行政执法程序条例（建议稿）及立法理由

第一章 总 则

第一条 （立法目的）

为规范行政执法活动和提升行政执法效能，保障公民、法人和其他组织的权利，保证法律规范得到有效实施，根据宪法和有关法律，制定本条例。

说明与立法理由：

本条是关于制定《行政执法程序条例》（以下简称《条例》）立法目的的规定。

我国行政执法面临两个方面的主要问题：其一，执法人员违法执法、滥用执法权，执法寻租，执法不公，损害当事人的权利和执法公平。其二，执法不作为、慢作为，执法资源配置不合理，造成执法有效性不足，法律规范难以得到有效实施，执法秩序得不到建立，执法未能提供有效公共管理。随着依法行政的推进，执法不作为问题在北京市等部分地区和部分部门中较之执法乱作为问题更为严重。针对执法实践中存在的这两个方面的问题，党的十八届四中全会通过的《中共中央关于全面推进依法治国重大问题的决定》（以下简称《依法治国决定》）中已经明确提出要求，"行政机关要坚持法定职责必须为、法无授权不可为，勇于负责、敢于担当，坚决纠正不作为、乱作为，坚决克服懒政、怠政，坚决惩处失职、渎职。行政机关不得法外设定权力，没有法律法规依据不得作出减损公民、法人和其他组织合法权益或者增加其义务的决定。推行政府权力清单制度，坚决消除权力设租寻租空间”。制定《行政执法程序条例》的目的是落实《依法治国决定》中提出的“完善执法程序”的要求，需要通过完善执法程序机制解决实践中存在的两个方面的主要问题。

《中华人民共和国行政执法程序条例（建议稿）》（以下简称《建议稿》）将制定《条例》的目的定位为两个方面：

第一，规范行政执法权合法、公正行使，保障公民、法人和其他组织的权利。依职权执法是行政执法的主要方式，执法乱作为仍然是立法需要解决的主要问题。《行政处罚法》等单行法只规范了部分执法活动的程序，其他执法活动的程序缺乏一般性规定，主要适用部门管理立法予以规范。由部门主导起草的管理部门立法中关于执法程序的规定大都带有很强的管理程序法色彩，对当事人的程序权利缺乏必要的保障，当事人在执法过程中缺乏制约执法权的机制，难以与执法机关之间做到武器平等，其实体权利相应缺乏保障。要治理执法乱作为，需要赋予当事人在执法过程中根据正当法律程序要求应享有的程序权利，包括阅览卷宗权、陈述意见权等，从而对执法权形成有效的制约。规范行政执法，保障公民、法人和其他组织的权利，是为制定《条例》的首要目的。

第二，提升行政执法效能，保障法律法规得到有效实施。行政是一种积极的国家作用，立法不仅要创建合法行政，亦需要创建有效行政。绝大多数法律规范要通过行政执法活动予以实施，实践中较为普遍存在的执法不作为、慢作为、选择性执法、执法不便民等问题，造成法律法规得不到有效实施，立法所要构建的客观法秩序得不到实现。执法乱作为直接侵害公民权利，执法机关无所作为、执法效能不高则是一种冷暴力，同样损害公民利益，危害社会秩序。提升行政执法效能与规范行政执法同为制定《条例》的立法目的，是立法要解决的主要问题之一。

第二条　（适用范围及条例与其他立法的关系）

本条例适用于行政机关、法律法规规章授权的组织、受行政机关委托的组织的行政执法活动。

其他行政法规关于行政执法程序的规定与本条例不一致的，从其规定，但是与本条例规定的基本原则相抵触的除外。

说明与立法理由：

本条规定了《条例》的适用主体和《条例》与其他立法的关系。2014年修订的《行政诉讼法》将授权组织的范围扩大到规章，因此，《条例》规定适用主体范围也相应扩大到规章授权的组织。

《条例》是关于行政执法活动的基本法，但并不替代关于执法程序规定的单行立法，而是与单行立法并存，但是要防止单行立法架空《条例》。为此，《建议稿》将《条例》与其他单行法的关系分为三种情形予以区别对待：（1）《条例》与《行政处罚法》、《行政许可法》、《行政强制法》，以及其他法律的关系。《条例》是行政法规，效力低于法律。对于法律，《条例》起到补充立法的功能，三大法及其他法律中有规定的，适用三大法及其他法律的规定；三大法及其他法律中没有规定的，适用《条例》的规定。当然，这并不影响《条例》作用的发挥，因为《条例》一方面吸收了现有立法的制度，进行了补充完善，同时填补了现有立法存在的很多立法空白。（2）《条例》与其他行政法规的关系。《条例》是规范行政执法的基本法，其他行政法规关于执法程序的规定与《条例》基本原则和基本制度相抵触的，应当适用《条例》的规定。其他行政法规与《条例》规定不同，但不抵触的，适用其他行政法规的规定。（3）《条例》与规章、行政规范性文件的关系。《条例》效力高于规章、行政规范性文件，二者规定不一致的，适用《条例》的规定。

第三条　（行政执法的定义）

本条例所称行政执法是指行政机关实施法律、法规、规章、行政规范性文件的活动。

行政执法包括但不限于作出行政许可、行政处罚、行政强制、行政确认、行政给付、行政征收、行政征用等行政决定的法律实施活动。

说明与立法理由：

本条对行政执法的含义进行说明性规定。行政执法是《条例》的核心概念，有必要在立法中予以明确。

行政执法内涵在学理上存在不同认识，分歧主要在对执法范围宽窄认识不一，《建议稿》结合行政执法实践，并参考了湖南省、山东省、江苏省等地方行政程序立法中关于行政执法内涵的规定予以界定。《建议稿》对行政执法的界定在表述方式上采用定义加明确列举的方式。《建议稿》对行政执法采广义理解，将之界定为行政机关实施法律、法规、规章、行政规范性文件的活动，不限于实践中一些执法人员通常理解的执法就是行政处罚、行政许可和行政强制。根据课题组调研，相当数量行政机关常年不作一件行政处罚决定，或者作出的行政处罚决定很少，但是在进行日常执法时，却实施大量执法活动。《建议稿》对行政执法采取广义理解主要基于以下几点考虑：其一，行政是一种法律规范实施活动，需要立法全面回应予以规范。其二，新《行政诉讼法》以行政行为替代具体行政行为进而扩大了受案范围，其中明确将不作为、事实行为纳入受案范围，司法审查的加强对规范行政执法直接提出更高要求。其三，以宽泛的执法界定回应执法实践中执法方式多样性及未来可能出现的新的执法方式。

为便于理解与执行，与实践更好对应，《建议稿》在对行政执法作出宽泛界定的同时又通过列举的方式，明确了实践中较为常见的几种执法行为类型，指出执法活动包括七种常见执法活动，包括行政许可、行政处罚、行政强制、行政确认、行政给付、行政征收、行政征用等，但是并不只限于这七种执法活动，只要是执法机关实施法律规范的活动，包括事实行为，程序性中间行为如通知、告知等，都在《建议稿》中有所规定。

第四条 （合法原则与积极履职）

行政执法应当有法律规范依据。行政执法的依据包括法律、法规、规章、行政规范性文件。

行政执法的依据应当公开。未经公开的规范，不得作为行政执法的依据。

行政机关应当在法定权限内，遵循法定程序实施行政执法活动。

行政机关应当积极履行法定职责，保障法律法规规章行政规范性文件得到有效实施。

说明与立法理由：

本条规定行政机关实施行政执法应当遵循合法原则，并积极履行其法定职责。

合法原则是行政法基本原则，《依法治国决定》中明确提出“行政机关要坚持法定职责必须为、法无授权不可为……行政机关不得法外设定权力，没有法律法规依据不得作出减损公民、法人和其他组织合法权益或者增加其义务的决定。推行政府权力清单制度，坚决消除权力设租寻租空间”。这部分内容表述了职权法定原则的主要内容，一方面强调行政执法必须有法律规范依据，没有法律明确授权不得执法，没有法律法规依据不得作出减损公民、法人和其他组织合法权益或者增加其义务的决定；另一方面要求执法机关法定职责必须积极作为。为官不为、懒政、不作为，是实践中较为普遍的问题，很多事情没人管，老百姓意见很大，如何解决积极履职问题是执法程序立法要解决的核心问题。对此，《湖南省行政程序规定》（以下简称《湖南程序规定》）、《兰州市行政程序规定》（以下简称《兰州程序规定》）等在总则中明确行政机关应当积极履行法定职责，如《兰州程序规定》第 5 条规定“行政机关实施行政行为，应当遵守法定期限或者承诺期限，积极履行法定职责，为公民、法人和其他组织提供高效、优质服务”。本条回应《依法治国决定》的要求规定了合法原则，规定执法活动应当遵循合法原则，法无授权即违法，执法权的行使必须有明确的法律依据，同时明确规定执法机关应当积极履行自己的法定职责，以保障法律规范得到有效实施。

《建议稿》规定行政规范性文件也是执法依据之一，理由是法源是行政执法的依据，但行政执法的依据不限于法源。法源是法的载体，形式上由特定机关依照特定程序制定，而依据是对公民、法人或其他组织有约束力的规范。后者的范围大于前者。行政规范性文件不是行政法的法源，但是对公民、法人或其他组织有约束力，因此，是行政执法的依据。

法律调整人们的活动应当以明示的方式进行，因此，《建议稿》规定作为执法依据的文件必须是已经公开、公众已经周知的文件。依法执法包括依明确执法权限的实体法和如何行使执法权的程序法两个方面。

第五条 （公开原则）

行政机关在行政执法中应当充分保障公民、法人或者其他组织的知情权，公开行政执法的依据、过程和结果，涉及国家秘密、商业秘密、个人隐私的除外。

行政机关应当将行政执法的依据、实施主体、行政执法事项、行政执法流程、公众对行政执法的监督方式等在机关官方网站上公开，让公众周知。

行政机关在行政执法中获得对公众健康、公共安全有重大影响的信息的，应当及时在执法机关官方网站、办公场所、电视、广播、报纸等平台公开，让公众广泛周知。

行政机关应当将在行政执法中形成的执法卷宗向当事人公开，当事人有权查阅、摘抄、复制证据、行政执法决定文书。

说明与立法理由：

本条规定公开原则的内涵及其基本要求。

阳光是最好的防腐剂，让权力运行充分展示在阳光下是防止权力寻租、执法腐败、执法不公的有效机制，也是实现当事人和公众监督执法权的重要机制。在《政府信息公开条例》实施的基础上，《依法治国决定》中进一步明确提出“要全面推进政务公开。坚持以公开为常态、不公开为例外原则，推进决策公开、执行公开、管理公开、服务公开、结果公开。各级政府及其工作部门依据权力清单，向社会全面公开政府职能、法律依据、实施主体、职责权限、管理流程、监督方式等事项”。回应《依法治国决定》中关于全面推进政务公开的要求，《建议稿》将公开机制定位为规范执法权公正行使的核心机制，公开原则及其要求体现在行政执法活动的各个方面，具体包括三个层次的要求：

第一，与权力清单机制相对应，执法机关向公众公开执法依据、实施主体、执法事项、执法流程、监督方式等。2015 年 3 月，中共中央办公厅、国务院办公厅印发《关于推行地方各级政府工作部门权力清单制度的指导意见》，根据该意见的规定，权力清单明细包括“名称、编码、类型、依据、行使主体、流程图和监督方式”。执法机关的权力清单是对法律、法规、规章和行政规范性文件中关于执法权规定的梳理，并以目录的形式向社会公开，便于社会监督执法机关一方面不超越法定职权，另一方面积极履职。为回应权力清单制度，本条规定行政机关应当将本机关的行政执法的依据、实施主体、行政执法事项、行政执法流程、公众对行政执法的监督方式等在机关官方网站上公开，让公众周知。

第二，及时公开对公众健康、公共安全有重大影响的信息。行政机关在行政执法过程中发现对公众健康、公共安全有重大影响的信息的，如企业生产的奶粉对孩子健康有影响的，应当及时在执法机关官方网站、办公场所、电视、广播、报纸等平台公开，让公众广泛周知，及时采取应对措施，防止和减少不利后果的发生。行政机关在调查中获得的证据能够认定当事人违法，且其违法信息与公众健康、公共安全密切相关的，应当在作出最终执法决定之前公开相关信息，让公众广泛周知。

第三，执法个案中向当事人和利害关系人公开执法卷宗，当事人和利害关系人有权查阅、摘抄、复制相关执法材料。

第六条　（平等原则）

行政机关应当平等对待公民、法人或者其他组织，不得偏私和歧视，不得因性别、身体条件、民族、宗教、社会地位等非法定因素使其享有更多利益或承担更多不利后果。

说明与立法理由：

本条是关于平等原则的规定。

我国《宪法》第5条和第33条分别规定："任何组织或个人都不得有超越宪法和法律的特权"，"中华人民共和国公民在法律面前一律平等"，但在执法实践中，存在选择性执法、相同情况不同对待、不同情况同等对待等问题，造成执法不公，容易引发矛盾。平等原则在《湖南程序规定》、《山东省行政程序规定》（以下简称《山东程序规定》）、《江苏省行政程序规定》（以下简称《江苏程序规定》）等地方行政程序立法中有规定，如《湖南程序规定》第4条第1款规定"行政机关应当平等对待公民、法人或其他组织，不得歧视"；《江苏程序规定》第5条第1款规定"行政机关应当公正行使行政职权，平等对待公民、法人和其他组织"。《建议稿》依据《宪法》，在地方行政程序立法基础上规定了平等原则，从行政机关应当平等对待执法相对人的角度规范行政权合理行使，保证执法标准的统一。

第七条　（比例原则）

行政机关行使裁量权应当符合立法目的和原则，采取的措施应当必要、适当。行政机关可以采用多种方式处理行政事务的，应当选择采用对公民、法人或者其他组织最有利的方式。

行政行为对公民、法人和其他组织造成的损害与要达成的目的的利益之间不应显失均衡。

说明与立法理由：

本条是关于比例原则的规定，适用于规范执法裁量权合理、公正行使。

比例原则的名称学术性较强，立法中存在难以为基层执法人员理解和接受的顾虑，但比例原则是行政法中得到广泛认可的原则之一，对于裁量权的规范具有十分重要的意义，有必要在我国的行政程序立法中将之规定下来，使用广泛应用的名称更为合理、便利一些。至于不为行政人员熟悉的问题，经过培训应当能够解决。因此，《建议稿》采用了比例原则的名称，内容包含三项要求：其一，适当的要求。即目的与手段之间应当成比例。其二，最有利的要求。行政机关可以采用多种方式处理行政事务的，选择采用对公民、法人或者其他组织最有利的方式。其三，利益平衡避免显失均衡的要求。

比例原则的内涵十分丰富，通常认为其包含适当性原则、必要性原则、相当性原则三个方面的要求，我国台湾地区“行政程序法”的规定也包含这三个方面的内容，该法第7条要求行政行为：其一，采取之方法应有助于目的之达成。其二，有多种同样能达成目的之方法时，应选择对人民权益损害最小者。其三，采取之方法所造成之损害不得与欲达成目的之利益显失均衡。《依法行政实施纲要》规定了适当性和必要性两项内容：所采取的措施和手段应当必要、适当；行政机关实施行政管理可以采用多种方式实现行政目的的，应当避免采用损害当事人权益的方式。

《建议稿》规定了完整的比例原则三个方面的要求。关于第二点最有利的要求与必要性原则有所不同。必要性原则，也称最小侵害原则，根据德国联邦宪法法院的解释，当有其他同样有效且对于基本权利侵害较少之措施可供选择而未选择时，有违必要性原则。即针对同一目的，行政机关有多种手段可以选择时，应当选择对当事人权利损害最小的方式。《依法行政实施纲要》的表述是“行政机关实施行政管理可以采用多种方式实现行政目的的，应当避免采用损害当事人权益的方式”。本条之所以规定最有利的要求，而非损害最小的表述方式，是考虑到无论是《依法行政实施纲要》“应当避免采用损害当事人权益的方式”的表述还是最小侵害原则的表述，都是从消极角度要求行政机关尽可能减少对当事人利益的损害，而最有利的要求中不仅包含了这项要求，还从积极角度要求行政机关尽可能保护当事人或者增进当事人的利益。

最有利要求在地方行政程序规定中已经得到体现，有立法基础。如《湖南程序规定》第 4 条从最有利的角度规定比例原则，“行政机关实施行政管理可以采用多种措施实现行政目的的，应当选择有利于最大程度地保护公民、法人或者其他组织权益的措施”。《江苏程序规定》第 5 条第 2 款中亦规定“行政机关实施行政管理可以采用多种措施实现行政目的的，应当选择最有利于保护公民、法人和其他组织合法权益的措施和手段”。《海口市行政程序规定》（以下简称《海口程序规定》）第 4 条规定“实施行政管理可以采取多种方式实现行政管理目的的，应当选择最有利于保护公民、法人或者其他组织合法权益的方式”。《兰州程序规定》第 4 条第 2 款规定“实施行政管理可以采取多种方式实现行政管理目的的，应当选择最有利于保护公民、法人和其他组织合法权益的方式”。

第八条　（诚实信用原则）

行政执法应当遵循诚实信用的原则。

公民、法人和其他组织因行政执法决定获得的正当权益受法律保护。非因法定事由并经法定程序，行政机关不得撤销、变更、废止已经生效的行政执法决定。因国家利益、公共利益或者其他法定事由撤销、变更、废止行政执法决定的，应当对公民、法人和其他组织信赖行政执法决定受到的损失进行补偿，补偿应当公平。

说明与立法理由：

本条是关于诚实信用原则的规定，包括以下内容：第一，明确行政执法亦如民事活动应当遵循诚实信用原则。第二，对行政机关撤销、变更、废止行政执法决定的限制。第三，对相对人信赖利益的保护。

诚信原则本为私法原则，德国等国家通过判例扩展至公法领域，葡萄牙、韩国、我国台湾地区等在《行政程序法》中明确规定行政活动应当遵循诚信原则，如韩国《行政程序法》第 4 条“信义诚实及信赖保护”规定：“行政机关执行职务时，应本于诚实信用为之。法令之解释或行政机关之惯例为国民普遍地接受后，除对公益或第三者的正当利益有明显危害之虑以外，不得依新的解释或惯例溯及而为不利之处理。”我国台湾地区“行政程序法”第 8 条规定：“行政行为，应以诚实信用之方法为之，并应保护人民正当合理之信赖。”诚信原则成为约束行政机关的基本原则。

在行政法学界对将诚实信用原则扩展适用至行政活动领域目前不存在争议。《依法行政实施纲要》将诚信守信作为依法行政的基本要求之一。2004 年《行政许可法》出台后，该法第 8 条的规定被部分学者认为是首次在立法中引入诚实信用原则。《湖南程序规定》将《行政许可法》第 8 条的规定由行政许可领域扩展至整个行政决定，这一规定亦在之后的《山东程序规定》、《江苏程序规定》、《宁夏回族自治区行政程序规定》（以下简称《宁夏程序规定》）、《海口程序规定》、《兰州程序规定》等立法中得到体现。如《山东程序规定》第 7 条规定，“公民、法人和其他组织因行政行为取得的正当权益受法律保护。非因法定事由并经法定程序，行政机关不得撤销、变更已经生效的行政决定；因公共利益或者其他法定事由必须撤销或者变更的，应当依照法定权限和程序进行，并对公民、法人和其他组织因此遭受的财产损失依法予以补偿”。诚实信用原则要求善意对待他人、践行承诺，增强人们行为的确定性和可预测性，是降低交往成本、维护社会秩序的基本要求，不仅私法活动中应当遵循，公法活动中的行政机关更应当遵循。行政机关作为行政权力的行使者，相对于私人更易不遵守承诺，侵害相对人的利益。《建议稿》结合《行政许可法》的规定，借鉴其他国家和我国台湾地区“行政程序法”的规定，在地方行政程序立法基础上，将诚实信用原则作为规范执法活动的一项基本原则规定下来。

第九条　（引导先于执法）

行政执法的目的是保障法律规范的有效实施。

当事人的违法情节轻微，能够通过教育、劝诫、疏导促使当事人主动履行法定义务，停止违法行为的，行政机关应当先行进行教育、劝诫、疏导。当事人停止违法行为，自觉履行法定义务，且未造成危害后果的，可以不实施行政执法。

说明与立法理由：

本条是关于引导先于执法的规定。

行政执法的目的是保障法律规范的有效实施，而非惩戒违法者，过去强调的违法必究的思路需要调整。随着依法行政的推进，行政权自我谦抑的立法思路在一系列立法中得到体现和延续，并有所发展。《行政处罚法》第 5 条规定“实施行政处罚，纠正违法行为，应当坚持处罚与教育相结合，教育公民、法人或者其他组织自觉守法”。《行政强制法》第 6 条延续这一思路，规定“实施行政强制，应当坚持强制与教育相结合”，进而在该法第 16 条第 2 款中规定“违法行为情节显著轻微或者没有明显社会危害的，可以不采取行政强制措施”。

在地方行政程序立法中，针对行政执法事务日益繁重的现状，在国家立法思路调整基础上，考虑到执法成本因素，从更合理配置有限的执法资源经济因素考量，在执法权的启动上引入教育、引导先于执法的思路和规定。《湖南程序规定》第 63 条规定：“行政执法直接影响当事人权利、义务且不属于必须立即执行的，行政机关应当先采用教育、劝诫、疏导等手段，促使当事人自觉履行法定义务、纠正错误。当事人违法情节轻微，经教育后自觉履行法定义务，且未造成危害后果的，可以不予追究法律责任。违法行为轻微并及时纠正，没有造成危害后果的，不予处罚。”山东省、江苏省、兰州市、凉山自治州、汕头市、永平县、海口市等地行政程序规定中也有相同的规定。

基于以上考虑，《建议稿》规定对于当事人违法情节轻微的，如果能够通过引导，包括教育、劝诫、疏导等方式促使当事人停止违法行为，或者主动履行法定义务的，可以不启动执法程序，从而将有限的执法资源配置在重大行政事务处理上，通过对重大行政事务的处理建构秩序。

第十条　（行政执法信息化推进）

行政机关应当加快推进行政执法的信息化建设，规范行政执法信息的收集、保管、使用与公开，积极推进电子政务发展，方便公民和企业办理行政事务，提高行政执法效率。

行政机关应当基于国家行政整体性原则，将在履行职责过程中制作或者获得的执法信息提供给其他需要相关执法信息的行政机关，与其他执法机关之间实现执法信息共享，避免重复调查、收集信息与证据。

说明与立法理由：

本条是关于推进行政执法信息化建设的原则性规定。《建议稿》关于行政执法信息化建设的规定内容定位为原则性、框架性规定，形式上分散在各章中，没有如《欧盟示范行政程序法》那样专章作出专门规定，主要是考虑到一些地方正在推进政务信息资源共享平台及机制建设，地方发展程度不同，统一规定难度还比较大。对此，《建议稿》原则性规定：地方各级人民政府应当加快推进行政执法信息共享平台建设，完善相关机制，为行政执法信息共享提供条件。

英国学者维克托在《大数据时代》一书中提出："大数据是人们获得新的认知，创造新的价值的源泉；大数据还是改变市场、组织机构，以及政府与公民关系的方法。"① 大数据时代的来临在改变传统商业模式的同时，也在改变政府的公共管理模式，信息技术的发展应当使人们更为便捷获得政府提供的公共服务，这就对政府

① ［英］维克托·迈尔－舍恩伯格、肯尼思·库克耶著：《大数据时代——生活、工作与思维的大变革》，盛杨燕、周涛译，浙江人民出版社2013年版，第9页。

传统的管理方式提出新的挑战，也提供了新的机遇。信息技术的发展为提高行政效率，为公民提供便捷、高效的公共服务提供了技术支持，应当将信息技术广泛应用到行政管理中，并通过立法赋予电子政务法定效力。互联网时代的到来对政府管理的影响也体现在行政程序法立法的最新发展中。2014 年 9 月 1 日，欧盟行政法研究网发布了由来自德国、法国、意大利、英国、荷兰、波兰等国家的 18 位著名公法学者历经五年完成的《欧盟示范行政程序法》①，法案的目的和宗旨是将欧盟宪法确立的良好行政的基本原则制度化，保障欧盟法律得到更好实施。法案包括总则、行政规章制定、行政决定、行政合同、相互协助、行政信息管理六章。其中的第六章行政信息管理是行政程序法立法内容的最新发展，在德国、奥地利、瑞士、荷兰、西班牙、葡萄牙、希腊、瑞典、挪威、意大利等欧洲大陆国家已经制定的行政程序法典中都没有关于这部分内容的规定。该章就信息交换、数据库的建立和使用等内容作了规定。

政府管理的信息化也是我国现代化建设过程中需要解决的关键问题，对此，《依法治国决定》中明确提出要加强行政执法信息化建设和信息共享，提高执法效率和规范化水平。中国的互联网网民人数目前已经达到 6.5 亿，五中全会公报中明确提出实施“互联网+”行动计划与国家大数据战略，随着这一战略实施的推进，互联网对经济、社会生活的覆盖将会进一步加速扩大。在互联网使商业模式发生巨变并使人们的生活变得更为便利时，政府在公共管理中同样需要利用互联网技术优势为人们提供便捷的公共服务，降低企业经济活动成本，减轻人们的社会生活负担，并将政府大数据开放给社会使用，激发企业创新，让公众有效参与公共事务治理。为更好发挥大数据在经济、社会发展中的作用，国家发改委 2013 年

① Herwig C. H. Hofmann, Jens-Peter Schneider and Jacques Ziller Edited. ReNEUAL Model Rules on EU Administrative Procedure, 2014 Version for online publication, Http://www. Reneual. Eu., visited in Sep. 10, 2014.

4 月发布《关于进一步加强政务部门信息共享建设管理的指导意见》。目前，地方正在大力推进政务信息资源共享机制的建立和完善，省级政府层面如河北省政府办公厅于 2015 年 11 月出台规章《河北省政务信息资源共享管理规定》，浙江省政府办公厅于 2014 年 11 月发布《浙江省政务服务网信息资源共享管理暂行办法》，海南省政府办公厅于 2014 年 12 月发布《海南省政务信息资源共享管理办法》，山东省政府办公厅于 2015 年 1 月发布《山东省政务信息资源共享管理办法》，上海市政府于 2016 年 2 月发布《上海市政务数据资源共享管理办法》。作为全国首个政务信息共享国家示范市的深圳市于 2015 年发布《深圳市政务信息资源共享管理办法》。其他城市包括三亚市、铜陵市、盐城市、绍兴市、汉中市、新余市也发布了政务信息资源共享相关管理办法。之前，北京市经信委早于 2008 年发布《北京市政务信息资源交换平台管理办法》，福建省办公厅 2010 年发布《福建省政务信息共享管理办法》，广州市于 2012 年出台《广州市政府信息共享管理规定》，以规章方式推动政府信息共享工作的开展。

地方积极推动的政务信息资源共享平台及机制的建设为行政执法信息共享提供了条件。《建议稿》回应互联网时代对行政执法活动的新要求，规定相应机制回应执法信息化建设的要求，在总则中原则性提出行政机关应当积极主动根据地方经济发展水平，社会发展程度，行政执法的具体情况，大力推进执法的信息化建设。《建议稿》关于行政执法信息化、规范化的规定体现在两个层面：其一，对内，行政机关系统内部基于行政一体性原则，加强机关之间的执法信息共享。实践中，执法信息化的发展以部门为单位，各自单向发展，较为普遍存在部门之间执法信息不能共享，重复调查，重复安装设备，造成浪费行政成本与增加当事人的负担，同时存在不同机关关于同一事务信息不一致的问题。针对部门碎片化造成的执法信息重复收集，部门执法信息各自封闭形成信息孤岛等问题，本条规定了执法信息共享机制，要求行政机关应当基于国家行政整体性原则，将在履行职责过程中获得的执法信息，提供给其他需要相关执法信息的行政机关，实现执法信息共享，避免重复调查、收集证据。其二，对外，执法机关应当加快公共管理的信息化建设，规范管理信息的采集、保管、公开，利用信息技术手段方便民众办事，提高行政效率。行政机关在方便老百姓办事的同时，不应增加老百姓办事费用①。

第十一条　（文明执法、便民执法）

行政执法人员应当文明执法，禁止粗暴执法。

行政机关应当积极采取措施，为公民、法人或者其他组织办理与行政管理相关的事务提供便利，提供优质服务。

说明与立法理由：

本条是关于文明执法与便民执法两项要求的规定。

本条包括关于执法的两项基本要求：文明执法与便民执法。文明执法是在依法执法基础之上，要求行政机关尊重当事人，文明执法，是依法行政基础上良好行政的要求。行政的职能是提供公共服务，便民执法要求行政机关积极采取措施，为公民寻求公共服务时提供便利，提供优质公共服务。服务政府理念在地方行政程序立法中有所体现，如《湖南程序规定》第 7 条规定：行政机关行使行政职权，应当遵守法定时限，积极履行法定职责，提高办事效率，为公民、法人或其他组织提供优质服务；《江苏程序规定》第 8 条规定：行政机关行使行政职权，应当遵守法定期限或者承诺期限，积极履行法定职责，为公民、法人和其他组织提供高效、优质服务。

第十二条　（实施条例的职责分工）

县级以上人民政府负责本条例在本行政区域内的实施工作。

---

① 李克强总理在 2015 年 8 月 26 日的国务院常务会议上，要求严厉查处一些地方在简政放权中玩儿花样，其中提到一个地方群众办事到现场过去只花 100 元，现在改网上，不用跑了，方便老百姓了，但是要交 500 元。

县级以上人民政府法制部门和部门法制机构负责本条例实施的具体工作。

县级以上人民政府办公厅（室）、监察、人事、编制、财政等部门按照各自的职责分工，负责本条例相应实施工作。

说明与立法理由：

本条是关于政府部门之间实施《条例》的职责分工的规定。

第二章　主　体

第一节　行政机关与行政执法人员

第十三条　（职权法定与行政合作）

行政机关的执法权限和管辖依照法律、法规、规章的规定确定。行政机关应当将本机关的执法事项、对应的法律依据在本机关网站上公开。

行政机关应当在法定职权范围内实施行政执法活动，应当尊重其他行政机关依法行使职权，并根据行政的整体性、统一性要求，与其他行政机关相互合作，共同完成行政管理任务。

说明与立法理由：

本条规定行政机关的执法权限根据职权法定原则确定，行政机关之间的关系根据相互尊重与相互合作原则确定。

第一，关于执法权限与管辖根据职权法定原则确定。公权力运行遵循“法无授权不可为”的基本原则，行政机关的执法权限根据法律、法规、规章等立法确定，且只能在法定职权范围内实施行政管理。葡萄牙《行政程序法》第 29 条规定：“权限由法律或规章规定，不可放弃且不可转让，但不影响有关授权及代任的规定。所有以放弃拥有或放弃行使赋予行政机关的权限为标的的行为或合同，均属无效，但不影响授权及类似情况。”关于执法权限的法律包括组织法和行为法两类，执法权限的组织法依据主要是确定机关性质、职能、编制的三定方案，行为法依据是关于行政管理立法中关于执法机关及其执法权限的规定。我国行政管理立法一般对该部立法的执行机关作出明确规定，如《产品质量法》第 8 条规定：“国务院产品质量监督部门主管全国产品质量监督工作。国务院有关部门在各自的职责范围内负责产品质量监督工作。县级以上地方产品质量监督部门主管本行政区域内的产品质量监督工作。县级以上地方人民政府有关部门在各自的职责范围内负责产品质量监督工作。法律对产品质量的监督部门另有规定的，依照有关法律的规定。”行为法是执法机关具体法定职责及执法权限的直接依据，也是不作为构成要件中行政机关是否具有法定职责的直接依据。

第二，关于行政机关之间的关系遵循相互尊重和相互合作原则确定。由于我国执法体制过于碎片化，如何处理好机关之间的关系对行政执法效能有很大影响。机关之间关系的定位应当符合两点基本要求：首先，尊重其他执法机关的执法权限，不能超越职权，行使属于其他执法机关执法权限的事项。其次，在此基础上，相互合作，共同完成行政管理的任务。后者，是立法着重要解决的问题。执法部门本位主义是困扰执法人员和相对人的一大难题，这一问题与执法权限配置碎片化问题叠加，大量行政事务因为部门之间合作不顺畅处于无法处理或者拖延处理的状态，严重影响执法效能。行政机关应当各自在法定职权范围内行使职权，尊重其他行政机关，不越权行使其他行政机关的职权，但并不意味着各自为政，更不能实行部门主义与地方保护主义。行政机关之间应当基于国家行政的整体性和统一性，相互协作，共同完成行政管理的任务。针对实践中存在的部门各自为政、相互争权、地方分割保护等现象，如何从制度上实现行政的一体化，减少部门分割、地方分割带来的行政资源浪费、解决问题不力等现象，是内部行政程序制度构建中需要解决的一个问题。对此，本条规定了处理行政机关之间关系的合作原则，要求在职权法定原则的基础上，行政机关应当基于行政一体化原则，加强不同行政机关之间的合作，共同完成行政管理的任务。

第十四条　（执法重心适当下移）

法律、法规、规章对上下级行政机关之间的职责没有作出明确规定的，上级行政机关应当按照执法重心下移、财权与事权相匹配、权力与责任相一致、有利于行政效能发挥等原则确定执法机关。县级、市辖区执法机关作为主要执法机关实施行政执法。

法律、法规、规章规定县级以上人民政府作为执法机关的，根据行政事务的性质和需要，经省级人民政府授权，乡镇人民政府可以成为执法机关，但是应当保证乡镇人民政府具有相应执法能力。

下级行政机关能够自行决定或者处理的行政事务，应当由下级行政机关自行决定和处理。下级行政机关不履行法定职责或者不适当履行的，上级行政机关有权责令下级行政机关履行法定职责，必要时，也可以自行处理。

说明与立法理由：

本条是关于上下级行政机关执法权限配置的基本规则的规定。主要思路是将执法重心下移，让执法事务更多集中在基层，同时规定上级行政机关不得随意履行下级行政机关的职责。

绝大多数部门管理立法中都规定执法机关是县级以上执法机关，产生两方面的问题需要解决：

其一，当法律缺乏明确规定时，如何在省、市、县（区）层级之间配置执法权。对此，《建议稿》的主要思路是执法重心下移，基层应该成为主要执法主体，同时规定了财权与事权相匹配、权力与责任相一致、有利于行政效能发挥等确定规则，综合考虑确定具体执法机关。

其二，乡镇、街道没有执法权，但一些地方感到有必要赋予乡镇街道执法权，解决“看得见的管不着”，“管的着的够不到”的问题，在实践中开展试点。如江苏省昆山市张浦镇于 2010 年列入全国第一批经济发达镇行政体制改革试点镇，2011 年开始试点推行权力下放与承接工作[①]。浙江省义乌市佛堂镇在执法重心下移至镇之后，2010 年到 2011 年上半年，义乌市综合行政执法局佛堂大队共办理各类案件 3558 起，解决了很多过去没人管的事。2014 年 7 月 8 日国务院发布《关于促进市场公平竞争维护市场正常秩序的若干意见》，明确经济发达、城镇化水平较高的乡镇，根据需要和条件可通过法定程序行使部分市场执法权。天津于 2014 年 8 月制定通过《天津市街道综合执法暂行办法》，于 2014 年 10 月 1 日开始实施，将与城市管理相关的执法权授予街道，缩短执法半径，以更有效应对诸如夏天露天烧烤等难以治理的城市问题。

《依法治国决定》中提出“推进各级政府事权规范化、法律化，完善不同层级政府特别是中央和地方政府事权法律制度，强化中央政府宏观管理、制度设定职责和必要的执法权，强化省级政府统筹推进区域内基本公共服务均等化职责，强化市县政府执行职责”。《湖南程序规定》、《山东程序规定》、《江苏程序规定》等对如何在纵向上不同层级执法机关之间配置执法权确立了配置规则。《建议稿》回应执法实践，吸收地方行政程序立法规定，规定了执法权纵向配置规则，以及乡镇执法的授权规则，其中，考虑到执法针对个案，执法权下沉是在纵向上配置执法权的主要规则。

第十五条　（内设机构与派出机构）

行政机关设置的内设机构和派出机构对外行使职权时，应当以行政机关的名义作出行政决定，所产生的法律后果由内设机构、派出机构所属的行政机关承担，法律、法规、规章另有明确授权的除外。

说明与立法理由：

本条规定了内设机构与派出机构的法律地位。

内设机构与派出机构不是独立的行政主体，不能以自己名义对

① 2014 年 1 月，江苏省昆山市张浦镇党委镇政府的“经济发达镇行政改革与流程再造”项目获第七届“中国地方政府创新奖”优胜奖。

外作出执法决定，其行为后果由其所属的行政机关承担。如果法律、法规、规章授权派出机构行使执法权的，派出机构性质上是法律、法规、规章授权的组织，具有行政主体资格，独立承担法律责任。

第十六条　（行政执法主体与行政执法证件）

县级以上人民政府应当依法确认本行政区域内行政机关的行政执法主体资格，予以公告。

行政执法人员按照所在地区省级人民政府的规定参加行政执法培训，经考试合格，取得行政执法证件后才能执法。行政执法人员在执行公务时，应当出示执法证件；不出示执法证件的，公民、法人和其他组织有权拒绝配合执法。

说明与立法理由：

本条是关于执法主体公告与执法证件取得、出示的规定。

《依法治国决定》中提出“严格实行行政执法人员持证上岗和资格管理制度，未经执法资格考试合格，不得授予执法资格，不得从事执法活动”。本条回应此项要求，规定行政执法人员按照所在地区省级人民政府的规定参加行政执法培训，经考试合格，取得行政执法证件。本条规定的内容在地方程序立法中都有规定，如《海口程序规定》第 43 条规定，市、区人民政府应当对其所属行政机关的行政执法主体资格、职权、执法依据等进行审核、确认，并向社会公告。

表明身份是行政执法的基本要求，也是当事人配合执法，履行义务的前提。出示执法证件是表明身份的方式，如果执法人员没有出示执法证件，公民、法人和其他组织有权拒绝配合执法。

第十七条　（行政执法辅助人员）

本条例所称行政执法辅助人员是指不具有行政执法主体资格，辅助行政执法人员开展执法工作的人员。聘用执法辅助人员的行政机关应当对辅助人员定期进行培训。

行政机关对外进行执法活动时，执法辅助人员只能辅助执法人员开展执法工作，不能独自实施执法检查、收集证据、听取意见等执法行为。

说明与立法理由：

本条规定了行政执法辅助人员的地位、培训机制、不得实施活动的范围。

一些部门执法事务日益繁重，需要引入辅助人员。执法辅助人员辅助正式执法人员从事执法工作，仍需要具备必要的条件，能够胜任其所在行政机关的工作，因此，有必要定期对辅助人员进行培训。

实践中，"临时工"执法现象是一个争议很大的问题，主要问题是"临时工"干了"正式工"应当干的事。《行政强制法》第17条第3款规定：行政强制措施应当由行政机关具备资格的行政执法人员实施，其他人员不得实施，但是缺乏普遍性立法明确执法辅助人员的职能范围。实践中一些部门具有管理经验和专业知识的正式执法人员怕苦怕累不到一线执法，让没有管理经验和专业知识的执法辅助人员上街执法，而辅助人员由于缺乏必要的执法能力和制度约束，加上部分辅助人员素质较低，非常容易出现问题和引发冲突。如果让执法辅助人员从事正式执法人员的工作，则对执法人员的资质要求、培训等机制都没有实际意义。

针对实践中执法辅助人员干正式执法人员的活的本末倒置现象，需要在立法中明确执法辅助人员所能从事的工作范围。执法辅助人员究其主体地位而言不具有执法人员资格，只是辅助执法人员开展执法工作的人，可以从事技术性、事务性、引导性工作，不能独自对外实施执法活动，在对外进行执法活动时，辅助人员只能辅助执法人员开展工作。

第十八条　（联合执法）

县级以上人民政府根据行政管理需要，可以组织相关行政机关联合执法。

联合执法的行政执法决定由参加联合执法的行政机关在各自职权范围内作出，并承担相应的法律责任。

说明与立法理由：

本条规定了联合执法的情形及相应的法律责任承担。

执法权过于分散造成执法不力、执法不作为是行政执法体制长期存在的问题，《行政处罚法》和《行政许可法》仅解决了相对集中行政处罚权与行政许可权的问题。行政体制改革的推进十分缓慢，党的十八大《依法治国决定》中提出“推进综合执法”，“有条件的领域可以推行跨部门执法”，但是综合执法体制改革如何推进，中央尚无具体顶层设计，主要由地方试点推进。因此，联合执法目前仍然是实践中广泛应用的解决执法权分散的程序机制之一。①

第十九条　（行政机关内部统一对外，健全内部工作程序）

行政执法事项需要行政机关多个内设机构办理的，应当确定一个机构统一对当事人办理与行政执法相关的事项。

对涉及两个以上政府工作部门共同办理的事项，县级以上人民政府可以确定一个部门或者政务中心窗口统一受理申请，并由一个行政机关会同有关行政机关提出意见后统一办理，或者组织有关行政机关联合办理、集中办理。

行政机关办理行政执法事项，应当健全内部工作程序，优化内部工作流程，提升行政效能。应当明确行政执法事项的承办人、审核人、批准人，由承办人提出初审意见和理由，经审核人审核后，由批准人批准决定。

---

① 如为加强建筑垃圾综合治理，北京市市政市容管理委员会于 2015 年 4 月会同市住房城乡建设委、市交通委、市环保局、市城管执法局、市公安交管局、市公安局治安总队对城六区八处施工工地进行督导检查。见北京市市政市容管理委员会官方网站：http://www.bjmac.gov.cn/pub/guanwei/A/A1/201504/t20150415_36931.html，最后访问时间 2015 年 7 月 1 日。

说明与立法理由：

本条是关于内部行政程序的规定，包括三项内容：第一，同一执法机关内部不同机构之间统一对外办理行政事务。第二，不同行政机关之间涉及同一行政事务时统一对外。第三，优化内部工作流程。

目前立法侧重规范外部行政程序，对行政机关内部行政程序规定较少，其中又主要是关于上级行政机关对下级行政机关的批准、核准等纵向程序规定，对行政机关横向运行程序规定非常少。学理上通常主张行政法主要调整外部行政关系，内部行政关系尤其是行政机关内部如何运转应由行政自主自行确定，法律不宜介入。然而，课题组在调研中发现，由于执法权配置过于分散，行政机关横向运行并不顺畅，内部运行不畅对外部管理直接产生影响，行政事务办理效率很低，公文在机关内部流转时间很长。在行政许可领域，这一问题表现尤为突出。行政许可事项过多，不同部门分头办理，相同的申请材料许可申请人需要重复递交，不同部门办理进展也不一致，申请人需要很长时间才能将全部许可办理完毕。因此，有必要在立法中适度规范横向内部行政程序，通过优化内部行政程序简化行政程序，提高行政效率。

合理的法定内部程序配置是提高行政效能的重要机制。在湖南、江苏、海口等地方行政程序规定中对行政执法中如何加强执法机关内部不同机构之间统一对外，以及如何优化内部流程作出明确规定。如《江苏程序规定》第43条规定，由行政机关确定一个机构统一受理公民、法人或其他组织的申请，统一送达行政执法决定；对涉及两个以上执法机关办理的事项，人民政府可以确定一个部门或者政务中心窗口统一受理申请，将相关事项抄告相关部门，实行并联审批；《海口程序规定》第45条亦有相似规定。《建议稿》针对行政执法实践中存在的执法机关内部运行不畅的现状，对内部行政程序作出适度规定。

第二十条　（行政协助·情形）

行政机关应当在各自其权限范围内互相协助，共同完成行政管理的任务。

有下列情形之一的，行政机关可以请求无隶属关系的行政机关协助。请求应当向能直接提供协助的行政机关提出：

（一）因法定原因，独自行使职权难以达到行政目的的；

（二）因事实原因，尤其因缺少必需的人力和设备而不能完成公务的；

（三）执行公务所必需的文书、统计资料等信息为其他行政机关所掌握的；

（四）执行公务必须要认定的事实，行政机关独自难以完成调查的；

（五）其他必须请求行政协助的情形。

说明与立法理由：

本条是关于行政协助的适用情形的规定。

行政机关之间的配合缺乏制度保障，造成实践中获得其他机关配合与协助非常困难，这是课题组调研中各地执法机关普遍反映的一个问题。由于请求其他机关协助非常困难，有的执法机关只好放弃执法，出现执法不作为问题。本条是为解决此问题作出的制度努力，规定了发生行政协助的情形，其中第一项为请求行政协助的基本情形，第（二）项至第（四）项为因查明事实需要其他行政机关协助的具体规定。

行政协助制度在湖南、山东、江苏、宁夏等地方行政程序规定中都有规定。在对《湖南程序规定》实施情况进行调研时①，调研问卷部分56%的工作人员选择工作中有其他行政部门依据《湖南程序规定》向自己所在的部门请求行政协助。行政协助属于微观

① 2013年，笔者继2009年湖南省就《湖南省行政程序规定》作初次调研之后，再次在湖南省就《湖南省行政程序规定》实施情况进行调研。

层面的行政合作，我国台湾地区“行政程序法”第19条规定“行政机关为发挥共同一体之行政机能，应于其权限范围内互相协助。”行政机关内部虽有职权划分，但又为一整体，共同对外担负行政管理的任务。因此，为完成公务，行政机关应当相互提供协助。由于有隶属关系的行政机关之间是领导与被领导的关系，二者不存在协助的问题，行政协助发生在没有隶属关系的行政机关之间。此点在德国和我国台湾地区行政程序法中均有明确规定。如德国《联邦行政程序法》第4条第2款规定，存在命令服从关系机关之间提供的帮助不属于职务协助。

第二十一条　（行政协助·协助义务）

被请求协助的行政机关应当及时实施协助，不得拒绝协助。

有下列情形之一的，被请求机关应当拒绝协助：

（一）协助行为不在其职权范围内；

（二）协助行为属于依法不应当实施的；

有下列情形之一的，被请求机关可以拒绝协助：

（一）由其他行政机关提供协助明显更为便利、经济的；

（二）提供协助将严重妨碍自身完成职务的；

（三）有其他无法提供协助的正当理由的。

被请求机关拒绝协助时，应当将理由通知请求协助的行政机关。

说明与立法理由：

本条是关于协助义务的规定，包括以下内容：第一，实施协助是被请求机关的义务，只有在具备法定情形时才能拒绝协助，且应将理由通知请求机关。第二，被请求机关可以拒绝协助的情形。

行政协助是行政机关基于国家行政的整体性和统一性而相互之间承担的义务，《建议稿》借鉴德国、我国台湾地区规定，明确了行政协助的性质。被请求的机关负有协助的义务，应当及时实施协助，不得拒绝提供协助，只有出现法定拒绝情形，才能够拒绝协助。《建议稿》根据拒绝协助发生的原因区别规定了应当拒绝和裁量拒绝两种情形：

1. 应当拒绝。应当拒绝是指被请求机关不应当提供协助、从而拒绝协助请求。应当拒绝的理由由法律明确规定，包括两种情形。

2. 裁量拒绝。裁量拒绝是指是否拒绝协助由被请求机关综合共同实现行政管理的目标与便利、经济、自身职能的完成等因素，确定提供协助还是拒绝协助。拒绝协助必须基于正当理由，考虑到实践的复杂，本条在列举两种情形后又用兜底条款加以规定。

第二十二条　（行政协助·请求机关与协助机关的关系）

实施行政协助的费用由请求机关承担。费用的金额和支付方式由请求机关与协助机关协议确定。未能达成协议的，报共同上级机关确定。

实施行政协助，由协助机关承担责任；根据行政协助作出的行政行为，由请求机关承担责任。

因协助发生争议的，由请求机关与被请求协助机关的共同上一级机关裁决。

说明与立法理由：

本条是关于请求机关与协助机关之间的关系的规定，包括以下三项内容：第一，实施行政协助的费用由请求机关承担。第二，请求机关与协助机关的责任分配。第三，协助争议的解决途径。

协助机关提供协助的目的是为了帮助请求机关完成其行政管理的任务，因此产生的费用由请求机关来承担。

行政协助中的责任承担需要区分两种情形：第一种是因实施行政协助而产生的责任，如在实施行政协助的过程中侵犯公民权利因之而产生国家赔偿责任。此种情形中，协助行为由协助机关实施，由此产生的责任由行为人协助机关承担，请求机关并非行为人，不承担责任。第二种是根据行政协助作出的行政行为产生的责任，如请求机关根据协助机关提供的证据作出的行政行为违法。此种情形中，行政行为由请求机关作出，请求机关作为行为人承担责任。

协助争议属于行政机关内部争议，在行政机关内部解决更为合适，因此，《建议稿》规定由请求机关与被请求协助机关的共同上一级机关裁决。

第二节　其他行使执法权的主体

第二十三条　（其他行使执法权的主体范围）

本条例所称的其他行使执法权的主体是指：

（一）根据法律、法规、规章授权行使执法权的组织；

（二）受行政机关委托，对公共事务进行管理的组织、个人。

行政机关自行授权其他行政机关、组织行使执法权的，视为行政委托。

说明与立法理由：

本条规定了行政机关之外行使行政执法权的两类主体：第一类，法律、法规、规章授权的组织。第二类，受委托组织、个人。

我国行使执法权的主体包括三类：行政机关、授权组织和受委托组织。本条规定了行政机关之外行使执法权的两类主体。这两类主体在行使执法权实施执法活动时，也适用《条例》的规定。新《行政诉讼法》将授权组织的范围由法律法规授权扩展至法律法规规章授权，本条作了相应扩大，包括规章授权的组织。授权是指法律、法规、规章等立法进行授权，行政机关不能自行将自己行使的执法权授权其他组织行使，行政机关自行授权其他行政机关或组织行使执法权的，视为行政委托。

受委托组织是指受行政机关委托行使一定行政职能的非国家行政机关的组织[①]。受委托组织根据执法机关委托实施执法活动，产生的法律后果由委托执法机关承担。

---

① 姜明安主编：《行政法与行政诉讼法》，北京大学出版社、高等教育出版社2005年版，第145页。

第二十四条　（行政授权·授权组织的条件和法律地位）

法律、法规、规章授权组织应当符合下列条件：

（一）是行政机关之外具有法人地位的组织；

（二）具备实施执法活动必需的基本设备和条件；

（三）具有熟悉有关法律、法规、规章和业务的工作人员；

（四）具备其他有效行使授予的行政职能应当具备的条件。

法律、法规、规章授权的组织以自己的名义对外作出行政执法决定，承担相应的法律后果。

说明与立法理由：

本条是关于法律、法规、规章授权组织应具备的条件和法律地位的规定。

被授权组织需要具备何种条件，法律尚未规定。在地方立法和部门立法中，经常为之产生争议，有必要在立法中明确授权组织应当具备的条件。《建议稿》吸收了学界研究成果，列举了授权组织应当具备的三个条件：

第一，行政机关之外具有法人地位的组织。此款包含三层内容：（1）行政授权的被授权主体只能是组织，不包括个人。（2）被授权人是行政机关之外的组织。行政授权是行政分权的一种形式，即将部分行政权力从行政机关分离出来，授予行政机关之外的社会组织。因此，只有行政机关之外的组织才能成为授权的对象。（3）由于被授权主体将独立行使行政权力，作出行政决定，因此，该组织首先应当具备民法上的法人地位，自身是独立的权利义务归属主体，具备民事行为能力，能够独立对外作出行为，承担法律责任。

第二，具备行使行政职能必需的基本设备和条件。执法活动涉及事实认定，需要授权组织具备行使行政职能必需的基本设备和条件。

第三，具有熟悉有关法律、法规、规章和业务的工作人员。行政执法是法律实施活动，授权组织虽不是行政机关，但是经过法律授权对行政机关进行分权，其在授权范围内实施的执法活动与行政机关并无差异，因此，需要有熟悉授权立法的工作人员，以保障执法活动有效进行。

在这三项明确列举的普遍性条件之外，《建议稿》还兜底规定了“具备其他有效行使授予的行政职能应当具备的条件”，立法在授权时根据具体需要确定授权组织应当具备的条件。

授权是行政分权的一种形式，被授权的组织因之具有行政主体地位，能够以自己的名义对外作出决定，并独立承担法律责任。

第二十五条　（行政委托·委托事项和受委托主体的条件）

基于技术、经济、便利等因素需要委托行政机关之外的组织实施行政执法的，根据法律、法规、规章的规定，行政机关可以委托组织、个人实施行政执法。

受委托的组织应当具备履行委托的行政执法的条件。法律、法规、规章对受委托主体的条件有规定的，适用其规定。

说明与立法理由：

本条是关于委托事项和受委托主体的范围和条件的规定。

并非所有的行政职能都适合委托给行政机关之外的组织行使，如西班牙《行政程序法》中明确规定职能不可推诿，且必须由被赋予该职能的行政部门行使，除非法律规定职能可以委托。我国《行政强制法》第 17 条规定禁止委托行政强制措施权，该条第 1 款规定：“行政强制措施由法律、法规规定的行政机关在法定职权范围内实施。行政强制措施权不得委托。”《建议稿》中规定行政委托的发生需要具备两个条件：其一是实质条件。即基于技术、经济、便利等因素需要委托其他组织实施管理活动的，如《税收征收管理法》中规定的对于零星分散税收的代征。其二是有立法规定。必须是在法律、法规、规章有规定的情况下，行政机关才能将职能委托出去。而法律、法规、规章在规定何种情形可以委托时，应当符合委托发生的实质条件。在实践中，特别要防止行政机关将一些不好管、难管的职能委托出去。

本条关于受委托主体的范围限定在行政机关之外的组织、个人，《汕头市行政程序规定》（以下简称《汕头程序规定》）中规定了行政机关之间的委托。如《汕头程序规定》第55条规定："法律、法规和规章规定由市人民政府及其所属工作部门行使的行政许可、行政处罚、行政强制等职权，除需由上级行政机关统一协调管理的事项外，可以委托区（县）人民政府或者其所属工作部门行使。法律、法规和规章规定由区（县）人民政府及其所属工作部门行使的涉及经济发展、市场监管、社会管理、公共服务、民生事业方面的行政许可、行政处罚、行政强制等职权，可以委托省人民政府认定的具备一定人口规模和经济实力的特大镇人民政府行使。"

受委托的主体在我国目前立法中包括个人和组织，如《税收征收管理法实施细则》第44条规定，"税务机关根据有利于税收控管和方便纳税的原则，可以按照国家有关规定委托有关单位和人员代征零星分散和异地缴纳的税收，并发给委托代征证书。受托单位和人员按照代征证书的要求，以税务机关的名义依法征收税款"。《建议稿》也将受委托主体的范围规定为个人、组织两种。

《行政处罚法》第19条规定受委托组织需要具备以下三项条件：（1）依法成立并具有管理公共事务的职能；（2）具有熟悉有关法律、法规、规章和业务的工作人员；（3）其他为履行委托的行政职能应当具备的条件。作出此种严格条件限制是由于行政处罚具有制裁性质，为了保护公民、法人或其他组织的权利，有必要作出严格的要求。其他行政活动的受委托组织没有必要如此严格要求其资质。《建议稿》对其条件仅规定要求"受委托的个人、组织应当具备履行委托的行政职能的条件"。同时规定单行法对受委托主体的条件有特别规定的，适用单行法的规定。

第二十六条　（行政委托·委托协议）

行政机关与受委托的组织之间应当签订书面委托协议。委托协议中应当载明委托依据、委托事项、权限、期限、双方权利义务、法律责任等。

行政机关应当将委托协议和其他重要事项在本机关网站、办公场所等公示，让公众周知。

说明与立法理由：

本条是关于委托协议的规定。

委托发生后将由受委托主体行使执法权，委托机关与受委托主体需要将委托的事项、委托的期限、双方的权利和义务等明确下来。因此，委托行为应当以书面协议的方式将相关事项确定下来。《江苏程序规定》对行政委托制度有较为详细的规定，该规定第21条是关于委托协议的规定，对委托协议应当载明的事项作出具体规定，包括委托依据、委托事项、权限、期限、双方权利和义务、法律责任等事项。

行政活动的对象有权知悉实施行政活动的具体主体，因此，行政委托的发生及相关事项应当让公众周知。

第二十七条　（行政委托·受委托主体的法律地位）

受委托的组织、个人以委托机关的名义实施行政执法，委托行为产生的法律后果由委托行政机关承担。

受委托的组织、个人应当自行完成委托事项，不得将委托事项再委托给其他组织、个人。

说明与立法理由：

本条规定受委托主体的法律地位和禁止再委托规则。

委托不同于授权，不是对行政的分权，不发生行政职能主体的转移，受委托主体与委托行政机关之间是代理与被代理的关系。根据民事代理原理，代理人以被代理人的名义进行活动，由此产生的法律后果由代理人承担。因此，受委托主体以委托机关的名义进行活动，因委托行为产生的法律后果由委托行政机关承担。

受委托主体由委托机关基于其能够履行职责而选择，为保证委托事项的顺利完成，委托人应当亲自完成委托事项，不能将委托事项再委托给其他组织或者个人。《行政处罚法》第18条第3款已有明确规定：受委托组织不得再委托其他组织或者个人实施行政处罚。

第三节 当事人及其他参加人

第二十八条 （当事人的范围与行为能力）

本条例所称当事人是指与行政执法有直接利害关系，以自己名义参加行政执法程序的公民、法人和其他组织。

当事人在行政执法程序的行为能力根据民法关于民事行为能力的规定确定，法律另有规定的，适用法律的规定。

无行政程序行为能力人由其法定代理人代为参加行政执法程序。

外国人依其本国法律无行政程序行为能力，根据中国法律有行政程序行为能力的，视为有行政程序行为能力。

说明与立法理由：

本条规定了行政执法中当事人的范围及其参加行政程序的行为能力。

理论研究中用“相对人”的概念指称作为执法对象的公民、法人或其他组织，《行政诉讼法》仅在第25条使用了一次“相对人”的概念，“行政行为的相对人以及其他与行政行为有利害关系的公民、法人或者其他组织”，这其中的相对人应当不包括利害关系人，仅仅指行政行为直接针对的对象，与学理上的相对人范围不尽一致。

《建议稿》没有采用“相对人”，而是采用“当事人”的名称来指称行政执法活动直接针对的主体，主要是基于三点考虑：(1) 与我国现行立法中的用语保持一致。《行政处罚法》中使用当事人的称谓指称被处罚人，《行政许可法》中用利害关系人指称申请人之外的其他公民、法人或其他组织。(2) 相对人的称谓在学理上是用来与行政主体相对称的概念，包括公民、法人或其他组织等主体，其范围包括行政行为直接对象和有利害关系人，考虑到利害关系人与直接对象的程序权利义务有所不同，采用当事人与利害关系人这一组概念更为清晰一些。（3）《行政诉讼法》第25条在狭义上使用相对人，与学理范围不一致，为避免混乱，没有采用《行政诉讼法》第25条的规定。

当事人在行政执法中的行为能力根据民事行为能力的规定确定。民事行为能力是关于行为能力的基本规定，德国和台湾地区将之适用于确定行政程序的行为能力。如我国台湾地区“行政程序法”第22条规定，有行政程序之行为能力者如下：（1）依民法规定，有行为能力之自然人。（2）法人。（3）非法人之团体由其代表人或管理人为行政程序行为者。（4）行政机关由首长或其代理人、授权之人为行政程序行为者。（5）依其他法律规定者。《建议稿》借鉴了德国和我国台湾地区的规定，根据民事行为能力来确定当事人在执法中的行为能力。

第二十九条　（当事人在行政执法程序中的权利）

当事人在行执法程序中享有以下权利：

（一）获得启动行政执法程序的通知；

（二）委托代理人。根据事务的性质，当事人应当亲自参加行政执法程序的除外；

（三）查阅执法卷宗；

（四）提交证据；

（五）陈述意见；

（六）获得行政执法决定文书；

（七）法律、法规、规章、行政规范性文件规定的其他程序权利。

说明与立法理由：

本条对当事人在行政决定程序中所享有的程序权利集中作出规定。

对当事人在行政决定程序中享有的程序权利集中进行规定，有利于彰显行政程序法作为程序权利保障法的功能。《宁夏程序规定》在总则第 8 条、第 9 条集中规定了公民、法人和其他组织在行政程序中的程序权利，如该规定第 8 条规定：“行政机关行使行政职权可能影响公民、法人和其他组织合法权益的，除法定情形外，应当书面告知其事实、理由、依据及其依法享有的陈述权、申辩权、救济途径、方式和期限。”第 9 条规定行政机关应当依法保障公民、法人和其他组织依法享有的知情权、参与权、表达权、监督权和救济权。《汕头程序规定》第 26 条规定行政程序参与人在行政程序中，依法享有知情权、参与权、表达权、监督权。

第三十条　（利害关系人）

与拟作出的行政执法决定有法律上利害关系的当事人以外的公民、法人或者其他组织，是行政执法的利害关系人。

行政机关应当依职权或根据其申请，通知利害关系人参加行政执法程序。利害关系人有权就可能影响自己利益的事项陈述意见，有权知道行政执法决定中与自己利益相关的内容。

说明与立法理由：

本条规定了当事人之外的受拟作出的行政决定影响的主体的名称、条件和地位。

有的行政决定具有复效性，不仅影响行政决定直接针对的对象，同时也会影响其他公民、法人或其他组织，有必要对这部分主体在执法中的主体地位及其权利义务作出规定。这部分主体与执法直接对象的权利义务有差异，因此，《建议稿》区分两类主体分别作出规定，将行政执法的直接针对对象称为“当事人”，将当事人之外与行政执法存在利害关系的主体称为“利害关系人”，利害关系人不是行政执法直接针对的对象，因与行政执法事务相关参加到执法程序中。

利害关系人需具备两个条件：其一，利害关系人是当事人之外的主体，一般是公民、法人或其他组织。这是利害关系人的形式要件。其二，利害关系人与拟作出的行政决定存在法律上的利害关系，因此有必要参加到行政程序中来，以维护自己的利益，这是利害关系人的实质要件。

第三十一条　（代表人制度）

当事人人数是二十人以上，没有委托共同代理人的，应当推选一至五名代表人参加行政执法程序。当事人没有推选代表人，行政机关认为不利于行政执法正常进行的，可以为其指定代表人。

经推选或者经指定担任代表人的，没有正当理由不能辞退。代表人的选定、增减、更换，以书面形式通知行政机关后生效。

代表人代表全体当事人参加行政执法程序，其他当事人不再参加，但撤回申请、放弃权利、承担义务等，必须经过被代表人的同意。

说明与立法理由：

本条规定了代表人制度。

在执法程序中设立代表人制度是为了使行政程序的进行更加经济、有效率。德国规定了共同代理人制度，我国台湾地区规定了代表人制度，称为“选定或指定当事人”。《汕头程序规定》第 24 条规定了代表人制度，该条规定当事人、利害关系人人数众多，没有委托共同代理人的，应当推选代表人参与行政程序，代表人人数不得超过 5 人。《建议稿》参照我国《民事诉讼法》的规定，规定当事人人数是 20 人以上的，适用代表人制度。代表人制度为程序性制度，代表人在行政程序中仅有权就程序行为作出处置，如果涉及其他当事人的实体权利的处理，必须经过被代表人的同意。

第三十二条　（其他参加人）

本条例所称的其他参加人，包括代理人、鉴定人、翻译人员、证人等。

说明与立法理由：

本条规定除行政主体、当事人、利害关系人之外参加行政程序的人员的范围。

第三章　管辖与回避

第三十三条　（管辖·地域管辖的补充规定）

管辖根据法律、法规、规章的规定确定。法律、法规、规章没有规定地域管辖的，根据下列规则确定：

（一）涉及不动产的，由不动产所在地行政机关管辖；

（二）涉及公民的，由其住所地行政机关管辖。住所地与经常居住地不一致的，由经常居住地行政机关管辖。住所地与经常居住地都不明的，由其最后所在地行政机关管辖；

（三）涉及法人或者其他组织的经营行为或者从事的组织活动的，由行为发生地行政机关管辖。涉及法人或其他组织的其他事务的，由其主要营业地或者主要办事机构所在地行政机关管辖。

说明与立法理由：

本条规定确定了地域管辖的一般原则，是对立法中没有明确地域管辖时的补充性规定。

地域管辖在一些单行立法中有规定，如《行政处罚法》第20条规定，行政处罚由违法行为发生地的行政机关管辖。考虑到单行法关于地域管辖的规定往往结合了部门管理的特性，适用单行法的规定更有利于行政事务的处理，因此，本条是关于地域管辖的补充性规定。地域管辖的确定首先根据单行立法确定，单行法中没有规定地域管辖的，适用《条例》的规定确定具体地域管辖机关。

由于行政机关设置过于碎片化，单行法中关于管辖的原则性规定往往不能满足执法实践中职权配置的明晰化需求。管辖制度是地方行政程序立法中的重要制度之一，湖南省、山东省、江苏省、宁夏回族自治区、西安市、酒泉市、海口市、藏北自治州等地方行政程序规定都对管辖制度作了比较详细的规定。课题组在湖南调研时，为了解《湖南程序规定》对行政机关间职责划分的影响，调研问卷中设置了“您认为《湖南程序规定》的实施是否有助于明确行政机关之间的职责划分?”一题，调查结果如下：认为“有很大作用”的 27 人，占 27%；认为“有一定作用”的 62 人，占 62%；认为“作用不大”的 6 人，占 6%；没有人认为“完全没有作用”；“说不清”的 5 人，占 5%。在职责划分的问题上，答“有很大作用”和“有一定作用”的共 89 人，占 89%。从这个结果来看，《湖南程序规定》对于明确机关之间的职责划分，调整机关之间的关系，发挥了很大作用。

第三十四条　（管辖·紧急情形下的管辖权）

情况紧急、需要立即采取一定措施以避免造成重大损失的，事件发生地行政机关有进行必要处理的管辖权，但是应当立即通知有管辖权的行政机关。

说明与立法理由：

本条规定了紧急情形下本没有管辖权的机关有进行必要处理的权力。

在紧急情况下，有管辖权的机关有时无法立即采取措施，为了避免造成重大损失，有必要由事件发生地的机关行使临时管辖权，先进行必要处理，再通知有管辖权的行政机关。我国目前有少数规章中有类似的规定，如《110 接处警工作规则》第 20 条规定：“对接报的管辖暂不明确的地区发生的案（事）件，应当先指定处警人员进行先期处置，必要时再移交属地公安机关有关部门进行处理。”

事件发生地机关享有的只是先期采取必要措施的权力，以防止或者减少某种危害结果的发生，并不因此取得后续的管辖权，它应当在进行必要的处理后立即通知有管辖权的机关。

第三十五条　（管辖·管辖权竞合）

数个行政机关对同一事项都有管辖权的，由先受理的行政机关管辖，但其共同上级行政机关指定管辖的，不在此限。

说明与立法理由：

本条规定了管辖权发生竞合由先受理的行政机关管辖。

管辖权竞合是指数个行政机关对同一事项都有地域管辖权。管辖权竞合时一般由受理在先的机关管辖。如德国《联邦行政程序法》第3条第2款规定，数个行政机关都有管辖权的，由最先受理的行政机关处理决定，但其共同业务主管监督机关指定另一有地方管辖权的机关处理时，不在此限。我国现行立法中一般也规定由立案在先的机关管辖。如《通信行政处罚程序规定》第6条规定，两个以上同级通信主管部门都有管辖权的行政处罚案件，由最初受理的通信主管部门管辖；主要违法行为发生地的通信主管部门管辖更为适宜，可以移送主要违法行为发生地的通信主管部门管辖。再如《公安机关办理行政案件程序规定》第10条规定，几个公安机关都有权管辖的行政案件，由最初受理的公安机关管辖。

一些地方行政程序规定中也确立了先受理机关管辖的规则，如《山东程序规定》第20条规定："两个以上行政机关对同一行政管理事项都有管辖权的，由先受理的行政机关管辖；发生管辖权争议的，由共同上一级行政机关指定管辖。情况紧急、不及时采取措施将对公共利益或者公民、法人或其他组织合法权益造成重大损害的，行政管理事项发生地的行政机关应当进行必要处理，并立即通知有管辖权的行政机关。"《江苏程序规定》第13条的规定与之相同。

第三十六条　（管辖·移送管辖）

行政机关受理当事人的申请或依职权启动行政程序后，认为自己没有管辖权的，应当移送至有管辖权的行政机关，并通知当事人。

受移送的行政机关应当在立案后将案件移送的原因、法律依据等及时通知与移送案件有关的当事人、利害关系人。

受移送的行政机关也认为自己没有管辖权的，不得再行移送，应当报请其共同上一级行政机关指定管辖。

说明与立法理由：

本条是关于移送管辖的规定。

有的行政机关对不属于本机关管辖范围的行政事务，仅简单告知当事人不由本机关管辖，不告知当事人有管辖权的机关。管辖是行政机关内部关于行政事务处理的分工，应当在行政机关内部予以解决，不应由当事人来承担不利后果。《建议稿》规定了移送管辖制度，行政机关受理当事人的申请或依职权启动行政程序后，认为自己没有管辖权的，应当移送有管辖权的行政机关，并通知当事人。移送管辖在我国一些立法中已有规定。除地方行政程序规定外，单行立法中也有规定，如《药品监督行政处罚程序规定》第8条规定，药品监督管理部门发现案件不属于本部门主管或者管辖的，应当填写《案件移送审批表》，经药品监督管理部门主管领导批准后即时填写《案件移送书》，并将相关案件材料一并移送有管辖权的药品监督管理部门或者相关行政管理部门处理。受移送的药品监督管理部门应当将案件查处结果及时函告移送案件的药品监督管理部门。

移送管辖以一次为限。如果受移送的行政机关也认为自己没有管辖权的，不得再行移送，应当报请其共同上一级行政机关指定管辖。如果允许多次移送，不利于行政事务的解决，容易产生踢皮球现象。禁止再移送在地方行政程序立法中得到确立，如《酒泉市行政程序规定》（以下简称《酒泉程序规定》）第18条规定："行政机关受理公民、法人和其他组织的申请或者依职权启动行政程序后，认为不属于自己管辖的，应当移送有管辖权的行政机关，并通知当事人；受移送的行政机关认为不属于自己管辖的，不得再行移送，应当报请共同上一级行政机关指定管辖。"单行立法中也有此规定，如《地震行政执法规定》第12条规定，地震行政执法机关发现查处的案件不属于自己管辖时，应当将案件移送到有管辖权的地震行政执法机关，受送机关不得再自行移送或者拒绝。

第三十七条　（管辖·管辖权发生事由变更）

行政机关因法律、法规、规章或者事实变化而丧失管辖权的，应当将案件移送至有管辖权的行政机关，并通知当事人。但当事人及有管辖权的行政机关同意由原行政机关继续处理的，原行政机关可以继续处理该案件。

说明与立法理由：

本条规定了管辖权事由变更后如何确定主管机关的规则。

行政机关对行政事务本来有管辖权，但在处理过程中因为立法或者事实的变化而丧失管辖权，是由该机关继续处理还是移送至新的有管辖权的机关处理？对此问题，德国和我国台湾地区的规定稍有不同。德国的做法是如果原机关继续进行程序有利于保护当事人且符合程序简化和程序目的，征得现有管辖权机关的同意，可由原机关继续处理。我国台湾地区的规定是应当将案件移送有管辖权之机关，并通知当事人，但经当事人及有管辖权机关的同意，也可以由原管辖机关继续处理该案件。德国规定了由原机关继续处理的条件，那就是有利于保护当事人且符合程序简化和程序目的。而我国台湾地区的规定中没有实质条件，只要当事人及有管辖权的机关同意就可以。《西安市行政程序规定》（以下简称《西安程序规定》）第 17 条仅规定行政机关因为法律、法规、规章或者机构改革、政府职能调整等事实变化而丧失管辖权的，应当将案件移送有管辖权的机关，并书面告知当事人。

虽然我国台湾地区没有规定具体条件，但当事人在做出是否同意由原机关继续处理时一般也会从是否有利自己的角度考虑问题。从程序简化的角度看，由原机关继续处理一般情况下应当更为合适。《建议稿》借鉴我国台湾地区的规定，赋予当事人和新的有管辖权的机关选择权，如果当事人及有管辖权的行政机关同意，原行政机关可以继续处理。

第三十八条　（管辖·管辖权争议的解决）

行政机关之间产生管辖权争议的，协商解决。协商不成的，报共同的上一级机关指定管辖。没有共同的上一级机关的，由各自的上一级机关协商决定。

公民、法人和其他组织申请行政机关履行职责过程中发生管辖权争议，行政机关没有提请解决管辖争议的，申请人可以向争议机关的共同上一级机关提出申请，要求其指定管辖。没有共同上一级机关的，可以向各该上级机关之一申请指定管辖。受理申请的机关应当在10日内作出决定。

管辖确定前，如果必要，争议机关应当根据当事人的申请或者依职权采取必要的处理行为，并通知对方机关。

说明与立法理由：

本条是关于管辖权争议解决的规定。

1. 关于管辖权争议解决机制

行政管辖分为事务管辖、级别管辖、地域管辖三种情形，级别管辖基于上下级机关之间的组织关系一般情形下不会产生管辖争议，产生管辖争议的是事务管辖和地域管辖。我国现行立法关于管辖权争议的解决有六种规定：

第一种，直接报请共同上一级行政机关指定管辖。如《行政处罚法》第21条规定，对管辖发生争议的，报请共同的上一级行政机关指定管辖。

第二种，争议机关先协商解决，协商不成的，报请指定管辖。如《地震行政执法规定》第11条规定，地震行政执法机关之间因执法管辖权发生争议时，争议双方应当协商；协商不成的，案件由其共同上一级地震行政执法机关指定管辖。

第三种，报法制机构调处或者报请指定管辖。如《河南省行政机关执法条例》第17条规定，行政机关之间因执法管辖权发生争议的，由同级人民政府法制机构协调或者由同级人民政府指定管辖。实践中有的地方如湖南省事务管辖争议因为涉及不同部门职权划分由编办解决，行政执法中管辖争议由法制部门调处解决。

第四种，报各自上一级机关协商解决。如《税务登记管理办法》第6条规定，国家税务局（分局）、地方税务局（分局）之间对纳税人税务登记的主管税务机关发生争议的，由其上一级国家税务局、地方税务局共同协商解决。

第五种，法制机构协调解决。如《葫芦岛市依法行政规定》第34条规定，两个以上执法部门因法律、法规、规章和市政府规范性文件规定不明确、不一致或因越权执法等情况而对适用法律、管辖、程序等产生行政执法争议的，可自行协商解决，协商不成的，由本级人民政府法制机构依法协调解决。乡（镇）人民政府与县（市）区人民政府所属部门的行政执法争议由县（市）区人民政府法制机构协调解决。县（市）区人民政府与市人民政府所属部门的行政执法争议由市人民政府法制机构协调解决。

第六种，区分不同争议采用不同解决机制。《湖南程序规定》第14条规定，行政机关之间发生职权和管辖权争议的，由争议各方协商解决，协商不成的，按照下列规定处理：涉及职权划分的，由有管辖权的编制管理部门提出协调意见，报本级人民政府决定；涉及执行法律、法规、规章发生争议的，由有管辖权的政府法制部门协调处理。对需要政府作出决定的重大问题，由政府法制部门依法提出意见，报本级人民政府决定。

《湖南程序规定》在总结单行法立法基础之上，结合产生管辖权争议的原因，区分争议类型，确立不同争议解决机制，符合实际情况。因而之后的地方行政程序立法，基本采纳了湖南区分类型适用不同争议解决机制的做法，如《山东程序规定》、《西安程序规定》、《酒泉程序规定》等。

六种管辖争议解决机制都采用了行政机关内部解决的途径，这与管辖争议属于内部行政争议的性质是相符的。国外也基本采用由行政机关内部指定管辖或者协商确定的方式来解决管辖争议。如德国《联邦行政程序法》第3条规定，数个行政机关均认为拥有或者没有管辖权，或者因为其他原因而管辖权不明确时，由共同业务主管监督机关指定拥有地域管辖权的机关。没有共同监督机关的，由各自业务主管机关会同决定。奥地利《普通行政程序法》第5条规定，官署间管辖之争议，由其有事务管辖之共同上级官署决定之。我国台湾地区“行政程序法”第14条规定，数个行政机关关于管辖权有争议的，由其共同上级机关决定之，无共同上级机关时，由各该上级机关协议定之。

管辖权争议属于内部行政争议，由行政机关内部解决更为适合。《建议稿》规定的方式是先由争议机关协商解决，协商不成，再报共同上一级机关指定管辖。之所以规定先由争议机关协商是考虑这样做程序简便，如果能够协商成，解决问题较为迅速。如果协商不成，再报共同上一级机关指定管辖。没有共同上级机关的，则由争议机关各自的上一级机关协商确定。

2. 关于当事人申请启动管辖争议解决机制

我国目前立法一般只规定管辖权争议解决机制，但对于如果争议机关没有将管辖争议提请解决时如何处理没有规定，特别是争议机关都认为自己没有管辖权时，很容易发生此种情况。虽然管辖争议属于内部行政争议，与当事人没有直接的关系，但会间接影响当事人的利益，其影响具有外部性，应当赋予当事人申请启动管辖争议解决机制的权利，以更好维护当事人的利益，监督行政机关履行职责。《西安程序规定》第 15 条、《海北藏族自治州程序规定》（以下简称《海北程序规定》）第 17 条都规定了当事人可以申请启动管辖争议解决机制。如《海北程序规定》第 15 条规定："公民、法人或者其他组织申请行政机关履行行政职责过程中发生行政机关管辖权争议时，可向其共同上级机关申请指定管辖；无共同上级机关的，可以向各该上级机关之一申请指定管辖。收到申请的机关应当自受理之后 10 日内作出决定。"

3. 关于争议机关应当采取必要的处理行为

管辖争议解决之前，行政事件处于无处理机关的状态，有的情况下如果不及时采取措施，会出现事态扩大或者取证难等不利后果，因此，德国和我国台湾地区都规定争议机关有采取紧急临时处置的义务，如我国台湾地区"行政程序法"第 14 条规定，管辖争议未决定之前，如有导致国家或人民难以恢复之重大损害之虞时，该管辖争议之一方，应依当事人申请或者依职权为紧急临时之处置，并应呈报共同上级机关及通知他方。我国有少数立法中有采取必要处置行为的规定。如《路政管理规定》第22条规定，报请上级人民政府交通主管部门或者其设置的公路管理机构处理的案件以及上级人民政府交通主管部门或者其设置的公路管理机构决定直接处理的案件，案件发生地的县级人民政府交通主管部门或者其设置的公路管理机构应当首先制止违法行为，并做好保护现场等工作，上级人民政府交通主管部门或者其设置的公路管理机构应当及时确定管辖权。《海北程序规定》第18条规定，在管辖权争议和当事人申请指定管辖尚未决定之前，如果有导致国家、集体及人民群众利益遭受重大损害的可能或者事实，该管辖权争议各方，应依职权或依申请进行必要处置，并分别向上级呈报情况。

为了防止因为管辖争议影响后续行政事务的处理，《建议稿》规定，如果必要，争议机关应当依职权或者根据当事人的申请采取必要的处置行为。当事人有权申请争议机关采取必要的处置行为。

第三十九条　（回避·回避情形）

有下列情形之一的，行政机关工作人员应当回避。当事人有权以书面或者口头方式申请回避：

（一）是行政事务的当事人或者当事人、代理人的近亲属；

（二）与行政事务有利害关系；

（三）与当事人有其他关系，可能影响对行政事务的公正处理的。

说明与立法理由：

本条规定了回避的情形和方式。回避方式分为自行回避和申请回避两种。

回避是指与要处理的行政事务存在某种利害关系的公务人员不能处理该事务的制度，以防止行政人员偏私，避免其作出对当事人不利的决定。回避是公正程序最基本的要求之一，英国普通法上的自然公正原则的要求之一即是自己不能做自己案件的法官。德国、奥地利、葡萄牙、挪威等国家的行政程序法中对回避发生的情形有非常详细的规定，回避的事由主要包括血亲关系、姻亲关系和经济利益关系等。其中挪威和葡萄牙《行政程序法》对回避制度的规定尤为详尽。前者在第二章为“不具备资格的规定”，后者第二部分第一章第六节“不偏不倚的保障”共计 8 条对回避制度作出详细规定，包括回避的事由、回避的程序、回避决定作出、回避决定的效力等内容。

回避制度是我国早期《行政程序法》中常见的制度之一，大量的单行立法中都规定了回避制度，有的立法仅仅简单规定工作人员有利害关系的，应当回避；有的立法则较为详细规定了回避的情形和程序。除《永平县行政程序暂行办法》（以下简称《永平程序暂行办法》）和《兰州程序规定》，其他地方的行政程序规定都规定了回避制度。《建议稿》总结了现行立法的规定，列举规定了回避的两项具体情形：其一，行政事务的当事人或者当事人、代理人的近亲属。近亲属的范围适用诉讼法中的规定。其二，与行政事务有利害关系，特别是存在经济上的利益关系。在这两项具体情形之外，使用兜底条款概括其他可能影响行政事务公正处理的情形。

第四十条　（回避·回避的提出和决定）

行政机关工作人员自行回避应得到机关负责人的批准。

公民、法人和其他组织申请工作人员回避的，应当以书面方式提出。书写有困难的，也可以口头提出，由行政机关记录。申请书应当载明申请回避的事实和理由。行政机关应当自回避申请提出之日起 3 日内作出决定，决定作出前，应当听取被申请回避人员的意见。

回避决定作出前，被申请回避的人员停止参与行政事务的处理，法律、法规另有规定的除外。

申请人对决定不服的，可以向其上一级机关申请复议一次。上一级机关应当在 3 日内作出复议决定。复议期间，被申请回避的人员不停止参与行政程序。

行政机关或行政机关负责人与本案有利害关系的，应当报请上一级机关指定处理机关，申请人也可以申请行政机关工作人员集体回避。

说明与立法理由：

本条是关于回避程序的规定。

回避决定作出前，被申请回避的工作人员是否停止参与行政事务的处理？对此，我国现行立法有两种不同的规定：一种是不停止。如《交通行政处罚程序规定》第18条规定，回避决定作出之前，案件调查人员不得擅自停止对案件的调查处理。另一种是停止。如《关于环境保护行政许可听证暂行办法》第11条规定，在是否回避的决定作出之前，被申请回避的听证主持人应当暂停参与听证工作。考虑到回避制度的目的是为了保障具体承办人员不偏不倚，一般情形下暂停调查活动为宜。《建议稿》之所以规定法律、法规、规章另有规定的除外，是考虑到有的情形下不宜中止调查活动，需要及时采取调查措施。

如果作决定的工作人员存在偏私的可能性，对于受决定影响的当事人而言是非常不利的，因此，允许当事人对回避决定申请复议对于保护其利益非常重要。规定复议一次为限是为了尽早确定具体承办人员，避免拖延程序的进程。复议期间，被申请回避的人员不停止参与行政程序。

第四章　依申请作出决定程序

第四十一条　（依申请启动行政执法程序）

需要根据公民、法人和其他组织申请作出行政执法决定的，应公民、法人和其他组织的申请启动执法程序。

公民、法人和其他组织可以采用网上申请、当面递交、信件等书面方式递交申请。行政机关应当完善网上办公系统，提高申请办理的信息化程度，便利申请人办理与申请相关的事务。

申请书需要采用格式文本的，行政机关应当提供申请书格式文本。申请书应当载明下列事项：

（一）申请人的基本情况；

（二）被申请行政机关名称；

（三）申请的事项、理由；

（四）申请人签名或者盖章；

（五）申请的年、月、日。

如果申请人书写有困难，也可以口头向行政机关提出申请，由行政机关工作人员记录，记录中应当记载前列第（一）项至第（五）项事项，并由申请人签字确认。

说明与立法理由：

本章是关于行政机关根据公民、法人和其他组织申请作出行政决定的程序的规定。规定了递交申请的方式，及申请书应当载明的事项。

《行政许可法》规定了行政许可的程序，行政许可之外仍然存在大量赋予公民、法人或其他组织利益的应申请的行政决定，特别是随着政府保障民生职能的扩展，行政机关在住房保障、最低生活保障，以及为推动经济发展对创新企业进行激励与资助等所作出的依申请决定越来越多，很有必要专章对这类决定的程序作出规定。

在申请递交方式上，《建议稿》将网上递交放在首选。《依法治国决定》中提出行政执法要加强信息化建设，实践中越来越多的执法机关对申请的提出、办理、结果公示等采用网上办理的方式，便利申请人提出申请。《建议稿》回应实践执法信息化发展趋势，将网上申请放在第一位，同时考虑到还不能很好使用网络的群体的需要，《建议稿》保留了申请的传统递交方式。此外，《建议稿》还规定行政机关应当完善网上办公系统，提高申请办理的信息化程度，便利申请人办理与申请相关的事务。

第四十二条　（与申请相关事项的公示）

行政机关应当将下列事项在本机关官方网站和办公场所进行公示：

（一）作为申请的提出和处理依据的法律、法规、规章和行政规范性文件；

（二）申请书示范文本和提出申请需要提交的全部材料；

（三）对申请进行审查和处理的办理程序；

（四）批准申请的条件，对申请进行处理的裁量基准；

（五）作出决定的期限；

（六）逾期不作决定的法律后果；

（七）其他行政机关认为有必要公示的事项。

申请人要求行政机关对公示的内容予以说明和解释的，行政机关不得拒绝。

说明与立法理由：

本条规定了两项内容：第一，行政机关应当公示与申请的审查与处理相关的法律依据、条件、办理程序等重要事项。第二，行政机关负有释明义务。

《汕头程序规定》独具特色专章第五章规定了“非行政许可类审批程序”，规定中所称的非行政许可类审批是指由行政机关实施但不属于《行政许可法》调整的，影响公民、法人或者其他组织权利义务的行政审批行为。该章是对依申请启动执法程序的完整规定，包括非许可类审批的设定、申请的提出、申请的办理、作出决定。尽管“非行政许可类审批”这一概念已经被取消，但是《汕头程序规定》中的相关规定对后来的立法仍有借鉴意义。《汕头程序规定》第89条规定了应当向社会公示的事项包括：审批事项、设定审批的依据、审批数量限制及方式、审批条件、申请材料、申请表格、审批申请受理机关、审批决定机关、审批程序、审批时限、审批证件及有效期限、审批的法律效力等。非许可类审批的设定依据对审批条件、申请材料有具体规定的，行政机关不得增加审批条件及申请材料。

实践中，老百姓反映较为强烈的执法不公的问题在依申请决定中比较突出，特别是在民生保障领域，问题比较多。笔者在对主持的信访课题展开调研时了解到在农村地区因民生保障发放不公引发的问题在信访事项中占的比例越来越大。执法依据、执法过程不透明、不公开，部分执法人员得以滥用执法权谋取利益、不规范执法。《依法治国决定》中要求“各级政府及其工作部门依据权力清单，向社会全面公开政府职能、法律依据、实施主体、职责权限、管理流程、监督方式等事项”。《建议稿》回应决定的要求，吸收《汕头程序规定》的相关内容，规定了申请办理事项公示制度，通过公开申请处理的依据、条件、标准、程序，提升申请处理的透明度，保障申请人的知情权，加强社会对申请处理的监督，来防止裁量权滥用，实现公正执法的目的。

行政机关对公示的事项有释明义务。申请人要求行政机关对公示的内容予以说明和解释的，行政机关不得拒绝。

第四十三条　（对申请的登记）

行政机关收到公民、法人或者其他组织的申请后，应当按照收到申请的时间顺序对申请进行登记。申请人到行政机关当面递交申请的，收到人员应当出具回执，标明行政机关收到申请的日期、地点、收件人和收到的证据材料清单。

说明与立法理由：

本条是关于对申请进行登记，出具回执的规定。

实践中，有的经办人员收到申请后将申请材料随意摆放甚至丢失，有的材料因工作失误被毁损；有的经办人员长时间疏于处理，等申请人来问，推说根本没有收到申请；还有的行政决定法定期限届满后行政机关没有作出决定，当申请人起诉至法院后，行政机关收到起诉状副本后说根本没有收到申请。针对这些问题，《建议稿》规定行政机关收到申请后应当进行登记。申请人到行政机关当面递交申请的，应当登记后向申请人出具回执，并在回执中填写收到申请的日期、地点、收件人和收到的证据材料清单，目的在于证明行政机关已经收到申请，以及收到哪些证据材料。

对申请登记和出具回执在葡萄牙、我国澳门特区行政程序法中有较为详细和具体的规定。如葡萄牙规定不论申请以何种方式提出，都应当按照提出申请的次序进行登记，登记应当标明编号、日期、申请的目的、附具文件的数目及申请人的姓名（第80条）。利害关系人可以要求发给证明已经递交申请的收据，申请书的副本或影印本可以作为收据发出（第81条）。西班牙规定了回执制度，在行政机关办公室递交请求后，利害关系人可以索要标明递交日期的回执，该办公室对递交日期所作记录的复制件可以视为回执（第70条第3款）。韩国规定了受理证制度，行政机关受理申请后，应交付受理证给申请人，总统令有规定时可不交付（第17条第3款）。

对申请按照提出的先后进行登记起到对申请排序的作用，之后的审查应当按照提出申请的先后顺序进行，有数量限制的许可等在同等条件下应当按照提出申请的先后批准提出申请在先的申请人。如《汕头程序规定》第90条规定，有数量限制的非行政许可类审批，两个或两个以上申请人的申请均符合法定条件的，行政机关应当根据受理申请的先后顺序作出审批决定。

第四十四条　（收到申请的处理）

行政机关收到申请人的申请后，根据下列情况分别作出处理：

（一）申请事项不需要经过行政机关批准的，应当即时告知申请人；

（二）申请事项不属于本机关职权范围的，应当即时作出不予受理的决定，并告知申请人有管辖权的机关；

（三）申请材料的错误可以当场更正的，应当告知申请人当场更正；

（四）申请材料不齐全或者表述不清楚的，行政机关应当当场或者在5日内书面一次性告知申请人需要补正的事项和合理的补正期限。如果申请人同意的，也可以电话告知补正事宜。逾期没有告知的，自收到申请材料之日起即为受理。申请人无正当理由逾期不补正的，视为放弃申请；

（五）申请事项属于本行政机关职权范围，申请材料齐全、符合法定形式，或者申请人按照补正要求提交全部申请材料的，行政机关应当受理申请。

行政机关受理或者不受理公民、法人和其他组织的申请，都应当出具盖有本行政机关专用印章和注明日期的凭证。

说明与立法理由：

本条规定了行政机关收到申请后，区分不同情形作出不同处理。

《行政许可法》对行政机关收到申请后如何处理的规定操作性很强，《汕头程序规定》也有相同的规定。申请人向行政机关提出申请之后，收到申请的机关接受申请之后，程序开始启动。实践中，部分执法机关由于缺乏服务意识，不一次性告知申请人应当补齐的材料；申请人申请材料齐全，有的执法人员却故意刁难，不予受理。针对实践中存在的各种申请人面临的申请难以得到正常接收的困难情形，《建议稿》明确规定了各种情形之下执法机关应当如何作出处理。

本条还要求行政机关不管受理或者不受理申请，都应当出具书面凭证。该书面凭证是对申请人申请作出的中间性决定，如果行政机关受理申请，进入审查阶段；如果不受理，申请人可以对不受理决定申请复议或者提起行政诉讼。《西安程序规定》、《海北程序规定》、《酒泉程序规定》等都规定了行政机关接到申请后的登记义务和出具回执的义务，并规定了回执的具体内容。如《西安程序规定》第40规定："行政机关收到公民、法人或者其他组织的申请后，应当登记，并出具回执，加盖行政机关印章。申请人有权要求行政机关出具回执，行政机关不得拒绝。回执应当载明：（一）行政机关收到申请的日期、地点和收件人；（二）行政机关收到的证据材料清单。"

第四十五条　（对申请材料的审查、核实）

申请人应当如实向行政机关提交相关材料和反映真实情况。

行政机关应当对申请材料的内容的真实性进行核实和审查。为了查明申请人是否符合法定条件，行政机关有权调查收集申请材料之外的证据，但不得要求申请人提供与申请事项无关的材料。

行政机关在对申请材料进行审查时，发现申请事项直接关系其他公民、法人或其他组织重大利益的，应当及时告知利害关系人。

说明与立法理由：

本条规定了行政机关应当对申请材料进行实质审查。如果发现申请事项直接关系到他人重大利益的，行政机关应当及时告知利害关系人。

一、对申请材料进行实质审查、核实

行政许可实行形式审还是实质审是《行政许可法》立法过程中存在很大争议的问题。实质审当然更为理想，但存在相当大的操作难度，包括执法人员人数有限、调查措施有限等。形式审减轻了审查机关的负担，但是对行政许可事项的真实性保障不足，实践中可常见民事争议中的受损害一方将行政许可机关告上法院，寻求国家赔偿。《行政许可法》选择了形式审为主，规定由申请人对申请材料实质内容的真实性负责。根据法定条件和程序，需要对中请材料的实质内容进行核实的，行政机关应当指派两名以上工作人员进行核查。

应申请的行政决定通常赋予公民、法人或其他组织利益，这些决定或者是申请人行政上获得救助权的体现，如申请最低生活保障等；或者是国家某一时期经济政策的体现，如科技类企业、文化类产业获得国家资金资助，中医药企业享受国家税收减免政策，国家对福利企业实行税收优惠政策等。与传统权利相比较，这些利益的享有者必须是具备法定条件的主体，而非人人都享有。是否具备法定条件是申请能否获得准予的必要条件，因此，行政机关应当对申请人是否具备法定条件进行实质审查，对申请材料的审查应当是实体性的，而非形式上的，以保障国家救助与资助能够给予真正符合条件的主体。如北京由于低保户除了领取保障金外，还享有住房、子女上学等其他一系列优惠，出现骗保、人情保现象，不正当享有由纳税人支付的利益，也侵犯了应该领取低保由于资金有限未能领取的人的利益，有必要由民政部门对申请材料进行实质审查。

《汕头程序规定》对行政机关在非许可类审批申请办理过程中的实质审查义务作出规定，该规定第94条规定，非行政许可类审批事项对经济和社会发展有重大影响的，行政机关应当通过调查、听证、咨询和专家评审等方式决定。针对实践中行政机关核实材料存在一定困难的问题，《建议稿》从两个方面进行了规定：

其一，从申请人方面。首先明确申请人有如实提供材料和反映真实情况的义务，如果提供虚假材料，申请将被驳回。

其二，明确对申请材料的审查是实质审查。行政机关对申请材料的实质内容的真实性进行审查，以确定申请人是否符合法定条件。为保障实质审顺利进行，行政机关有权调查收集申请材料之外的证据，此种调查活动必须与查明与申请有关的事实相关，不得要求申请人提供与申请事项无关的材料。

二、通知利害关系人

行政机关对申请事项的决定不仅对申请人有直接影响，对利害关系人的利益亦有直接影响。为更好保护利害关系人的利益，《行政许可法》第36条规定许可审查机关负有通知利害关系人的义务，《汕头程序规定》第94条规定行政机关负有及时告知利害关系人的义务。《建议稿》吸收了《行政许可法》、《汕头程序规定》等立法的规定，要求行政机关在对申请材料进行审查过程中，如果发现申请事项直接关系到他人重大利益的，行政机关应当及时告知利害关系人。

第四十六条　（不同部门的联合办理）

申请事项需要由地方人民政府两个以上部门分别进行审查处理的，县级以上人民政府应当组织建立申请审查处理信息共享平台，由处理申请事项的主要职能部门统一受理申请，并组织相关部门通过信息共享平台，对申请事项进行联合办理、集中办理。

说明与立法理由：

本条是关于不同行政执法机关对申请进行联合办理的规定。

通过完善程序机制规范部门之间的合作、协调、共同处理行政事务等是《建议稿》要解决的主要问题之一。本条涉及依申请决定中不同执法机关之间的联合办理。《行政许可法》规定的一个窗口对外，及实践中开展的政务大厅和政务超市等做法，都是在许可的申请受理阶段的行政机关统一对外接收，尚未涉及申请审查阶段的处理程序的统一。《行政许可法》第26条规定的不同部门之间的统一办理属于引导性规定，实践中对此展开探索的地方并不多。申请人的材料提交之后，不同部门在审查处理阶段仍然是各自审查、各自作出处理决定。互联网技术的发展为打破部门之间的壁垒，更为便捷开展部门之间的联合办理提供了技术支撑。随着国务院简政放权的深入推进，一些地方在积极探索整合不同职能部门，联合对外实行统一管理，减轻企业负担。如浙江省于2015年7月1日在全国率先实行营业执照、组织机构代码证、税务登记证、社会保险登记证和统计登记证“五证合一”的登记制度。改革前，一个企业要办齐营业执照、组织机构代码证、税务登记证、社保证、统计证这5本证照，需要到工商、质监、税务、人力社保、统计5个部门，提交5份材料，没有一个月左右时间办不完。改革后，将统一由工商部门向企业颁发加载组织机构代码、税务登记证号、社会保险登记证号和统计登记证号的营业执照。为配合此项改革，浙江各地统一开设“五证合一综合受理窗口”，企业3个工作日即可拿到联办证照。

第四十七条　（驳回申请听取申请人的意见）

行政机关拟驳回申请人的申请的，应当告知申请人拟驳回申请的事实、法律依据，并听取申请人的陈述和申辩。

出现下列情形之一的，应当举行听证：

（一）申请事项涉及申请人、利害关系人的重大利益的；

（二）行政机关认为必要的；

（三）法律、法规、规章规定应当举行听证的。

听证的程序适用本条例的规定。

说明与立法理由：

本条是关于听取申请人、利害关系人意见的规定。

行政机关作出行政决定，特别是作出不利于当事人的决定时听取其意见是公正行政程序最基本的要求，本条规定了行政机关在办理申请事项过程中，应当听取申请人、利害关系人的意见。

听取意见的形式有很多种，听证是其中司法化程度最高的，其适用应当有严格的范围限制，《建议稿》规定了三种情形，这三种情形并不具体，属于三类情形：情形一，申请事项涉及申请人、利害关系人重大利益的。重大利益虽然主观性强，但多数情形仍然可以把握，有的申请事项涉及申请人的基本生存，如最低生活保障、抚恤金等，申请人如果未能获得这些利益，会影响其生活基本来源，于申请人而言自然属于重大利益，应当举行听证。情形二，行政机关认为必要的。由行政机关根据具体情形判断。情形三，其他法律、法规、规章规定应当举行听证的。

第四十八条　（决定和说明理由）

申请人的申请符合法定条件的，行政机关应当作出准予申请的书面行政决定，行政决定书中应当简要说明理由。

行政机关依法作出不准予申请的书面决定的，应当在决定文书中对拒绝申请决定的事实认定、法律适用、裁量因素等作出说明。说明理由应当清楚、充分。行政决定书中应当载明申请人、利害关系人依法申请行政复议和提起行政诉讼的权利和途径。

行政决定书应当送达申请人。行政决定书对利害关系人的权益有重大影响的，应当送达利害关系人。

说明与立法理由：

本条是关于对申请作出最终决定的规定。

行政机关对申请进行审查后所作出的最终决定分为两种：

第一种，准予申请的决定。如果申请人具备获得行政法上某种利益的法定条件或者符合法定标准，行政机关应当准予其申请。决定以书面的形式作出，简要说明准予申请的理由，并送达申请人。

第二种，不准予申请的决定。如果申请人的申请不具备法定条件或者不符合法定标准，行政机关作出不准予申请的决定。不准予申请的决定对于申请人而言是不利益决定，意味其申请被拒绝，无法获得某种行政法上的利益。《建议稿》规定作出不准予申请的决定时应当说明理由，包括说明拒绝其申请的事实和法律方面的原因。为了便于申请人、利害关系人更好地获得救济，行政机关还应当告知申请人、利害关系人申请行政复议和提起行政诉讼的权利及路径。

第四十九条　（决定期限）

法律、法规、规章、行政规范性文件对申请办理期限有规定的，行政机关必须在法定的期限内办结。

行政机关书面承诺办理申请事项的期限短于法定期限的，行政机关应当在承诺期限内作出决定。

法律、法规、规章、行政规范性文件对行政执法事项没有规定法定期限的，实行限时办结制度，行政机关应当按照下列规定限时办结：

（一）办理的事项只涉及一个行政机关的，行政机关应当自受理申请之日起20日内办结；20日内不能办结的经本行政机关负责人批准，可以延长10日，并应当将延长期限的理由告知申请人；

（二）办理的事项涉及两个以上部门的，行政机关应当自受理申请之日起45日内办结；45日内不能办结的，经本级人民政府负责人批准，可以延长15日，并应当将延长期限的理由告知申请人；

（三）依法应当先经下级行政机关审查或者经上级行政机关批准的事项，负责审查或者批准的行政机关应当在受理之日起20日内审查或者批准完毕。

说明与立法理由：

本条是关于申请办理的一般期限的规定，属于补充性规定。当法律、法规、规章、行政规范性文件对行政执法事项有明确期限规定的，行政机关必须在法定的期限内办结。其他立法没有规定执法期限的，适用本条规定。

经办人员收到申请后拖延履行职责，迟迟不作决定，是实践中经常发生的事情，有的是因为执法人员懈怠、懒政，有的则是执法人员权力寻租。期限制度为行政机关设定了必须作出决定的期间，在一定程度上能够克服官僚主义作风、能够加快程序的进程，提高行政的效率，有利于保护申请人的利益。此外，期限制度也便于救济程序的启动。法定期限届满，行政机关没有作出决定的，申请人可以申请行政复议或者提起行政诉讼。

多数国家行政程序法都对作出行政决定的一般期限作出规定，但期限具体定为多少，各国规定差异较大，意大利规定如果法律法规没有明确规定时限，行政部门应当确定各类行为完成的时限。行政许可审核案件的时限自申请被受理时开始计算。如果行政部门也没有对时限作出规定，时限定为 30 天（第 2 条）；希腊规定申请提交后，行政机关有义务在 60 日内处理申请并作出决定，其他法律对期限有特别规定的，适用其他法律的规定。期限自申请提交主管机关后开始起算（第 4 条）；葡萄牙规定在没有特别规定或者行政当局没有定出期间时，行政机关作出行为的期间是 10 日（第 71 条），我国澳门特区规定的一般期间是 15 日（第 70 条）；我国台湾地区规定除法规另有规定外，行政机关对于人民的申请应当按照各事项类别，确定处理期间并公告之。行政机关没有订定处理期间的，处理期间为 2 个月（第 51 条）；日本《行政程序法》本身没有规定一般期间，而是要求行政机关应当尽力订定自申请到达其办公处所时起至对该申请为处分时止，通常需要的标准期间。订定的期间应在行政机关办公处所或其他适当方法公告（第 6 条）。

《建议稿》参照了《行政许可法》关于行政许可期限的规定，

将一般期限规定为20日，自收到申请之日起开始计算。考虑到实际情况的复杂，经负责人批准，期限可以延长10日，但以一次为限，并需要将延长的理由通知申请人。如果法律、法规基于部门管理的特殊需要，对期限作出不同规定的，从其规定。规章和行政规范性文件关于期限的规定在少于20日时优先适用，这样有利于申请人尽快获得行政决定。如果规章和行政规范性文件的规定高于20日时，则适用20日的期限。

《汕头程序规定》在非许可类审批程序中规定了视为准予延续制度。根据《汕头程序规定》第97条的规定，当事人需要延续非行政许可类审批的有效期的，应当在有效期届满30日前向作出非行政许可类审批决定的行政机关提出申请。行政机关应当根据当事人的申请，在非行政许可类审批的有效期限届满前作出是否准予延续的决定；逾期未作决定的，视为准予延续。

第五章　依职权执法程序

第一节　积极履职与行政检查

第五十条　（依职权积极履职）

行政机关应当依职权积极主动履行法定职责。具备法定启动条件时，行政机关应当启动行政执法程序，在法定期限内及时作出行政决定。

公民、法人和其他组织向行政机关投诉、举报，要求行政机关履行法定职责的，行政机构应当自收到申请之日起在10日内对是否启动行政执法程序向投诉人、举报人作出答复。法律、法规关于答复期限的规定少于10日的，适用其他法律法规的规定。

投诉、举报的事项符合启动行政执法条件的，行政机关应当启动行政执法。

说明与立法理由：

本条规定了两项内容：第一，执法机关应当积极主动依职权履行法定职责。第二，公民、法人和其他组织申请启动执法程序及对申请的处理。

行政活动与司法活动的差别之一即在于前者以职权启动为原则，后者以不告不理为原则。这是因为行政权的内容表现为对行政事务的管理，需要行政机关积极作为，尤其是对不利于公共秩序的行为要积极主动查处，以恢复和维持公众秩序。依职权启动原则在地方程序立法中有明确规定，如《湖南程序规定》第64条第2款规定："行政机关依职权启动程序，应当由行政执法人员填写有统一编号的程序启动审批表，报本行政机关负责人批准。情况紧急的，可以事后补报。"《凉山程序规定》第55条规定事后补报的时间不得超过5日。

执法不作为目前在实践中问题比较严重，由于绝大多数立法要通过行政机关来实施，执法机关不作为造成法律法规得不到有效实施，良好的社会秩序无法建立，公众反映十分强烈。《依法治国决定》中明确提出"行政机关要坚持法定职责必须为，法无授权不可为，勇于负责、敢于担当，坚决纠正不作为、乱作为，坚决克服懒政、怠政，坚决惩处失职、渎职。"针对不作为完善多重机制予以规范是《建议稿》拟解决的主要问题之一，本条针对不作为的现象，从行政机关自我和外部两个方面予以规范：

其一，明确行政执法原则上依职权启动，行政机关负有主动履行法定职责的义务，具备法定启动条件时，行政机关应当启动行政执法程序，在法定期限内及时作出行政决定。

其二，明确对公民要求行政机关履职的投诉举报的处理程序，通过完善外部机制来推动启动执法程序。实践中部分执法机关将公民以来信方式要求履职的投诉举报按照信访事项处理，不符合这类事项的性质。履职来信是要求行政机关对违反法律的行为进行处理，不是反映行政机关及其工作人员问题，不属于信访事项范围。

国家信访局正在推行信访事项分类处理，其中就包括有法定处理途径的，首先按照法定处理途径予以处理。本条针对将履职请求不当纳入信访事项的问题，明确了处理机制，不应纳入信访途径处理。

第五十一条　（行政检查）

本条例所称的行政检查是指行政机关依照法定权限、程序，对公民、法人和其他组织是否遵守法律规定、履行法定义务进行监督检查的活动。

行政机关进行检查时不得妨碍公民、法人和其他组织正常的生产经营活动。公民、法人和其他组织有配合、协助执法机关执法检查的义务。

说明与立法理由：

本条规定了行政检查的内涵及其基本要求。

行政检查是《依法治国决定》中要求重点规范的执法行为之一。行政检查是常见的执法活动，性质上是一种事实行为。实践中行政检查存在问题较多，既有执法检查不规范，如不同部门不同时期、同一部门频繁到企业检查等，有的妨碍了企业正常生产经营活动，负担很重；还有的执法人员借检查谋取不正当利益，执法腐败；也有被检查人不配合检查、不让检查等问题。本条分别针对这两种情形，从两个方面规定了行政检查的基本要求：于执法机关而言，实施行政检查不得妨碍企业正常经营活动；于公民、企业而言，作为被检查人有义务协助、配合行政执法机关的检查活动。

第五十二条　（常态执法机制）

行政机关应当建立定期行政检查机制。行政机关应当告知当事人行政检查的内容、方式。

行政机关制定年度行政检查计划，报政府法制工作部门备案。政府法制工作部门可以对行政检查计划提出修改建议。

必要时，行政机关可以开展临时行政执法检查。

说明与立法理由：

本条是关于常态行政检查机制的规定，同时为突发问题留出临时行政执法检查的空间。

实践中与执法不作为相伴生的是运动式执法、突击式执法。很多执法机关日常不作为，重许可、轻监管，当问题积累到一定程度之后再在短时期内集中开展专项治理。为实现短期治理效果，在“乱世用重典”思路之下，专项治理通常表现为运动式执法，往往伴生越权执法、执法不讲程序、粗暴执法等乱执法问题，遇到当事人激烈反抗时，很容易发生伤人、甚至死人事件。要解决运动式执法、突击执法、暴力执法问题，需要建立和落实有效的日常执法机制，才能消除当事人的违法不追究的预期，避免问题日积月累。法律虽然规定了行政机关负有行政检查的义务，但是缺乏常态行政检查机制，日常检查没法落实，本条规定的定期行政检查机制即是常态执法机制的一种，具体做法是吸收山东省淄博市等地的经验，要求执法机关制订年度执法检查计划，报政府法制工作部门备案。

第五十三条　（检查笔录）

行政检查应当制作检查笔录。检查笔录应当载明检查主体、被检查对象、检查内容、检查方式、检查过程、检查发现的问题、检查日期等内容。检查笔录应当有被检查人的签字。被检查人拒绝签字或者不能签字的，应当注明原因。有其他人在现场的，可以由其他人签字。

行政机关在行政检查过程中发现当事人存在违法行为，需要立案查处的，应当及时立案查处。

说明与立法理由：

本条规定了行政检查笔录的形式要件。

检查笔录是现场笔录的一种形式，是对检查过程、被检查对象基本情况的客观记载。检查现场及检查过程无法还原、复制，检查笔录在一些行政事务处理中是很重要的执法证据。《依法治国决定》中提出“完善执法程序，建立执法全过程记录制度”。实践中，很多执法机关在执法过程中应用执法记录仪记录执法全过程，检查笔录则是对检查过程的书面记载。

行政检查中会遇到被检查人不配合检查，拒绝在检查笔录上签字，对此，《建议稿》规定被检查人拒绝签字或者不能签字的，应当注明原因。有其他人在现场的，可以由其他人签字。明确了检查笔录的效力不因被检查人拒绝签字或者不能签字而受到影响。

第二节　调　查

第五十四条　（职权调查原则和全面调查原则）

本条例所称调查是指行政机关收集证据、查明案件事实的活动。

行政机关依照职权收集证据、调查事实。公民、法人和其他组织有配合行政机关调查的义务，应当向调查机关提供与行政事务相关的材料和信息，但行政机关不得要求公民、法人和其他组织提供与行政事务无关的材料。

行政机关收集证据应当客观、全面、及时；对当事人有利和不利的证据都应当收集，当事人具备法定减轻、从轻处理情节的，应当收集相关证据。

说明与立法理由：

本条规定了调查活动应当遵循职权调查原则和全面调查原则。

调查是行政决定程序中相当重要的一个阶段，也是我国目前行政程序规定中的重要内容之一，其中的典型规定如公安部《公安机关办理行政案件程序规定》第七章“调查取证”分七节对各类调查措施规则作出具体规定。调查和证据也是各地行政程序立法中行政执法程序部分的重要内容，如《湖南程序规定》第 66 条至第 74 条规定了调查和证据；《汕头程序规定》第 61 条至第 69 条规定了调查和证据；《江苏程序规定》、《西安程序规定》则将调查与证据分节规定；《永平程序暂行办法》第四章“行政执法程序”中单设一节第三节证据收集，内容以证据为主；《兰州程序规定》内设一节规定调查和证据。

调查活动的目的是收集证据，解决决定的事实问题，并在此过程中认真听取当事人的陈述和意见，给予当事人主张权利的机会。如奥地利《普通行政程序法》第 37 条规定："调查程序之目的在于认定处理行政事件所依据之事实，并给予当事人主张权利与法律上利益之机会。"关于调查的规定需要在两个目标之间寻求平衡：其一是实现行政管理目标。为此，法律需要赋予行政机关足够力度的调查措施，以使行政机关能够收集到证据，特别是在调查相对人的违法行为时。其二是保护公民、法人或其他组织的权利。调查措施会影响到公民、法人或其他组织的人身权、财产权等基本权利，也会影响企业的正常经营活动，因此，必须规范调查权的行使，以防止行政机关滥用调查权损害当事人的权利。我国现行立法关于行政调查的规定存在两方面问题：一方面是调查措施不足，行政机关有时难以收集到证据；另一方面是对被调查人权利保障不够，调查机关滥用调查权，侵犯被调查人的权利。

一、关于职权调查原则与当事人的协助调查义务

与刑事裁判中实行追诉职能和审判职能由不同机关行使的外部分离机制不同，行政决定中的调查职能和决定职能由同一行政机关不同机构行使，实行内部分离。为了保证查明案件事实，一些国家行政程序法明确规定行政机关的调查活动遵循职权调查原则，即行政机关依职权调查事实，自行决定调查的范围和方式，不受当事人意志的约束。如德国规定行政机关依职权调查事实。行政机关决定调查的方式及范围，不受参与人提供的证明以及证明要求的限制（第 24 条）。奥地利规定除行政法规另有规定外，官署应依职权进行之，并遵照本编之规定，决定调查程序之步骤（第 39 条）。瑞士规定官署依职权确定事实关系，必要时得使用下列证据：证书；当事人之报告；第三人之报告或证书；勘验；鉴定人之鉴定（第

12 条)。我国台湾地区“行政程序法”第 36 条的题旨是“职权调查原则”，规定行政机关应依职权调查证据，不受当事人主张之拘束，对当事人有利及不利事项一律注意。《建议稿》吸收外国和我国台湾地区的做法，规定了职权调查原则，规定行政机关依照职权收集证据、调查事实。

与职权调查原则相对应的是公民、法人或其他组织有配合行政机关调查的义务，应当向调查机关提供与行政事务相关的材料和信息。如西班牙《行政程序法》第 39 条规定，公民必须在本法规定情形下向行政机关提供报告、检查及其他调查行为。程序中的利害关系人有义务向有关行政机关提供所了解的、有助于查明未进入程序的其他利害关系人身份的材料；葡萄牙《行政程序法》第 89 条规定，调查机关可命令利害关系人提供资料，以及就其他证据方法给予协助。利害关系人在所定出的期间内及所定的条件下，应当以书面或者口头的方式提供资料或提出证据（第 90 条)。

实践中，调查取证难是行政执法中一个较为普遍的现象，如证人通常愿意提供证词，但不愿意签字。有的当事人拒不提交相关材料，有的当事人转移证据、毁坏证据。规范调查活动时，防止滥用调查权是一个方面，赋予行政机关必要的调查手段也为行政管理所必须。各地行政程序规定明确规定了在执法人员调查过程中当事人和相关人员有配合调查的义务，如《湖南程序规定》第 67 条规定“当事人应当配合行政机关调查，并提供与调查相关的材料与信息。知晓有关情况的公民、法人或其他组织应当协助行政机关的调查。”《汕头程序规定》第 63 条规定“当事人应当配合行政机关的调查或检查，并提供与行政执法事项有关的材料和信息。知晓有关情况的公民、法人或其他组织应当协助行政机关的调查或者检查。”

职权调查原则明确了调查活动由行政机关主导进行，在法定措施范围内，行政机关有权决定个案中调查的方式及范围，不受当事人主张的限制。但是调查活动由行政机关主导进行，却并非由其单方推进完成，当事人要参与到这个过程中来，行政机关需要听取当事人的陈述和申辩，在特定情形下还要举行听证。在调查过程中听取当事人的意见，一方面有利于维护当事人的利益，防止行政机关滥用调查权；另一方面来自当事人的辩解信息也使行政机关扩大了证据的来源，节约了调查成本，对事实的认定将更为全面。

二、关于全面调查的原则

《行政处罚法》第36条规定行政机关必须全面、客观、公正地调查，收集有关证据。《山东程序规定》、《湖南程序规定》、《永平程序暂行办法》、《西安程序规定》、《兰州程序规定》等地方行政程序立法也规定执法机关应当客观、全面地收集证据，如《山东程序规定》第71条规定："行政机关应当依照法定程序，采取合法手段，客观、全面地收集证据，不得仅收集对当事人不利的证据。"《永平程序暂行办法》第59条规定，行政机关应当采取合法的手段和依照法定程序，客观、全面地收集证据，包括收集对当事人有利和不利的证据。《西安程序规定》第50条规定，调查收集证据应当合法、全面、客观、及时，违法收集的证据不能作为行政处理的根据。《兰州程序规定》第47条规定，行政机关应当采取合法的手段，依照法定程序，全面、客观、公正地收集证据，不得仅收集对当事人不利的证据。

《建议稿》吸收地方程序规定，也规定了全面调查原则。全面调查原则是职权调查原则的必要补充，其要求是行政机关在调查收集证据时应当客观、全面，对当事人有利或者不利的证据都应当收集。如我国台湾地区"行政程序法"第36条规定，对当事人有利及不利的事项一律注意。行政机关应当基于客观事实对当事人的行为作出判断，但调查者进行调查时主观上容易倾向收集支持同一结论的证据，通常表现为仅收集对当事人不利的证据，而职权调查原则无疑强化进而使这种倾向成为现实，因此，有必要要求调查人员承担客观收集证据的义务，在收集证据时应当客观、公正，不能仅仅收集对当事人不利的证据，对当事人有利的证据也应当收集。全面调查原则是对调查人员的自我纠偏，有效性不及来自当事人纠偏的听取当事人意见程序。

第五十五条 （调查人员人数和表明身份）

行政机关实施调查时，执法人员不得少于2人。实施调查措施需要经过行政机关负责人批准的，应当持有相关手续。

行政机关调查时应当向当事人或者有关人员主动出示行政执法证件，说明调查事项和依据。调查人员不出示行政执法证件和持有相关手续的，被调查人有权拒绝调查和提供材料。因情况紧急来不及履行批准手续的，可以先实施调查措施，调查结束后要报告行政机关负责人，补办批准手续。

说明与立法理由：

本条规定了行政机关适用调查措施时调查人员的人数和表明身份制度。

《行政处罚法》和《行政许可法》都规定了执法人员进行调查、核查活动时，执法人员不得少于2人。《汕头程序规定》要求行政机关调查或者检查时，执法人员不得少于2人，并应向当事人或者有关人员出示行政执法证件，在调查记录中予以记载。禁止执法人员单独调查主要是防止调查人员滥用调查措施或者不履行调查职责。

被调查者对调查机关负有配合调查义务，但调查人员应当向被调查者表明身份，证明其与被调查机关之间的关系，向其履行配合调查的义务。对此，《建议稿》规定应当向当事人或者有关人员出示行政执法证件，实施调查措施需要经过行政机关负责人批准的，还应当持有相关手续。执法人员不出示行政执法证件和持有相关手续的，被调查人有权拒绝调查和提供材料。《山东程序规定》、《汕头程序规定》等行政程序立法亦有此规定，如《山东程序规定》第69条第3款规定，行政执法人员应当向当事人或者有关人员主动出示行政执法证件，说明调查事项和依据，否则当事人或者有关人员有权拒绝接受调查和提供证据。

第五十六条　（调查措施的确定和选择）

调查措施直接影响公民、法人和其他组织权利的，应当依照法律、法规、规章的规定进行。没有法律、法规、规章规定，调查方法仅仅是技术手段的应用，对公民、法人和其他组织权利没有影响的，行政机关可以采用。

行政机关可以采取以下方法展开调查：

（一）询问当事人、证人；

（二）听取当事人的陈述和申辩；

（三）向个人、组织调取书证、物证、视听资料、电子数据等；

（四）现场勘验、检查；

（五）抽查取样；

（六）鉴定；

（七）法律、法规规定的其他调查措施。

行政机关根据立法的目的，基于调查的需要，合理使用必要、适当的调查措施，查明事实。

说明与立法理由：

本条是关于调查措施范围和使用的规定。

一、关于调查措施的确定

调查措施是行政机关为收集证据而采用的方法和手段。有的调查方法和手段是纯技术性的，并不涉及当事人或其他人的权利；有的调查措施则会对公民、法人或其他组织的权利直接产生影响。行政机关使用何种调查措施收集证据是否需要有法律依据？德国《联邦行政程序法》在调查措施的确定上赋予行政机关极大的裁量权，该法第26条规定行政机关可使用其根据合目的性裁量，认为对调查事实为必要的证明方法，尤其是：（1）收集各种资料；（2）对参与人听证，询问证人和鉴定人，取得参与人、鉴定人和证人的书面声明；（3）调阅书证和案卷；（4）组织勘验。葡萄牙

《行政程序法》第87条则规定，为调查作决定所需要的事实，行政机关可使用法律容许一切证据方法。瑞士《行政程序法》第12条规定，官署依职权确定事实关系，必要时得使用下列证据：证书；当事人之报告；第三人之报告或证书；勘验；鉴定人之鉴定。韩国《行政程序法》第33条规定，听证主持人可以根据申请或依据职权进行必要的调查，包括对当事人没有主张的事实进行调查。在必要时，听证主持人还可以要求行政机关提出必要的文书或陈述意见。调查证据的方法包括：收集文书、账簿、物件；询问证人、鉴定人；勘证或鉴定评价，以及其他必要的调查。

《西安程序规定》第44条列举规定了行政机关可以采用下列方法实施调查：（1）询问当事人或者证人，听取当事人的陈述和申辩。（2）向有关单位和个人调取书证、物证、视听资料或者电子数据。（3）勘验。（4）调查取样。（5）举行听证会。（6）指定或者委托法定的鉴定机构或者鉴定人出具鉴定意见。（7）录音录像。（8）法律、法规规定的其他调查方法。对其中的调取证据、实施勘验、实施检查、鉴定，《西安程序规定》还规定了具体程序规则，以规范执法机关的证据调查活动。如要求执法机关向有关单位和个人调取证据时，应当出具书面收据，注明有关证据或者材料的项目、编号和来源，并应当保护当事人的隐私权；再如执法机关实施勘验时，应当事先通知当事人或其代理人到场。当事人或者其代理人拒不到场的，应当邀请其他与案件无利害关系的人作为见证人，并在勘验笔录中说明情况。行政机关实施勘验时可以采取测量、拍照、录音、录像、抽取样品、询问在场有关人员等方法。

调查规则与证据制度在《海北程序规定》与《酒泉程序规定》中共计21条，条文数量在地方程序立法中最多，两个地方程序规定条文内容基本相同。其中关于调查措施种类的规定与《西安程序规定》相同，并对询问当事人和证人、调取证据、勘验、检查等措施的程序规则作出了十分具体的规定。《海北程序规定》、《酒泉程序规定》规定了调查妨害制度与当事人申请调查制度。调查妨害是指在行政机关实施调查过程中，当事人及其代理人、证人、其他有关的单位或者个人实施暴力、威胁、引诱，或者故意作虚假陈述、隐瞒或者毁灭主要证据的，应当承担给行政程序进行造成的额外费用，并依法追究其行政法律责任或刑事法律责任。当事人申请调查是指在情况紧急时，当事人为行使或者保护个人权益，可以向行政机关申请实施调查。当事人需要提供必要的证据材料，初步证明其申请的内容符合法定条件，当事人无正当理由不提供法律所规定必要证据材料的，行政机关可以驳回其申请。此外，当事人没有能力调取应当提供的证据材料的，可以申请行政机关调查。

《建议稿》以调查措施是否直接涉及公民、法人或其他组织权利为标准区别规定：如果调查措施直接影响公民、法人或其他组织权利的，应当有法律依据；反之，则可以由行政机关自行确定使用。这是考虑到我国目前行政执法水平。要求调查措施涉及公民、法人或其他组织权利的应当有法律依据，有利于保护被调查人的权利。赋予行政机关必要的调查裁量权，根据个案采用必要的调查手段，有利于执法机关为查明事实收集到证据。

调查措施的实施通常通过文书记录的方式书面记载，如我国台湾地区“行政程序法”第 38 条规定，行政机关调查事实及证据，必要时得据实制作书面记录。检查笔录、勘验笔录、询问笔录等即是对调查过程及调查结果的记载。不少部门立法和地方立法对规范本部门、本区域的行政执法文书作出具体规定，这些规定完善了调查措施的文字载体。国务院法制办对规范行政执法文书提出要求后，进一步推进了行政执法文书的完善。此外，在《最高人民法院关于行政诉讼证据若干问题的规定》中对被告行政机关向人民法院提供的各种证据的形式上的要求作出规定，由于被告向行政机关提供的证据应当是在行政程序中收集到的证据，因此，最高人民法院的规定事实上规范了行政调查中收集的证据。基于此，《建议稿》中不对检查笔录、勘验笔录、询问笔录等的形式作出规定。

二、调查措施的选择应当符合立法的目的，遵循合理原则的要求

调查措施是部门管理立法中的核心内容，行政机关的调查手段通常在其中有具体规定。在个案中如何确定具体的调查措施？《建议稿》规定行政机关根据立法的目的，合理使用必要、适当的调查措施，查明事实。此规定包含两层要求：其一，在采用不属于立法规定范围内的调查措施时，行政机关应当符合立法目的，基于调查所必要，合理行使裁量权，选择必要、适当的调查手段。其二，对于立法规定的调查措施，行政机关在个案中使用时，也应当遵循合理原则的要求，根据实际情况选择必要、适当的调查措施。不同种类调查措施对当事人影响程度不同，行政机关在选择时应当遵循合理原则的要求，采用为调查事实收集证据必要的调查手段，尽量减小对当事人的不利影响。

第五十七条　（实施调查尽到合理注意的义务）

行政机关进行调查时，应当尽到合理注意的义务，避免或者尽可能减少调查给被调查人带来不利影响。

说明与立法理由：

本条是关于行政机关实施调查尽到合理注意义务的规定。

实践中，一些执法人员实施调查活动时不规范，有的在现场检查时随意翻动、查看被调查人的东西，有时发生被调查人东西被弄坏、丢失的事情。有的调查活动给被调查人带来的损失或不利影响只要执法人员能够尽到合理注意义务即能够避免。执法人员实施调查活动以收集到证据为目的，应尽量避免和减少对被调查人带来不利影响。本条规定是在依法调查的基础上对调查活动的更高要求，要求行政机关执法人员在进行调查活动时，应当尽到合理注意的义务，在完成调查任务的同时，还应当注意保护被调查人的利益，避免或者尽可能减少调查给被调查人带来不利影响，如实施调查时应当尽到注意义务，避免造成对被调查物品、场所的破坏。

第五十八条　（证据保全）

在证据可能灭失或者以后难以取得的情况下，经行政机关负责人批准，可以先行登记保存。

先行登记保存期间，证据持有人及其他相关人员不得损毁或者转移证据。

对先行登记保存的证据，应当在30日内对是否解除证据保全措施作出处理决定；情况复杂的，经行政机关负责人批准，可以延长，但是延长的期限不得超过30日。逾期不作出处理决定的，视为自动解除。

说明与立法理由：

本条规定了行政执法证据保全制度。

行政机关在调查收集证据过程中，在证据可能灭失或者以后难以取得的情况下，经行政机关负责人批准，可以先行登记保存。《行政处罚法》第37条规定了证据保全制度，并规定应当在7日内及时作出处理决定，但是7日内作出何种处理决定不明确。执法中在理解上存在争议，是理解为7日内作出行政处罚决定？还是理解为7日内对如何处置被采取保全措施的证据作出处理决定？《行政处罚法》没有对作出行政处罚决定的期限作出规定，7日内作出处理决定应当理解为7日内对如何处置被采取保全措施的证据作出处理决定更为合理。由于执法实践中执法机关通常很难在7日内对违法事实作出认定，作出处理决定存在一定困难。《行政强制法》将查封、扣押的一般期限规定为30日，该法第25条规定："查封、扣押的期限不得超过三十日；情况复杂的，经行政机关负责人批准，可以延长，但是延长的期限不得超过三十日。法律、行政法规另有规定的除外。"《西安程序规定》第52条规定了行政执法中的证据保全制度，在证据可能灭失或者事后难以取得的情况下，行政机关可以依法采取录音、录像先行登记保存等措施保全证据。该规定没有对采取证据保全措施后进一步处理决定的时间期限作出明确规定，但是规定行政机关依职权采取证据保全措施给当事人造成损失的，应当依法予以赔偿或者适当补偿。当事人有权申请行政机关采取证据保全措施，但是必须说明理由，并提供担保。《酒泉程序规定》第77条亦规定了证据保全制度，规定在证据可能灭失的情况下，行政机关可以依职权或者依申请采取录音、录像、先行登记保存等措施保全证据，行政机关采取证据保全措施的程序，可以参照《民事诉讼法》的规定。

对证据进行先行登记保存是在决定未作出之前采取的措施，对当事人产生的不利影响应当限定在一定期限内，不能无限期延续，因此，先行登记保存是一种临时性强制措施，一定期限届满后应当作出处理决定。与《行政强制法》的规定相一致，《建议稿》将采取证据保全措施的期限规定为30日，情况复杂的，经行政机关负责人批准，可以延长，但是延长的期限不得超过30日。如果不能作出处理决定的，期限届满后，证据保全措施自动解除。

第五十九条　（中止调查）

经当事人申请，行政机关与当事人可以在调查过程中达成中止调查的协议。协议应当明确以下事项：

（一）申请人涉嫌违法的事实；

（二）申请人承诺消除违法行为后果的具体措施、期限；

（三）执法机关中止调查活动。

当事人未能在约定期限内采取承诺措施消除违法行为效果的，执法机关应当恢复调查。

说明与立法理由：

本条是关于执法机关中止调查的规定。

中止调查是对执法程序的暂时终结，如果当事人没有履行中止调查的协议，执法机关恢复调查。执法的目的是保障法律法规的有效实施，但是执法本身又有成本，为更好利用有限的执法资源，《建议稿》规定了中止调查制度。如果当事人提出申请，承诺消除违法行为后果，履行法律的相关规定，执法的目的已经达到，则可以中止调查程序，通过当事人的自觉行为，达到法律实施的效果。

德国在其《联邦行政程序法》中规定可以以和解契约替代传统的行政执法方式，《联邦行政程序法》第 54 条规定：“公法范畴的法律关系可以通过合同设立、变更或撤销，但以法规无相反规定者为限。行政机关尤其可以与拟作出行政行为的相对人，以签订公法合同代替行政行为的作出。”第 55 条规定：“第 54 条第 2 句意义上的公法合同，经明智考虑事实内容或法律状况，可借之通过相互让步消除存在的不确定性（和解）时，可以签订，但以行政机关按义务裁量认为达成和解符合目的者为限。”第 59 条第 2 款第 3 项规定，不具备订立和解合同的条件，且行政行为如具有相应内容的，即会因不属第 46 条所指的程序或形式瑕疵而违法的。德国行政法学者认为和解契约是一种特殊的公法契约类型，其适用条件是：（1）存在着有关事实状况或者法律观点的不确定状态。（2）这种不确定状态不能查明或者非经重大支出不能查明。（3）通过双方当事人的让步，可以取得一致的认识。[①] 执法和解在美国得到较之德国更广泛的应用。美国《联邦行政程序法》第 554 条规定，在程序时间、性质和公共利益允许时，机关应当给当事人提供机会，以使当事人能够提出和考虑问题、论点、和解的建议和调整的方案。联邦政府行政部门如联邦环保署和独立管制委员会如美国证券交易委员会都在执法实践中广泛应用行政执法和解。

我国目前尚未建立普遍性的执法和解制度。《行政强制法》第 42 条规定实施行政强制执行时，行政机关可以在不损害公共利益和他人合法权益的情况下，与当事人达成执行协议。执行协议可以约定分阶段履行；当事人采取补救措施的，可以减免加处的罚款或者滞纳金。当事人不履行执行协议的，行政机关应当恢复强制执行。在行政执法过程中，仅有《反垄断法》、《反倾销条例》、证监

---

① ［德］哈特穆特·毛雷尔著：《行政法学总论》，高家伟译，法律出版社 2000 年版，第 356 页。

会《行政和解试点实施办法》[①]、《海关关于〈中华人民共和国知识产权海关保护条例〉的实施办法》等法律、法规、规章规定了执法和解，适用领域很有限，且由于潜在的道德风险，执法人员并无太大积极性执行执法和解，但是基于行政执法效率、行政执法成本有限性等现实因素考量，需要完善相应制度，实现执法和解的破题。这一点在学界近年来亦有相应呼声[②]。《建议稿》对此项制度的探索作了初步规定。

第三节 证 据

第六十条 （证据的种类）

行政证据有以下几种：

（一）书证；

（二）物证；

（三）视听资料；

（四）电子数据；

（五）证人证言；

（六）当事人的陈述；

（七）鉴定意见；

（八）勘验笔录、现场笔录；

（九）法律、法规规定可以作为证据的其他材料。

行政执法证据应当具备关联性、合法性、真实性。

---

① 《行政和解试点实施办法》于2014年11月21日经中国证券监督管理委员会第六十六次主席办公会议审议通过，2015年2月17日中国证券监督管理委员会令第114号公布。该办法分总则、行政和解的适用范围与条件、行政和解的实施程序、行政和解金的管理和使用、附则共5章39条，自2015年3月29日起施行。

② 参见张红：《破解行政执法和解的难题——基于证券行政执法和解的观察》，载《行政法学研究》2015年第2期。

说明与立法理由：

本条规定了行政执法证据的种类和证据能力。

一、关于行政证据的种类

本条列举规定的八种证据在《行政诉讼法》中和大量的单行行政管理立法中也有规定，《行政处罚法》颁布后，一些部门立法和地方立法的实施细则中对处罚决定中的证据种类作出具体规定。考虑到《行政诉讼法》是从诉讼证据的角度对证据种类作出规定，虽然与《行政诉讼法》的规定基本相同，《建议稿》仍然对行政证据的种类作出规定。

根据《行政诉讼法》关于证据种类的修改，《建议稿》在视听资料之外增加规定了电子数据。电子数据是指以数字化形式存储、处理、传输的数据。随着手机、个人计算机、互联网的普及和发展，行政执法信息化发展得很快，执法中面对的大量数据以电子数据的形式存在。电子数据有其特殊性，很难将之归类于传统的证据种类中，需要立法对这类材料的证据规则予以明确。加拿大、南非、美国等国家已在这方面有专门的立法，如南非 1983 年制定《计算机证据法》，加拿大 1998 年制定《统一电子证据法》，美国司法部 2001 年修订完成《在刑事侦查中搜查、扣押计算机与获取电子证据之联邦指南》等。我国《行政诉讼证据规定》第 64 条对电子证据的认证作出专门规定，“以有形载体固定或者显示的电子数据交换、电子邮件以及其他数据资料，其制作情况和真实性经对方当事人确认，或者以公证等其他有效方式予以证明的，与原件具有同等的证明效力”。基于电子数据在社会生活、经济活动中的应用日益广泛，我国 2012 年新《民事诉讼法》将电子数据作为独立的民事证据类型，2014 年新《行政诉讼法》将电子数据规定为行政诉讼证据种类之一。

二、行政证据的证据能力：关联性、合法性、真实性

证据能力，也称证据资格，是指证据材料能够成为证据所应当具备的条件。证据能力与证明力是一对联系非常密切的概念。证据能力解决的是证据的门槛问题，不具有证据能力的证据材料，根本不能作为证据提出，更不能作为定案的根据；证明力解决的是具有证据能力的证据对待证事实的证明程度、强弱问题。因此可以说，所谓证据能力，是从形式方面观察其资格；证明力，是从实质方面考察其价值。

证据解决的是事实问题，事实是客观存在的，诉讼中对证据的证据能力的要求同样适用于行政程序中对证据的证据能力的要求。在诉讼证据理论中，学理上一般认为客观性、关联性和合法性是证据的属性。《行政诉讼证据规定》中明确规定法庭对证据的关联性、真实性、合法性进行审核认定（第54~56条）。与英美证据规则相比较，我国关于证据能力的要求与之相同，传闻证据规则、最佳证据规则、意见证据规则是对证据真实性的要求；相关证据规则是对证据关联性的要求；非法证据排除规则是对证据合法性的要求。与《行政诉讼证据规定》相一致，《建议稿》将行政证据的证据能力规定为关联性、合法性、真实性，规定作为行政执法决定依据的证据应当具备关联性、合法性、真实性。

第六十一条　（举证责任）

行政机关对行政执法决定的合法性和适当性承担举证责任。

行政许可事项对公众安全存在重大隐患时，由申请人对其是否具备许可条件承担举证责任。

说明与立法理由：

本条是关于行政决定举证责任分配的规定：第一，原则上由行政机关对行政决定承担举证责任。第二，行政许可事项对公众安全存在重大隐患时，由申请人对其是否具备条件承担举证责任。

举证责任分配在行政诉讼中被视为行政诉讼证据制度、乃至整

个行政诉讼制度最具特色的部分。由于行政决定效力的最终确定者是法院，法院将对行政机关对事实的认定进行再审查，而且行政机关在行政诉讼中提交给法院的证据只能是作出决定时收集的证据，因此，行政诉讼中的举证责任分配直接影响了行政程序中的举证责任的分配，即行政决定的举证责任分配规则与行政诉讼中举证责任分配具有对应关系。行政诉讼举证责任分配的基本规则是被告行政机关对行政行为合法性承担举证责任，原告就特定事项承担举证责任。如《行政诉讼法》第 38 条第 2 款规定：“在行政赔偿、补偿的案件中，原告应当对行政行为造成的损害提供证据。因被告的原因导致原告无法举证的，由被告承担举证责任。”行政诉讼中由被告对行政行为承担举证责任，相应地，行政程序中由行政机关对行政决定承担举证责任。如此规定，与依法行政原则的要求是相一致的，《建议稿》中也将之作为一般分配规则规定下来。

《湖南程序规定》、《汕头程序规定》、《酒泉程序规定》等地方行政程序立法中规定的行政执法举证责任分配规则采用了执法机关对其作出的执法决定的合法性、适当性承担举证责任的一般分配规则。《汕头程序规定》第 67 条规定，行政机关应当对其作出的执法决定的合法性、适当性承担举证责任。行政机关依申请作出行政执法决定的，当事人应当如实提交有关材料，反映真实情况。《湖南程序规定》区分依职权作出执法决定与依申请作出决定分别规定相应举证责任分配，根据《湖南程序规定》第 72 条的规定，对依职权作出的行政执法决定，由行政机关对执法决定的合法性、适当性负举证责任；行政机关依申请作出执法决定的，当事人应当如实向行政机关提交有关材料，反映真实情况。行政机关经审查认为其不符合法定条件的，由行政机关负举证责任。即对于依申请作出决定的情形，执法机关如果作出拒绝的不利执法决定，应当对申请人不符合条件进行举证。湖南省高级人民法院在行政审判中总结的执法机关程序违法的情形之一为“执法机关未按规定的程序要求进行合理审慎的审查”，这在有关产权登记或变更登记中最为常见。根据《房屋登记办法》的规定，房屋登记机构应当查验申请登记材料，并根据不同登记申请就申请登记事项是否是申请人的真实意思表示、申请登记房屋是否为共同房屋、房屋登记簿记载的权利人是否同意更正等事项询问申请人。询问结果应当经申请人签字确认，并归档保留，这对房屋登记机构规定了诸多程序要求，如果登记机构未履行上述程序要求，则法院可能会判决撤销或确认违法。如湖南省长远房地产开发有限公司诉长沙市房屋产权管理局房屋所有权转移登记案（〔2012〕湘高法行再终字第8号）中，法院认为长沙市房屋产权管理局在办理房屋所有权转移登记中，询问申请书中双方应当签字而未签字，房屋买卖合同的签字时间明显不合逻辑而未审查，显然属于未按规定的程序要求进行合理审慎的审查，法院判决撤销。

根据依法行政原则的要求，依职权启动行政程序作出行政决定时，集调查职能与决定职能于一身的行政机关应当调查收集证据，查明事实，并对作出的行政决定承担举证责任。对于应申请作出的行政决定，申请人是否符合条件是由申请人承担举证责任，还是由行政机关承担举证责任？《湖南程序规定》规定很明确，行政机关经审查认为其不符合决定条件的，由行政机关负举证责任。按照《行政诉讼法》的规定，如果起诉被告不履行法定职责，原告应当提供其向被告提出申请的证据。申请是否符合条件由行政机关而非申请人承担举证责任。本条规定的“行政许可事项对公众安全存在重大隐患时，由申请人对其是否具备许可条件承担举证责任”，与目前立法有所不同。许可是对普遍禁止的解除，是公民一般行为自由的恢复，赋予公民的是公民原本享有的权利。如果行政机关拒绝公民的申请，实质上构成对公民人身权、财产权的侵害，根据依法行政原则的要求，被告在作出拒绝决定时必须符合法定拒绝条件。但是，有的行政许可事项不仅仅涉及申请人的利益，还对公众安全存有重大隐患，如核能电站的建设、新药的研发和生产等事项，申请人是否具备获得许可的条件对公众安全存在重大隐患。为保障公众安全，有必要让申请人就其是否符合条件承担举证责任，承担证明不能时败诉的风险。

第六十二条 （证据的审核认定）

行政机关执法人员依据法律的规定，遵循公务员职业道德，运用逻辑推理和行政管理经验，全面、客观地审核证据，对证据有无证明能力和证明力大小进行判断，确定证据材料与事实之间的证明关系，准确认定事实。

说明与立法理由：

本条是关于行政机关对证据进行审核认定的规定，包括认证的内容、认证的根据、认证的目的三个方面内容。

证据的审核认定又称证据的认证。司法程序中，在取证、举证、质证和认证四个环节中，认证最为关键，因为历经取证、举证、质证环节进入诉讼的证据材料能否支持当事人的主张、承担举证责任的当事人是否已履行了举证责任都需要法院对证据材料进行认证后才能确定，认证可谓证据活动的最终成果，并直接决定了实体判决的内容。行政机关在行政程序中同样存在对证据材料进行认证的问题。行政机关在调查结束后，要对收集到的证据材料和当事人、利害关系人提交的证据进行审核认定，确定证据材料与事实之间的证明关系，准确认定事实。《酒泉程序规定》对执法中的认证作了原则性规定，第69条规定行政执法人员认定案件事实，应当全面、客观和公正地分析判断，确定证据材料与案件事实之间的证明关系，排除不具有关联性的证据材料，准确认定案件事实。《海北程序规定》第58条规定行政执法人员认定案件事实，应当全面、客观地考虑全部案卷材料，明确证据材料的可采性和证明力，并且在行政执法决定中予以说明。

行政机关对证据进行审核认定的规则与法官对证据的审核认定规则并无不同，但是课题组在调研中发现相当数量的行政执法人员并不知晓最高人民法院的《行政诉讼证据规定》，并未将约束法官的规则运用到行政执法中，因而认为还是有规定的必要，在《建议稿》中对认证的一些基本问题作出规定，包括认证的内容、认证的根据和证据合法性、真实性的判断。

认证的内容包括两方面：其一是证据是否具有证明能力，即证据资格的判断；其二是具有证据资格的证据的证明力强弱（或称证据力）的判断。由于证据能力解决的是证据资格问题，因此，证据能力主要由法律加以形式上的限制，行政执法人员不能自由判断。证明力由于解决的是证据对待证事实的证明程度、证明强弱问题，带有极强的主观性，在证明力的认定上，行政执法人员有很大的判断余地。《建议稿》规定行政执法人员要对证据是否具备证明能力和证明力大小两个方面进行审查判断。

在《民事诉讼证据规定》和《行政诉讼证据规定》中都肯定了法官遵循职业道德，依据逻辑推理和生活经验独立对证据进行审查判断。我国台湾地区“行政程序法”第 43 条规定了行政机关采证的法则，“行政机关为处分或其它行政行为，应斟酌全部陈述与调查事实及证据之结果，依论理及经验法则判断事实之真伪，并将其决定及理由告知当事人”，其中规定依论理及经验法则判断事实的真伪。认证活动的目的是要确定证据与待证事实之间的证明关系，准确认定事实。事实早已存在，执法人员要做的是发现事实，而非创制事实。因此，认证的过程是一个执法人员对证据进行分析，在证据与事实之间寻找连接点的过程，也是执法人员进行逻辑推理、进而得出结论的过程。认证既然是一种证明活动，就需要遵循逻辑推理的基本原理，得出的结论应当是符合逻辑规则的。对此，《建议稿》明确规定执法人员运用逻辑推理的规则，对证据材料进行全面、客观的判断。

除了逻辑规则，《建议稿》还规定执法人员可以运用行政管理经验对证据进行分析判断。经验是指从生活中多次实践中得到的知识或技能，执法机关在长期的行政管理中形成的管理经验有助于执法人员对事实作出准确判断，《建议稿》将之规定为执法人员对证据进行认证的依据之一，执法人员可以依据经验法则对证据进行审查判断。

第六十三条　（对单一证据的审查）

执法人员对单一证据可以从以下方面进行审查：

（一）证据与待证事实是否相关；

（二）证据的形式、取得是否符合法律、法规、司法解释、规章的规定；

（三）分析证据形成的原因和发现证据的环境判断证据内容是否真实；

（四）证据是否为原件、原物，复制件、复制品与原件、原物是否相符；

（五）提供证据的人或者证人与当事人是否具有利害关系；

（六）其他与关联性、合法性和真实性相关的因素。

说明与立法理由：

本条是关于对单一证据进行关联性、合法性和真实性审查的规定。

对证据的审查包括对单项证据的逐一审查和对全部证据的综合审查两个方面。《建议稿》分别用两条作出规定，本条是关于对单一证据是否具备证明能力的审查。

对单项证据的逐一审查主要是对证据的证明能力的审查。只有同时具备关联性、合法性、真实性的证据材料才能作为证据使用，因此，行政机关首先要对每项证据材料是否具备证明能力进行审查，只要其中一项不具备，该项证据材料就应当排除。英美法中关于证据能力的认证规则主要有相关性规则、传闻证据规则、最佳证据规则、意见证据规则、非法证据排除规则等。由于目前分散单行立法中关于执法证据的规定多数较为简单，部分执法人员对应当如何把握证据的基本要求不熟悉，如某市食品药品监督部门在对一家食品生产企业作出行政处罚时依据的证据是一份复印件，且该复印件因为多次复印已经模糊不清。《建议稿》对执法人员对单一证据进行审核时应当审查的内容作了具体规定。

本条规定的五种情形，分别指向关联性、合法性和真实性审查：

第一种情形，关联性判断。关联性的具体情形立法通常无法列举，由行政执法人员在个案中具体判断。学理上的理解一般认为所谓关联性，是指案件与待证事实之间有一定联系，证据应该能够证明案件事实是否存在。

第二种情形，合法性判断。学理一般认为证据的合法性认定包括两个方面：其一，证据的形式应当符合法律的要求；其二，证据的提供、收集，必须符合法定程序。本条规定的合法性判断包括两个方面：其一，证据的形式是否符合法律的要求；其二，证据的取得是否符合法律、法规、司法解释、规章、行政规范性文件的规定。

1. 证据的形式是否合法

行政证据的种类和形式在行政管理立法和《行政诉讼证据规定》中都有具体规定。《行政诉讼证据规定》第 10 条至第 17 条系统规定了当事人向人民法院提供的各种证据所应符合的形式要件，不具备这些形式要件的证据材料，则不具有合法性，不能作为定案的依据。如被告提供的被诉行政行为所依据的询问、陈述、谈话类笔录，应当有行政执法人员、被询问人、陈述人、谈话人签名或者盖章。由于行政诉讼中由被告行政机关对行政行为的合法性承担举证责任，《行政诉讼证据规定》实质规范了行政机关在行政程序中调查收集证据的活动。行政机关在行政程序中收集的证据应当符合该规定的形式要件，否则，会导致被诉的行政行为因证据不足而被认定违法。

2. 证据的取得是否符合立法要求

立法通常对涉及当事人权利的调查活动进行规范，如果立法对取得证据的方式和手段有规定，证据的收集者应当符合立法的要求，否则，获得的证据不具备合法性将被排除。《行政诉讼法》第 43 条第 3 款规定："以非法手段取得的证据，不得作为认定案件事实的根据。”该条明确了以非法手段取得的证据不得作为认定案件事实的根据，对执法人员的取证活动提出严格要求。此外，行政证据的认证主体是执法人员，行政规范性文件同样是行政执法应当遵循的规范，因此，行政规范性文件中关于收集证据的程序要求也是调查人员应当遵循的。

第三种至第五种情形，真实性判断。真实性是对证据内容的实质要求，也是证据资格最核心组成部分，如果被法庭所采纳的证据是虚假的，意味着法庭认定的事实将是错误的，案件必定成为错案。为了保证法庭所采纳的证据的真实性，英美法上发展了一系列证据规则，主要有传闻证据规则、最佳证据规则、意见规则等。以传闻证据为例，所谓传闻证据规则也叫传闻证据排除规则，指传闻证据不具有可采性，不能作为证据来使用。《美国联邦证据规则》第 802 条规定：“传闻证据，除本证据规则或其他由联邦最高法院根据立法授权或者国会立法所确认的规则另有规定外，不能采纳。”而所谓传闻证据，“最为广义的普通法中传闻证据的定义是：在审判或询问时作证的证人以外的人所表达或作出的，被作为证据提出以证实其所包含的事实是否真实的，一种口头的或书面的意思表示或有意无意带有某种意思表示的非语言行为”。由于传闻证据是在法庭上作证的人之外的人的意思表示，具有很大的误传的危险性，大都缺乏真实性，因此被排除在诉讼之外。

法庭关于证据真实性的判断审查规则完全适用于行政机关对证据真实性的判断，本条的规定与《行政诉讼证据规定》第 56 条关于法庭对证据真实性审查的规定是相同的，包括：

（1）分析证据形成的原因和发现证据的环境判断证据的内容是否真实。对证据真实性的审查认定可以通过考察其形成原因、过程，或者发现证据时的客观环境进行判断，以确定其是否被伪造。如对被当事人或其他人进行技术处理无法辨明真伪的证据材料，不能认定其真实性，不能作为定案依据。

（2）证据是否原件、原物，复印件、复制品与原件、原物是否相符合。现代科学技术的发展使得复印件、复制品等极有可能与原件、原物的内容、形式以及其他特性相差很大，而书证差一字就有可能使案件定性完全不同。因此，收集证据应当尽可能收集原件、原物。

英美法上与此相关的一条规则是最佳证据规则，也称为原始文书规则，“所谓最佳证据法则，在现在则为关于文书内容之证据容许性之法则。该法则需要文书原本之提出，如不能提出原本，直至有可满意之说明以前，则拒绝其他证据，其理由至为明显。盖文字或其他符号，如差之毫厘，其意义则可能失之千里；观察时之错误危险甚大，尤以当其在实质上对于视觉有所近视时为然。因此之故，除提出文书之原本以供检阅外，于证明文书之内容时，诈伪及类似错误之机会自必甚多”。美国《联邦证据规则》第1002条“要求原件”规定：“为证明文字、录音或照相的内容，要求提供该文字、录音或照相的原件，除非本证据规则或国会立法另有规定。”

（3）提供证据的人或者证人与当事人是否有利害关系。我国立法基本没有对证人资格作限制规定，“凡是知道案件情况的单位和个人，都有义务出庭作证”，只有“不能正确表达自己意志的人，不能作为证人”，并没有将当事人的配偶、亲属及从事特定职业如牧师、医生、律师、会计师等人排除在证人范围之外。与当事人有着特定利害关系的人情理上作出不真实陈述的可能性很大，在审查证据真实性时，应该审查提供证据的人或者证人与当事人之间是否有利害关系，此处的利害关系应作广义理解，既包括家庭伦理关系，也包括利益关系。

此外，对单项证据的审查除了对之是否具备证明能力进行判断外，还应明确每项证据能够证明的事实。

第六十四条　（对全部证据的综合审查）

执法人员对调查收集到的证据和当事人、第三人提供的证据，从单个证据与待证事实的关联程度、证据之间的联系等方面进行综合审查判断。

说明与立法理由：

本条是关于对全部证据进行综合审查判断的规定。

对证据的综合审查主要是对证据证明力的审查，即对证据与待证事实之间的证明程度、强弱作出判断。与证据能力规则不同，英美法中关于证明力的证据规则相对较少，主要有仅凭口供不能定案的规则、非原始证据的证明力受限制规则、补强证据规则等。因为陪审团如何认定证据与案件待证事实的证明程度完全是陪审团的职权，法律并不加以限制。在大陆法系中，由于对案件事实的认定采用自由心证原则，证据的证明力一般由法官自由加以判断。我国民事诉讼和行政诉讼均对证明力规则有规定。《行政诉讼证据规定》第 63 条对证明同一个事实的数个证据的证明效力作出规定，其他关于证明力的规定还有电子邮件等电子数据资料的证明力认定（第 64 条）、自认的证据的证明力（第 67 条）、由于特定原因证明力减弱从而不能单独作为定案依据的证据（第 71 条）。这些规定是基于人们认识规律所作出的，对执法人员审查核实证据也有意义。此外，由于行政诉讼由被告行政机关对行政行为的合法性承担举证责任，法官对证据的判断规则直接影响其对行政行为合法性的判断，这些规定对行政机关也就具有了间接的约束力。

对证据的综合审查还包括证据所指向的事实之间是否存在矛盾，全部证据能否形成完整的证明链条等。

第六十五条　（定案证据）

证据应当查证属实，才能作为行政执法决定的根据。行政机关以证据能够证明的事实为根据依法作出行政执法决定。

当事人有权对作为定案依据的证据发表意见，提出异议。没有听取当事人意见的证据不能作为行政执法决定的根据。

说明与立法理由：

本条是关于定案证据的规定。内容包括：第一，查证属实的证据才能作为行政决定的依据，内容不真实的证据应当排除，不能作为决定的依据。第二，执法人员依据法律真实作出决定。“行政机关以证据能够证明的事实为依据依法作出行政决定”包含三层含义：其一，作为决定基础的事实应当是证据能够证明的。其二，执法人员依据证据能够证明的事实就可以作出决定。至于该事实是否与客观真实完全一致不需要执法人员证明。即客观真实是执法人员应当努力追求的目标，但不是执法人员作出行政决定的依据，执法人员依据法律真实作出决定。其三，没有听取当事人意见的证据不能作为行政决定的依据。

一、作为目标存在的“实现客观真实”和对“法官判决依据法律真实”的承认

本条承认作为行政决定基础的是法律真实、而非客观真实，借鉴了诉讼领域的研究成果和立法规定。在诉讼领域，作为法官判决基础的事实的要求在我国从理论到立法都历经了由“客观真实”向“法律真实”的转换。“以事实为根据、以法律为准绳”是我国三大诉讼法的共同要求，事实是客观存在的反映。因此，法官被要求发现客观真实，进而作出判决。然而诉讼是一种事后认识活动，案件已经发生，不能再现。法官能做的只是根据证据认定事实，而法官对事实真伪作出的主观判断与客观真实之间是否完全一致缺乏客观判断标准，人们无法用度量衡去加以测量判断，这正是罗尔斯所探讨的不完全程序正义场景：虽然在程序之外存在衡量什么是正义的客观标准，但是百分之百地使满足这个标准的结果得以实现的程序却不存在。如刑事诉讼中真实就是程序之外的标准，然而无论如何精巧设计程序，认定无辜的人有罪或者相反的结果总是难以避免的。人们更倾向于认为法官应当努力追求法律真实与客观真实相一致，但作为法官判决基础的事实只要在法律上能够为证据证明即可。伴随着社会改革的深入带来的理论研究禁区的突破，学者提出的承认法律真实的呼吁在《民事诉讼证据规定》第63条和《行政诉讼证据规定》第53条中得到体现。

行政决定的作出与判决一样，需要执法人员通过证据认定事

实，尽管事实客观存在，但通过执法人员的认识活动表现为法律真实，作为行政决定依据的是经过证据证明的法律真实。法律真实应当尽可能与客观真实相一致，执法人员也应当将发现客观真实作为目标，但作为决定依据的只能是法律真实，这就有可能出现法律真实与客观真实不一致的情况。如果当事人认为行政决定认定事实不清，与客观真实不一致，可以申请行政复议和提起行政诉讼，通过行政救济解决。

二、没有听取当事人意见的证据不能作为行政决定的依据

本条规定当事人有权对作为定案依据的证据发表意见，提出异议。没有听取当事人意见的证据不能作为行政决定的依据。这是诉讼中未经质证的证据不能作为法庭定案根据规则在行政决定中的体现。质证是指在法院的主持下，当事人及其代理人在庭审中围绕证据的关联性、合法性、真实性，针对证据有无证明能力以及证明力大小进行对质辩论、核实的活动。质证是证据得以作为定案依据的必要条件，未经法庭质证的证据不得作为定案的根据。司法程序的基本构造是原告被告两造对抗、法官居中裁判，法官在听取原告被告正反意见的基础上，认定事实、作出判决。围绕证据展开的质证活动使当事人双方都得以对作为事实认定基础的证据发表意见，体现了程序的公正，也有助于法官准确认定事实。

行政机关在行政程序中同时行使调查职能和决定职能，既是证据的调查收集者，也是最终的决定者，赋予当事人就证据发表意见的机会，既是程序公正的要求，也能使行政机关听取反方意见，对事实的认定更为准确。虽然行政程序中多数情形之下不可能如法庭那样让原告、被告在庭审中以直接言词的方式就证据展开充分的对质辩论（听证情形除外），但行政机关应当将证据告知当事人，听取当事人的意见。否则，当事人不应当承受行政机关据此对其作出的不利益决定。如瑞士《行政程序法》第 28 条规定，“当事人被拒绝查阅一项文件者，官署除对于该案件已以言词或书面告知当事

人该项文件之主要内容，并给予陈述意见及提出反证之机会外，不得根据该项文件使当事人承受不利益。”这在我国《行政处罚法》中亦有规定。行政机关在作出行政处罚决定之前，应当告知当事人作出行政处罚决定的事实、理由和依据，并告知当事人依法享有陈述和申辩权。行政机关必须充分听取当事人的意见，对当事人提出的事实、理由和证据，应当进行复核；当事人提出的事实、理由或者证据成立的，行政机关应当采纳。如果行政机关作出处罚决定时没有履行上述告知义务，或者拒绝听取相对人的陈述、申辩的，行政处罚决定不能成立（《行政处罚法》第41条）。《行政诉讼证据规定》第60条规定，行政机关在行政程序中非法剥夺公民、法人或其他组织依法享有的陈述、申辩或者听证权利所采用的证据，在诉讼中不能作为认定被诉行政行为合法的证据。

《湖南程序规定》第71条在《行政处罚法》规定的基础上，对执法机关提出更为严格的要求，该条规定“作为行政执法决定依据的证据应当查证属实。当事人有权对作为定案依据的证据发表意见，提出异议。未经当事人发表意见的证据不能作为行政执法决定的依据”。《兰州程序规定》第49条也规定：“作为行政执法决定依据的证据应当查证属实。当事人有权对作为定案依据的证据发表意见，提出异议。未经当事人发表意见的证据不能作为行政执法决定的依据。”课题组通过在湖南的调研，发现这一规定对规范执法机关的证据收集活动，提高对证据收集规范化的重视程度，起到很好的作用，《建议稿》吸收了《湖南程序规定》、《兰州程序规定》的内容，规定当事人有权对作为定案依据的证据发表意见，提出异议。没有听取当事人意见的证据不能作为行政执法决定的根据。

第六十六条　（不具备合法性、真实性的证据材料）

下列证据材料不能作为作出执法决定的根据：

（一）违反法定程序收集的证据；

（二）以偷拍、偷录、窃听等手段侵害他人权益获得的证据；

（三）以威胁、利诱、胁迫、暴力等不正当手段取得的证据；

（四）没有其他证据印证，且相关人员不予认可的证据的复制件或者复制品；

（五）被技术处理而无法辨认真伪的证据；

（六）不能正确表达意志的证人提供的证言；

（七）在中华人民共和国领域外形成的未办理法定证明手续的证据；

（八）不具备合法性、真实性的其他证据材料。

说明与立法理由：

本条是关于不具备合法性、真实性的证据材料不能作为作出执法决定依据的规定，确立了行政证据中的非法证据排除规则。

合法性是证据的条件之一。《行政诉讼法》第43条第3款规定以非法手段取得的证据，不能作为认定案件事实的根据。如何理解非法手段，具体包括哪些情形，《行政诉讼法》没有明确列举。《行政诉讼证据规定》第57条是关于不具备合法性和真实性的证据材料的列举，属于该条列举情形的证据材料不能作为定案依据。其中，关于以非法手段取得证据材料的情形包括：（1）严重违反法定程序收集的证据材料；（2）以偷拍、偷录、窃听等手段获取侵害他人合法权益的证据材料；（3）以利诱、欺诈、胁迫、暴力等不正当手段获取的证据材料。《湖南程序规定》借鉴了《行政诉讼证据规定》的相关规定，对以偷拍等方式的规定增加了“非法”限定，即“以非法偷拍、非法偷录、非法窃听”等手段侵害他人合法权益取得的证据材料，与《行政诉讼证据规定》相比较，降低了对执法合法性的要求。《山东程序规定》第73条列举的情形与《湖南程序规定》、《行政诉讼证据规定》有所不同，具体规定为：（1）违反法定程序收集的，没有严重违反法定程序的限制。（2）以非法偷拍、偷录、窃听等手段侵害他人合法权益取得的，仅在偷拍之前增加非法偷拍之限定。（3）以利诱、欺诈、胁迫、暴力等不正当手段取得的。《汕头程序规定》第65条列举的非法取得证据的三种情形中，第一种是“违反法定程序收集的”，第二种与第三种情形的规定与湖南程序规定的相同。《江苏程序规定》第 57 条列举的三种情形分别是：（1）严重违反法定程序收集的。（2）以非法偷拍、偷录、窃听等手段侵害他人合法权益取得的。（3）以利诱、欺诈、暴力、胁迫等不正当手段取得的。

《建议稿》借鉴《行政诉讼证据规定》关于证据材料不具备合法性、真实性的情形的列举规定，列举了不具备合法性、真实性的证据材料的具体情形。其中，关于证据材料的合法性判断包括两个方面：其一，证据的形式是否符合法律的要求；其二，证据的取得是否符合法律、法规、司法解释、规章、行政规范性文件的规定，不限于严重违反法定程序收集的证据。主要是考虑到严重违反法定程序没有明确的判断标准，执法中容易被滥用。关于偷拍、偷录、窃听的方式取得的证据材料，《建议稿》没有吸收《湖南程序规定》将之区分为合法与非法的做法，因为偷拍、偷录、窃听等行为在语义上含违法之义。不具备合法性的证据即使能够证明案件事实，也不能作为作出执法决定的依据。

第六十七条　（证明标准）

行政执法决定对当事人有重大不利影响的，行政机关对事实的认定应当排除一切合理怀疑。

行政执法决定对当事人有不利影响的，行政机关对事实的认定应当有实质性证据支持。

行政机关在紧急情况下作出应急处置决定，或者作出准予给付申请决定的，对事实的认定应当有合理根据。

说明与立法理由：

本条是关于行政决定证明标准的规定。

证明标准在诉讼证据制度上要解决的问题是当事人就其主张证明到何种程度方能使法庭确信案件事实真实存在，我国台湾地区也因之称为证明度。对于承担举证责任的一方当事人来说，如果其证明没有满足证明标准之要求，则要承担败诉的风险，证明标准的高低也就相应决定了承担举证责任一方胜诉的可能性的大小。行政机关在行政决定中同时行使调查职能和决定职能，在认定事实时与法庭一样面临证据对待证事实证明到何种程度才能判断事实的真伪的问题。由于行政决定效力的最终确定权在法院，行政诉讼的证明标准直接影响行政决定中的证明标准，行政机关对事实的认定只有符合行政诉讼证明标准，行政决定才可能得到法院判决的支持和认可。在《民事诉讼证据规定》第 73 条规定了高度盖然性标准后，《行政诉讼证据规定》在起草过程中曾经出现过规定多元证明标准的版本，但最后出台的规定取消了这部分内容。

对于“事实清楚，证据确实、充分”的客观真实证明标准，多数学者持批判观点，认为客观真实标准实质是用目标代替了标准，在实践中难以执行。而《民事诉讼证据规定》对高度盖然性标准的肯定表明在民事诉讼领域立法已经被突破。刑事诉讼由于涉及被告人罪与非罪的问题，对此问题争议最大，立法也最为谨慎。行政诉讼介于二者之间，《行政诉讼证据规定》制定过程中的反复反映出立法者抉择的困难，而这种困难更多涉及立法时的政策选择，而非理论探讨的不完全。由于行政决定种类繁多，性质差异较大，对当事人权利影响程度差距甚大，美国、德国等行政诉讼证明标准均体现为多元，如美国区分三种不同情形分别适用三个不同标准：实质性的证据标准；专横、任性、滥用自由裁量权标准；法院重新审理标准。这三个标准都由《联邦行政程序法》规定。德国行政诉讼的一般证明标准是排除合理怀疑的高度盖然性标准，但在特定情形下，通过法律的特别规定或者行政法院的解释，此证明标准被修正，主要是被降低。通过立法降低证明标准的情形如德国财务法院法、行政法院法、联邦照顾法、联邦病疫防治法、社会法典法总则等法律都规定了降低证明标准的情形。通过行政法院解释降低证明标准的情形主要是在存在证明困境的案件中。所谓证明困境是指因待证事实本身的特性，使得证明该事实的存在与否存在极大困难。存在证明困境的典型案件，如受纳粹迫害的受害人根据联邦赔偿法提出的赔偿请求；根据难民庇护法向德国寻求庇护的事由；根据联邦难民救助法关于是否为德国属民的认定等。德国法院的判决对于存在证明困境时是否降低证明标准，见解并不一致，但大多数判决都降低了证明标准。如联邦社会法院对于受纳粹迫害的人或战争损害的人提出的赔偿请求，关于损害发生的事实，降低了证明标准。

行政法学界的主流观点是主张多元行政诉讼证明标准，在一般证明标准之外，肯定例外情形的存在，但在一般证明标准的具体方案上存在不同认识。多元化证明标准的引入在地方程序规定中亦有体现，如《海北程序规定》根据执法程序的类型，适用难易程度不同的证明标准，第58条规定：适用听证程序的案件，事实认定应当排除一切合理的怀疑；适用一般程序和简易程序的案件，事实认定的可能性应当优于其他一切可能性；行政机关采取临时或者紧急措施的，事实认定应当合理。

《建议稿》规定了多元证明标准，包括三种情形：（1）实质性证据标准。实质性证据标准为行政决定的一般证明标准，适用于大多数不利行政决定。（2）排除合理怀疑标准。排除合理怀疑标准提高了一般证明标准的要求，较之实质性证据标准更为严格，适用对当事人有重大不利影响的行政决定。（3）合理根据标准。合理根据标准降低了一般证明标准的要求，行政机关对事实的认定有合理根据支持即可，允许有合理疑点存在，合理根据标准适用于授益行政决定和紧急情况下应急处置决定。

第四节　陈述意见

第六十八条　（陈述意见的权利）

行政机关作出对当事人不利的行政执法决定前，应当听取当事人的意见，并以书面方式告知当事人下列事项：

（一）当事人的基本情况；

（二）拟作出的行政执法决定认定的事实及证据、理由和依据；

（三）当事人的意见可以包括事实问题和法律问题；

（四）陈述意见的期限及逾期不陈述意见的法律后果；

（五）其他应当告知当事人的事项。

说明与立法理由：

本条规定当事人有陈述意见的权利，行政机关有听取意见的义务。内容包括：第一，行政机关作出对当事人不利的行政决定时，应当听取当事人的意见。第二，告知制度。包括告知事项和告知方式两个方面的内容。

一、关于“陈述意见”的名称的使用

行政机关在作行政决定，特别是作出不利于当事人的行政决定之前应当听取当事人的意见是现代行政程序法的一项基本制度。听取对方意见，在英国是古老的自然公正原则的要求，在美国是联邦宪法修正案第 5 条和第 14 条的要求。德国、瑞士、奥地利、荷兰、葡萄牙、意大利、西班牙、挪威、瑞典等其他大陆法系国家的行政程序法典中均规定了听取意见制度。作为体现行政公正、公开、民主的核心制度，听取意见制度在大陆法系各国得到广泛运用。我国《行政处罚法》、《行政许可法》，以及很多单行立法也规定了听取意见制度。在十五部地方行政程序规定中，普遍规定了当事人的陈述权与申辩权及其保障机制，如《湖南程序规定》第 28 条规定，“行政程序参与人在行政程序中，依法享有知情权、参与权、表达权、监督权”，第 73 条进一步规定行政机关在作出行政执法决定之前，应当告知当事人、利害关系人享有陈述意见、申辩的权利，并听取其陈述和申辩。《江苏程序规定》第 25 条规定公民、法人或其他组织在行政程序中，依法享有申请权、知情权、参与权、陈述权、申辩权、监督权、救济权。《永平程序暂行办法》第 64 条规定行政机关在作出行政执法决定之前，应当告知当事人、利害关系人享有陈述、申辩的权利，并听取其陈述和申辩。对于当事人、利害关系人的陈述和申辩，本条明确规定行政机关作出不利于当事人的决定时应当听取当事人的意见，当事人有权陈述意见，从而将听取意见作为行政机关应当普遍遵循的基本规则确定下来。作决定前听取对方意见虽已成为现代行政程序法的基本制度之一，但不同国家用不同的名称来称谓之，如美国《联邦行政程序法》的听证泛指听取意见，根据是否适用按卷排他原则分为正式听证和非正式听证两种；韩国《行政程序法》将行政机关听取当事人意见的形式分为三种："听证"、"公听会"和"提出意见"；日本将行政机关听取当事人意见的形式分别规定为"听证"、"公听会"、"辨明"三种；我国台湾地区"行政程序法"将听取意见分为"陈述意见"和"听证"两种。《建议稿》借鉴韩国、我国台湾地区的规定，将作出行政决定时听取意见的形式分为"陈述意见"和"听证"两种，后者是一种高度司法化的程序制度，另设一节加以规定。"陈述意见"是从当事人角度指称，"听取意见"是从行政机关的角度指称。《建议稿》之所以采用"陈述意见"这一名称，主要基于以下考虑：

第一，"陈述意见"从当事人的角度描述此制度，突显了当事人的程序权利。

第二，使用"陈述意见"可以将之区别于"听取意见"，"听取意见"的范围大于陈述意见，包括"陈述意见"和"听证"两种形式。

第三，多数国家和地区在狭义上使用听证一词，如德国、日本、韩国、我国台湾地区等，区别在于听证之外的形式如何称谓，如韩国使用"提出意见"，日本使用"辨明"，我国台湾地区使用"陈述意见"。"提出意见"较为口语化，"辨明"的表达方式不够明确，相比较而言，"陈述意见"能够直观表明内容，又较为正式，因此，《建议稿》借鉴我国台湾地区使用了"陈述意见"的表达方式。

二、关于告知制度

告知事项的内容日本、韩国和我国台湾地区的规定没有太大区别，如我国台湾地区规定：行政机关依第102条给予相对人陈述意见之机会时，应以书面记载下列事项通知相对人，必要时公告之：（一）相对人及其住居所、事务所或营业所；（二）将为限制或剥夺自由或权利之行政处分之原因事实及法规依据；（三）得依第一百零五条提出陈述书之意旨；（四）提出陈述书之期限及不提出之效果；（五）其他必要事项（第104条）。日本规定行政机关应于辨明书之提出期限前之相当期间内，以书面将下列事项通知将为不利益处分之相对人：（一）预定之不利益处分之内容及其法令依据；（二）不利益处分原因之事实；（三）提出辨明书之处所及期限（赋予言词辨明机会时，其意旨及应出席之时间及场所）（第30条）。韩国规定行政机关对当事人等为课以义务或侵害权益之行政处分时，应事先对已知之当事人等以记载下列各款事项之文书通知之：（1）处分之题目；（2）当事人之姓名或名称及住所；（3）构成处分理由之事实、处分之内容及法律依据；（4）对第3项之规定提出意见之意思或不提出意见时之处理方法；（5）意见提出机关之名称及住所；（6）意见提出期限；（7）其他必要事项（第21条）。

本条关于告知事项的规定借鉴了域外的规定，四款条文涉及三个方面的内容：第一，当事人的基本情况。第二，拟作出的行政决定的事实及证据、理由和依据。这是告知事项中最核心部分，在日本、韩国和我国台湾地区规定中都有此要求。要求行政机关将认定的事实、据以认定事实的证据和适用的法律依据都告知当事人，目的是通过充分的信息披露，使当事人与行政机关之间达致信息对等。当事人唯有与行政机关之间做到信息对等，才能有针对性地提出意见，参与才富有意义，才能真正维护自己的利益。因此，充分的信息披露是当事人实现有效参与的前提条件。第三，当事人陈述意见的要点。包括告知当事人围绕事实问题和法律问题陈述意见，以及当事人陈述意见的期限及逾期没有陈述意见的法律后果。事实问题和法律问题是共同影响行政决定的两个因素，当事人的意见应当围绕这两个方面展开。对事实问题的判断自然涉及证据问题，当事人可以对行政机关调查收集的证据进行质疑，也可以提交新的证据以证明自己的观点。

当事人的意见应当在行政机关限定的期限内提出，当然，行政机关应当根据实际情况给当事人留出合理的准备时间。当事人如果逾期没有陈述意见，视为放弃陈述意见的权利。

日本和韩国只规定了书面告知的方式，我国台湾地区规定书面方式和口头方式均可。考虑到告知事项内容较多，采用口头方式告知不利于当事人熟悉和为提出意见作准备，本条规定行政机关应当采用书面告知的方式。

第六十九条　（当事人阅览卷宗）

当事人可以自收到行政机关陈述意见告知之日起到行政机关查阅、摘抄、复制行政卷宗中的证据材料，证据材料涉及国家秘密、商业秘密和个人隐私的除外。但证据材料部分涉及国家秘密、商业秘密和个人隐私的，行政机关应当进行技术处理，让当事人查阅、摘抄、复制其他部分证据材料。

当事人查阅、摘抄证据材料，行政机关不得收费。当事人复制证据材料的，只能收取工本费。

说明与立法理由：

本条是关于当事人在行政程序中查阅卷宗权利的规定。内容包括：第一，阅览卷宗权。权利内容包括查阅、摘抄、复制行政卷宗中的材料。第二，阅览卷宗的时间。自收到行政机关陈述意见告知之日起。第三，不能阅览卷宗的情形。证据材料涉及国家秘密、商业秘密和个人隐私的，不能阅览卷宗。第四，查阅不得收费。

一、阅览卷宗权

阅览卷宗是公开原则在行政决定程序中的要求，指当事人在行政程序中知悉、获得与行政决定相关材料的权利。阅览卷宗属于特定行政程序中向特定当事人的公开，此种公开与政府信息公开要实现政府信息资源社会共享不同，其目的主要在于实现行政程序的公正，让当事人充分了解行政机关作决定的相关信息，能够更有针对性地陈述自己的意见，维护自己的权利。

阅览卷宗权是当事人在行政程序中的一项重要权利，是司法程序中“武器平等”原则在行政程序中的体现。当事人在行政程序中通过抄写、阅览或复印卷宗有关材料，对行政机关所收集的证据、适用的法律、作决定的动机、出发点、意见等有充分的了解后，可以采取有针对性的措施，做到有的放矢，与行政机关形成有效的对抗。因此，阅览卷宗权是实现当事人参与行政程序、实际影响行政决定形成的前提条件。

阅览卷宗制度在德国、西班牙、韩国、葡萄牙、瑞士等国家和我国台湾地区行政程序法中都有规定。德国《联邦行政程序法》第29条第1款规定：“以参与人为保护其法定权利，知情和辩护所需者为限，行政机关须允许参与人查阅行政程序所涉及的案卷……”；西班牙《行政程序法》第35条规定：“利害关系人有权在任何时候了解程序的审理状况，并获得程序中的资料复印件”；韩国《行政程序法》第37条规定：“自有听证通知之日起至听证结束之日为止，当事人可向行政机关要求阅览或复印关于案件调查结果的文书及与处分相关的文书。此时，除其他法令限制公开的情况外，行政机关不得拒绝”；瑞士《行政程序法》第26条规定：“当事人或其代理人，有权就本身的案件向原处分官署或该官署制定的邦的官署所在地，请求阅览卷宗：当事人的书证和官署的讯问笔录，所有作为证据的文件，已宣示的行政处分的笔录”；我国台湾地区“行政程序法”第46条规定，当事人或利害关系人得向行政机关申请查阅、抄写、复印或摄影有关资料或卷宗。但以主张或维护其法律上利益有必要者为限；葡萄牙《行政程序法》第61条和第62条规定，如私人有所要求，有权取得由行政当局提供与其有直接关系的程序进行情况的资料，并有权获得对该程序作出的确定性决定。必须提供的资讯，包括指出卷宗所在的部门、已作出的行为与措施、须由利害关系人补正的缺陷、已作的决定以及任何所需要的资料。利害关系人有权查阅任何未载有机密文件、不会泄露商业秘密或工业秘密、与版权、艺术或科学财产无关的卷宗，有权查阅未附有保密文件的卷宗，有权获发证明，或组成该卷宗的文件经认证的影印本。如果公共当局逾期没有提供有关文件或卷宗，或未发出证明。申请人得在1个月内请求该区行政法院勒令有关当局满足其申请(葡萄牙《行政诉讼法》第82条第2款)。

我国《刑事诉讼法》对犯罪嫌疑人和被告人及其代理人在刑事诉讼不同阶段的阅卷权有非常明确的规定，但行政程序中的阅卷制度尚未建立。2008年5月1日开始施行的《政府信息公开条例》只解决了政府信息向公众公开的问题，特定行政程序中卷宗向当事人的公开尚未成为一项制度。现行立法中规定阅览卷宗制度的非常少，其中《海关关于当事人查阅行政处罚案件材料的暂行规定》的规定较为完善。《建议稿》中明确规定当事人在行政过程中有阅览卷宗的权利，在行政机关告知当事人拟作出的不利行政决定后，当事人有权申请查阅、摘抄、复制行政卷宗中的材料，以更有针对性地提出自己的意见，更好地维护自己的利益。

《建议稿》将阅览卷宗权利的内容规定为查阅、摘抄、复制卷宗材料。复制材料对于当事人而言非常重要，因为复印简便，查阅只能看，摘抄在内容多时非常费时间，如果材料是图纸，根本无法摘抄，如据报道一些地方在政府信息公开实践中不让申请人复印材料，申请人经常需要花一天的时间才能抄完。

二、阅览卷宗的除外情形

卷宗向当事人公开是原则，不公开是例外，何种情形不予公开，不同国家和地区规定不同。德国《联邦行政程序法》第29条第2款规定："在查阅案卷会损害行政机关有秩序完成其任务，案卷内容公开会造成联邦或州的利益不利，或根据法律或案卷性质，尤其因参与人或第三人的正当利益，须对此过程保密时，行政机关无允许查阅案卷的义务。"此外，决议的草案以及针对当事人的直接准备工作当事人也不能查阅（第29条第1款）。西班牙《行政程序法》第37条第2款规定："查阅涉及个人隐私材料应该限于本人进行。"我国台湾地区规定的例外情形包括（第46条第2款）：（1）行政决定前之拟稿或其他准备作业文件。（2）涉及国防、军事、外交及一般公务机密，依法规规定有保密之必要者。（3）涉及个人隐私、职业秘密、营业秘密，依法规规定有保密之必要者。（4）有侵害第三人权利之虞者。（5）有严重妨碍有关社会治安、公共安全或其他公共利益之职务正常进行之虞者。其中，第二种和第三种情形中无保密必要之部分，仍应准许阅览。域外限制当事人阅览卷宗权行使的情形主要包括：第一，涉及国家秘密、商业秘密和个人隐私。第二，妨害行政机关正常履行职责，我国台湾地区将之限定在可能会严重妨碍有关社会治安、公共安全或其他公共利益之职务正常进行的情形。第三，可能损害第三人的利益。第一种情形一般根据相关法律进行判断，属于客观因素；第二种情形属于主观因素，由行政机关综合各种因素考量确定。第三种情形则由于行政管理的复效性，判断亦存在一定难度。

《建议稿》关于限制当事人阅览卷宗权的情形仅规定域外三种情形中的第一种：涉及国家秘密、商业秘密和个人隐私的。此种情形相比较而言最不受工作人员主观因素的影响，对当事人较为有利。信息公开的实践在中国时间不长，公众更多感受到的是来自行政机关的不得已而为之的情绪，一些行政机关找到各种理由不公开信息或者制造各种障碍使公众难以获得政府信息。我国目前所处的阶段是公众获得政府信息过于困难，放宽对阅览卷宗权的限制不必担心会给行政管理带来不便。

三、查阅不得收费

政府信息是公共信息，是行政机关在履行职责过程中制作或者获得的信息，不是通过市场行为形成的商品，行政机关不能向当事人收取费用。由于阅览卷宗查阅的信息是个案的行政案卷，查找简单，《建议稿》规定当事人查阅、摘抄相关证据材料、法律依据，行政机关不得收费。复制证据材料的，收取工本费。

第七十条　（陈述意见的方式）

当事人可以采用网上提交、当面递交、挂号信、电子邮件等书面方式向行政机关提交意见。

当事人存在书写困难的，可以采用口头方式向行政机关陈述意见。行政机关应当制作记录，向当事人宣读或由其阅览确认内容无误后，由当事人签名或者盖章。当事人对记录有异议的，应当更正。

行政机关应当为当事人陈述意见预留合理的期间，不得少于7日。当事人没有在限定期限内陈述意见的，视为放弃陈述意见的权利。

说明与立法理由：

本条是关于当事人递交意见方式，及逾期没有递交意见的法律后果的规定。

一、意见以书面方式提出为主，特定情形采用口头方式提出

我国台湾地区对于当事人以口头方式提出意见没有情形限制，只要在陈述意见的期限内，当事人都可以到行政机关以言词方式提出意见，由行政机关制作记录（第106条），如此规定赋予当事人在陈述意见方式上充分选择权。韩国也笼统规定当事人等可在处分

之前向行政机关以书面、计算机通信或言词之方式提出意见，没有对言词方式附加条件（第 27 条第 1 款）。本条没有借鉴我国台湾地区和韩国的规定，而是规定在正常情况下可以采用网上提交、当面递交、挂号信、电子邮件等书面方式向行政机关提交意见，只有在当事人存在书写困难时才能采用口头方式提出意见。此规定与目前立法普遍采用的递交申请的方式相一致。其实，采用口头方式有时未必比书面方式更便利。

二、“陈述意见”程序中没有设置辩论环节

本条仅规定当事人将意见递交给行政机关，不在调查人员和当事人之间设置辩论环节，我国台湾地区“行政程序法”中也没有在陈述意见中设置辩论环节。这正是“陈述意见”与“听证”的区别所在。行政管理需要追求效率，加之行政程序中的违法和不公正还可以在诉讼程序中得到纠正，行政程序制度设计除个别制度司法化程度较高之外，多数制度没有借鉴诉讼制度。在听取意见制度中，除听证设置辩论环节之外，陈述意见中调查人员与当事人之间不展开口头辩论，当事人将意见递交给行政机关，由行政机关审核。

以口头方式向行政机关陈述意见，是指当事人以口头陈述的方式将意见告知行政机关，但当事人与调查人员之间并不就任何问题进行辩论。

三、当事人逾期递交意见的后果

当事人陈述意见需要一定时间，包括到行政机关查阅卷宗，自身收集证据，草拟和提出意见等。由于个案情况千差万别，统一规定准备期间并不合理，由行政机关根据具体情形指定更为合适。但如果行政机关给当事人预留的期间过短，当事人的准备工作会很匆忙，影响申辩效果。对此，本条采用两种处理方法：其一，要求行政机关为当事人预留的期间应当合理，这是一条弹性规定。其二，

规定了最低限度期间，即不得少于7日，这是一条最低期限的刚性规定。

为保证行政决定的顺利作出，不造成程序拖延，当事人应当在行政机关指定期间内递交意见，如果当事人逾期没有递交意见，视为放弃陈述意见的权利。我国台湾地区规定相对人不于期间内提出陈述书者，视为放弃陈述之机会（第105条）；韩国规定行政机关对于当事人等无正当理由未于提出意见期间内提出意见者，视为无意见而为处分（第27条第2款）。但是瑞士《行政程序法》第32条第2款有不同规定，该条规定对与当事人逾期所提出之重要陈述，官署仍得予以考虑。

第七十一条　（对当事人意见的复核和采纳）

行政机关对当事人提出的事实、理由和证据，应当进行复核；当事人提出的事实、理由或者证据成立的，行政机关应当采纳。不予采纳的，行政机关应当说明理由。

说明与立法理由：

本条是关于如何对待当事人意见的规定，包括：第一，复核。行政机关对当事人提出的事实、理由和证据，应当进行复核。第二，应当采纳的情形及不采纳时说明理由制度。

如何对待当事人提出的意见，包括其对事实问题、法律问题的意见，以及提交给行政机关的证据，是听取意见制度中的一个核心问题。如果行政机关对当事人陈述的意见根本就不予理睬，那么当事人的陈述就没有任何意义。因此，如何从制度上保证行政机关认真对待当事人的意见非常重要。韩国《行政程序法》第27条第5款规定："行政机关为处分时应诚实考虑当事人等提出之意见。"此规定依赖于工作人员的道德和自律，在我国未必能很好地得到执行。我国台湾地区"行政程序法"在第43条采证之法则中要求"行政机关为处分或其他行政行为，应斟酌全部陈述与调查事实及证据之结果，依论理及经验法则判断事实之真伪，并将其决定和理由告知当事人。"即由行政机关对相对人的意见进行判断，是否采纳由行政机关决定，但行政机关应当将理由告知相对人。瑞士也规定官署为处分前应对当事人所有及时提出之重要陈述予以斟酌(第 32 条第 1 款)。

《行政处罚法》第 32 条规定行政机关必须充分听取当事人的意见，对当事人提出的事实、理由和证据，应当进行复核。当事人提出的事实、理由或者证据成立的，行政机关应当采纳，行政机关不得因当事人申辩而加重处罚。一些地方行政程序规定在《行政处罚法》基础之上，亦有规定要求执法机关认真考虑当事人、利害关系人提出的陈述和申辩，如《永平程序暂行办法》第 64 条规定，对于当事人和利害关系人的陈述和申辩，行政机关应予以记录，由陈述人或者申辩人签字确认后归入案卷。对于当事人和利害关系人提出的事实、理由和证据，行政机关应当进行审查，并采纳其合理意见。不予采纳的，应当说明理由。本条规定的表述借鉴了《行政处罚法》第 32 条的规定，同时参考我国台湾地区规定要求行政机关说明理由。对于当事人陈述的意见，行政机关应当进行复核，并结合自身调查收集的证据，进行对比判断。如果当事人提出的事实、理由或者证据成立的，行政机关应当采纳。是否采纳当事人意见的决定权在行政机关，行政机关根据自己的判断得出结论，但行政机关应当对为何没有采纳当事人的意见说明理由，并将理由告知当事人，体现了对当事人的尊重，也促使行政机关能够认真对待当事人的意见。

第五节　听　　证

第七十二条　（适用情形）

有下列情形之一的，适用本条例规定的听证程序：

（一）行政机关拟作出对当事人的权利产生重大不利影响行政执法决定的；

（二）法律、法规、规章规定应当举行听证的；

（三）行政机关认为有必要举行听证的。

说明与立法理由：

本条是关于听证程序适用情形的规定。

一、为何采用不完全的扣动扳机规则

本节采用“听证”的名称，以区别于重大行政决策、行政立法等活动中的“听证会”。听证制度是司法化程度最高的一项行政程序制度，《行政处罚法》首次规定了行政执法中的听证制度，其目的在于当行政执法决定对当事人的权利和利益将产生重大影响时，以高度对抗的程序构造使得当事人能够更好地为自己辩护，保护自己的利益。因此，尽管听证制度在各国适用范围都有较为严格的限制，但是并不减损这一制度的重要性；相反，听证制度因为适用事项涉及当事人重大利益，对公民权利保障具有十分重要的意义。《湖南程序规定》为突出听证制度的重要性，专设第六章“行政听证”，分别规定了“行政决策听证会”与“行政执法听证会”。

关于行政决定听证的适用范围，《建议稿》规定了“重大不利影响”标准，不管单行法中是否有规定，只要行政决定对当事人的权利将产生“重大不利影响”，就应当适用听证。重大不利影响标准不区分权利种类，而是考察是否会给当事人带来重大不利影响，此规定与美国、韩国、我国台湾地区等的规定不同。这些国家和地区的行政程序法并不对行政决定听证的适用情形规定实质标准，而是交由其他立法和行政机关确定，如美国《联邦行政程序法》第554条第1款规定，本条根据其规定适用于法律要求必须在机关听证会之后依据记录裁决的一切案件，除非此案涉及……韩国《行政程序法》第22条第1款规定，行政机关为处分时，符合下列各款情形之一的，实施听证：（1）其他法令等有规定实施听证之情形。（2）行政机关认为必要之情形；我国台湾地区“行政程序法”第107条规定，行政机关作行政处分时遇有下列情形之一的，举行听证：（1）法规明文规定应举行听证者。（2）行政机关认为有举行听证之必要者。德国对于正式听证程序的适用范围规定最为严格，仅限于法规有明确规定的情形，《联邦行政程序法》第63条第1款规定根据该法规定的要式行政程序的进行，以法规对此规定者为要件。《湖南程序规定》中的行政执法听证会也仅规定听证会的程序规则，不规定听证的适用情形，听证的适用情形由单行法规定。

《建议稿》选择规定重大不利影响标准，从而与日本的做法相似，但日本没有采用提供标准的规定方式，而是规定了行政机关作不利益处分时听证的具体情形。之所以作出此种选择是考虑到如果完全由其他立法确定，会存在一些问题，因为目前关于行政决定听证的规定本身并不完善。《行政处罚法》中适用听证的决定仅限于责令停产停业、吊销许可证或者执照、较大数额罚款三类，行政拘留并未纳入听证范围，扩大行政处罚决定听证范围的呼吁自《行政处罚法》公布即开始，但迄今没有对立法进行修改。2012年最高人民法院发布第6号指导案例《黄泽富、何伯琼、何熠诉四川省成都市金堂工商行政管理局行政处罚案》，将没收较大数额涉案财产处罚决定纳入处罚听证适用范围，该指导案例的裁判要点中载明“行政机关作出没收较大数额涉案财产的行政处罚决定时，未告知当事人有要求举行听证的权利或者未依法举行听证的，人民法院应当依法认定该行政处罚违反法定程序。”为了弥补现行立法的不足，《建议稿》在扣动扳机规则之外，自身规定了重大不利影响标准，使得一些应当举行听证但没有纳入现行立法中的情形也能适用听证。

二、《建议稿》没有采纳现行立法中应申请举行听证的规定

《行政处罚法》规定听证的启动视当事人是否提出申请而确定，如果当事人没有提出申请，行政机关可以不举行听证。《行政许可法》中规定行政许可涉及申请人与他人之间重大利益关系的，是否启动听证视申请人和利害关系人是否提出听证申请而确定。如

此规定是基于听证是为了保护当事人利益而安排的程序制度，是当事人的权利，当事人可行使，亦可放弃。如果当事人放弃其权利，则不必举行听证，且能兼顾行政效率。此种规定有其合理性，但也存在一定片面性。听证一方面是当事人的基本程序权利，同时也有帮助行政机关查明作出决定需要准确认定的事实的作用。行政机关负有查明事实的责任，听证程序借助司法程序的抗辩构造，有利于行政机关准确认定案件事实。行政机关作出对当事人权利产生重大影响的行政决定时，不管当事人主观意愿如何都应当举行听证，组织对证据进行质证，以确保行政机关准确认定事实。事实上，当事人放弃听证权利的原因在实践中非常复杂，提出申请有时未必出于自愿。基于前述考虑，《建议稿》没有规定应申请举行听证，而是要求行政机关应当举行听证。

第七十三条　（听证主持人的人选）

行政机关负责人指定本机关法制机构工作人员或者专职法制人员担任听证主持人，负责组织听证。必要时，也可以指定本机关非调查部门的其他工作人员担任主持人。

听证会设记录员一人，负责听证会的记录以及其他相关事务。

说明与立法理由：

本条是关于听证主持人人选的规定：第一，听证主持人人选实行机关内部部门职能分离，由本机关内非调查部门工作人员担任。第二，听证主持人通常情形由法制机构工作人员或者从事法制工作的人员担任，必要时，由非调查部门的其他工作人员担任。

一、听证主持人人选实行机关内部部门职能分离

行政决定听证是司法化程度最高的一项程序制度，听证主持人作为听证的指挥者，是否如法官那样在听证的两造行政机关与当事人之间保持完全的中立？如果是，听证主持人应当由行政机关之外的工作人员担任，其中立性在此情形之下得到最大程度的保障。然而，考察国外关于听证主持人人选的规定，仅有美国的行政法法官

制度相对于行政机关具有相当的独立性①。韩国、日本、我国台湾地区行政程序法规定由行政机关内部工作人员担任，如韩国规定“听证，由行政机关从所属职员或依总统令具备资格者中选定人员主持。行政机关应努力使听证主持人的选定得以公正进行”（第 28 条第 1 款）；日本规定“听证，由行政机关指定之职员或其他由政令所规定之人主持”（第 19 条第 1 款）；我国台湾地区规定“听证，以行政机关首长或其指定人员为主持人，必要时得由律师、相关专业人员或其他熟谙法令之人员在场协助之”（第 57 条）。

自《行政处罚法》和《行政许可法》中相继规定听证制度以来，部门规章和地方性立法中都对如何实施行政处罚听证和行政许可听证作出具体规定，其中一项内容就是对听证主持人人选的规定。综合现行立法的规定，听证主持人都是由本机关内非调查人员担任，且由负责人指定，如《湖南程序规定》第 131 条规定行政调查人员不得担任该行政执法听证主持人，但具体人选规定并不一致：情形一，实行机关内部部门职能分离，由行政机关负责法制工作的工作人员担任，如《江苏省行政处罚听证程序规则（试行）》第 7 条规定听证主持人一般由本机关法制机构的人员或者专职法制人员担任。情形二，实行人员职能分离，由调查人员之外的工作人

① 美国行政法法官是在行政机关专门主持听证的法官，1972 年之前称为听证审查官。具有律师资格和行政经验的人员，考试合格后由文官事务委员会列入听证审查官名单。行政机关根据工作的需要，从文官事务委员会所认可的名单中任命本机关的听证主持人。听证审查官独立于所在的行政机关，不受行政机关长官的直接控制。听证审查官的独立地位由一系列制度予以保障。听证审查官的工资由文官事务委员会规定，不受所在机关建议和级别的影响。听证审查官在生活和编制上是所在工作机关的职员，在任命、工资、任职方面，不受所在机关的控制，而受文官事务委员会的控制。除非基于文官事务委员会所规定和确认的理由，并经过正式的听证程序，听证审查官不能被罢免。1972 年，文官事务委员会将听证审查官改称行政法法官，其地位类似于司法法官。联邦议会在 1978 年的一部法律中，承认了行政法法官的名称，从而大大提高了行政法官的地位。根据美国《联邦行政程序法》第 556 条第 2 款的规定，行政法法官主持听证是正式听证的正常情况，但如果其他法律明文规定由其他人员主持听证的，由其他人员主持，如驱逐外国人的裁决程序由特别调查官（移民法官）主持听证。

员担任即可，并不禁止调查人员所在部门的其他工作人员担任。《行政处罚法》和《行政许可法》都作出如此规定。

听证主持人的地位类似法官，但又不同于法官。法官既是审判程序的组织者，又是最终的裁决者，享有程序和实体两个方面的权力，因此，必须保证其在两造当事人之间完全中立。而听证主持人只有程序组织权和指挥权，没有最终决定权，决定权在行政机关负责人，从行政效率的角度而言，没有必要在组织性质上赋予听证主持人与法官同样的结构。即便是美国的行政法法官也是由行政机关根据需要从文官事务委员会名单中任命本机关的听证主持人，形式上行政法法官仍然属于某行政机关，并非来自机关外。因此，美国听证主持人的人选仍然贯彻机关内部调查职能与听证职能部门分离的组织原则，只是相对于其他国家和地区而言，听证主持人更加独立于所在的行政机关，其中立性相对更有保障。

听证主持人由来自行政机关的人员担任的另一个优势是熟悉该管理领域的专业性问题。听证的过程实行职权主义模式，听证主持人指挥听证的进行，包括询问调查人员和当事人，出示证据组织质证等。此过程涉及管理中一些专业性问题，听证主持人如果了解和熟悉这些问题，听证的效果会更好。

虽然对听证主持人的中立性要求不及法官，但仍然应在机关内最大限度地予以保障。有的机关在实践中实行调查部门内人员分离，即由调查部门内非本案调查人员担任听证主持人的做法，听证主持人的中立性相对部门职能分离更难以保证，不利于全面调查原则的贯彻，也不利于说服当事人相信听证的公正性。

基于前述考虑，《建议稿》关于听证主持人的人选采用了行政机关内部部门职能分离的原则，规定“行政机关负责人指定本机关法制机构工作人员或者专职法制人员担任听证主持人，负责组织听证。必要时，也可以指定非调查部门的其他工作人员担任”，从而将调查职能与听证职能分别交由两个不同部门行使。

二、主持人由法制机构工作人员担任

我国台湾地区“行政程序法”第57条没有规定听证主持人的具体人选，但同时规定必要时得由律师、相关专业人员或其他熟谙法令之人员在场协助之。部分地方行政程序规定总结实践经验，要求听证主持人具备法律知识和专业知识，如《汕头程序规定》第138条要求“听证主持人应当具备相应的法律知识和专业知识”；《山东程序规定》第79条要求“听证主持人应当具备相应的法律知识和专业知识，经政府法制机构统一培训，并取得资格证书”；《兰州程序规定》第55条规定“听证主持人应当具备相应的法律知识和专业知识。”《建议稿》吸收地方立法的规定，规定听证主持人通常情形下由法制机构工作人员或者从事法制工作的人员担任，必要时，由法制机构之外的工作人员担任。之所以选择从事法制工作的人员担任听证主持人有两个原因：其一，熟悉与行政管理相关的法律规定。根据依法行政原则，行政管理必须依照法律进行，听证事项必然涉及相关立法的规定。从事法制工作的工作人员熟悉本机关的法律，由其担任主持人更为合适。其二，熟悉程序，能够更好地控制听证的进行。听证实行职权主义，由主持人指挥、控制听证的进程，需要听证主持人熟悉程序，有较强的程序控制能力。从事法制工作的人员有的是法律专业毕业，或者受过相关培训，与其他部门工作人员相比较，更为熟悉法律程序。

三、《建议稿》没有规定主持人的人数

《行政处罚法》和《行政许可法》中没有规定听证主持人的人数，实践中通常由一人担任听证主持人，但在有的下位法中规定由数人担任听证主持人，如《审计机关审计听证规定》第11条规定一般审计事项的审计听证会由一人主持，重大审计事项的审计听证会由三人主持，但审计机关应指定首席主持人。由于听证主持人并没有实体决定权，仅仅组织和指挥听证的进行，因此，人数的多少

并不影响具体规则，可以交由下位法根据具体情况规定。

第七十四条　（利害关系人参加听证）

行政决定直接涉及当事人与他人之间重大利益关系的，行政机关应当通知利害关系人参加听证。行政机关没有通知利害关系人的，利害关系人可以向听证机关申请参加听证。

利害关系人在听证中享有与当事人相同的权利。

说明与立法理由：

本条是关于行政决定的利害关系人参加听证的规定。内容包括：第一，行政决定的利害关系人有权参加听证，参加听证的方式分为听证机关通知其参加和利害关系人申请参加两种。第二，利害关系人在听证中的权利与当事人相同。

《行政许可法》第 47 条规定行政许可直接涉及申请人与他人之间重大利益关系的，行政机关在作出行政许可决定前，应当告知申请人、利害关系人享有要求听证的权利。利害关系人在许可听证程序中与申请人具有同等的法律地位。行政决定的利害关系人是当事人之外与行政决定存在法律上利害关系的主体，只是形式上不是行政决定直接相对人而已，在权利义务将受行政决定影响这一点上与当事人并无区别，应当有权参加听证，如日本《行政程序法》第 17 条规定，听证主持人认为有必要时，对当事人以外之人，依该不利益处分所依据之法令认为与该不利益处分有利害关系者得要求其参加该听证程序或许可其参加该听证之相关程序。

利害关系人参加听证的方式包括申请参加和由行政机关依职权通知参加两种。利害关系人的存在有时行政机关并不知晓，利害关系人只要能够证明其与行政决定存在法律上的利害关系，行政机关就应当准许其参加听证。

第七十五条　（通知）

行政机关将下列事项书面通知当事人、利害关系人。公开听证的，在机关办公场所和官方网站公告听证的时间、地点、案由。

（一）当事人、利害关系人的基本情况；

（二）进行听证的时间、地点和事由；

（三）听证事项，包括事实问题与法律问题；

（四）当事人、利害关系人在听证中的权利；

（五）缺席听证会的法律后果；

（六）其他应当记载的事项。

行政机关确定听证会时间时应当视具体情形为当事人、利害关系人预留合理期间，自通知送达当事人之日起不得少于7日。

说明与立法理由：

本条是关于通知的规定，内容包括：第一，通知的方式。通知以书面方式作出，并送达当事人。公开听证的，在机关办公场所和官方网站公告听证的时间、地点、案由。第二，通知书应当记载的事项。第三，通知的时间。行政机关应当为当事人或其代理人预留合理的准备时间，具体期间由行政机关视具体情形确定，但自通知送达当事人之日起不得少于7日。

一、通知书记载事项应当满足信息充分的要求

通知书的作用是告知当事人听证的事项，以便当事人进行充分的准备，与行政机关形成有效的对抗。因此，行政机关必须将听证所涉及的事实问题和法律问题通知当事人。本条规定通知书的内容并不限于告知当事人召开听证会的时间和地点，还包括告知当事人及其代理人为有效参加听证作准备所必要的信息，特别是听证涉及的事实问题和法律问题必须明确告知当事人和利害关系人。

美国、日本、我国台湾地区行政程序法中都对通知事项有明确规定，如美国规定机关应及时将下列事项告知有权得到机关听证通知的人（第554条）：（1）听证的时间、地点和性质。（2）举行听证的法律依据和管辖权。（3）所涉及的法律问题和事实问题。希腊规定听证的邀请以书面方式发出，载明听证的地点、时间、拟做出的行为或采取的措施的内容（第6条第2款）。如果行政机关仅

仅通知当事人出席听证，没有通知听证所涉及的事实问题和法律问题，导致当事人无法准备防卫的，行政机关所作的裁决将因违反法律的规定和正当法律程序而无效。日本规定行政机关为听证时，应于听证期日前之相当期间内，以书面形式将下列事项通知不利益处分之相对人（第15条）：（1）预定之不利益处分内容及其法令依据。（2）不利益处分原因之事实。（3）听证之期日及场所。（4）掌理有关听证事务之组织名称及其所在地。前项书面，还应告知下列事项：（1）听证期日得以出席陈述意见以及提出证据书状或证物或得以提出陈述书及证据书状等以代替听证期日之出席。（2）听证终结前，得请求阅览证明该不利益处分原因之事实资料。我国台湾地区的规定更为详细，通知书中应当记载的事项包括（第55条第1款）：（1）听证之事由与依据。（2）当事人之姓名或名称及其住居所、事务所或营业所。（3）听证之期日及场所。（4）听证之主要程序。（5）当事人得选任代理人。（6）当事人享有的权利。（7）拟进行预备程序者，预备听证之期日及场所。（8）缺席听证之处理。（9）听证之机关。

听证通知事项在地方行政程序规定中也得到比较详细的规定，如《山东程序规定》第78条规定应当将下列事项书面通知当事人、利害关系人：（1）听证事项、内容。（2）听证会举行的时间、地点。（3）听证机关的名称、地址。（4）听证主持人、记录人的姓名、职务。（5）当事人、利害关系人的权利义务。（6）应当告知的其他事项。

二、为当事人预留合理准备时间

当事人收到听证通知后，需要为参加听证作准备，包括委托代理人，阅览卷宗，收集证据，准备听证材料等，行政机关在确定听证时间时应当为当事人预留合理的准备时间，如美国《联邦行政程序法》第554条第2款中规定，机关在决定听证的时间和地点时应充分考虑当事人或其代理人的方便和需要。我国台湾地区“行政程序法”第55条第3款规定，听证期日及场所之决定，应视事件之性质，预留相当期间，便利当事人或其代理人参与。在美国和我国台湾地区的规定中，完全交由行政机关根据具体情况确定听证的时间，法典不作硬性规定。

《湖南程序规定》、《山东程序规定》等地方行政程序规定与《行政处罚法》、《行政许可法》的规定相一致，要求行政机关组织听证，利害关系人明确的，应当在举行听证会的7日前，书面通知当事人、利害关系人与听证相关的事项。为更好地保护当事人利益，《建议稿》规定了最低期间，并与《行政处罚法》和《行政许可法》的规定相衔接，要求为当事人预留的期间自听证通知送达之日起不得少于7日。

第七十六条　（公开原则）

听证公开进行。出现下列情形之一的，听证主持人依职权或根据当事人的申请决定不公开：

（一）公开明显会对公共利益造成损害的；

（二）公开可能给当事人、利害关系人的利益造成重大损害的。

说明与立法理由：

本条规定听证以公开为原则、不公开为例外。

一、公开为原则、不公开例外

并非所有国家和地区都规定听证以公开为原则。综合国外和我国台湾地区行政程序法的规定，有两种做法：一种如德国和日本以不公开为原则、公开为例外。德国《联邦行政程序法》第68条规定：“言词辩论不公开进行”。日本《行政程序法》第20条规定：“听证，除行政机关认为有必要公开的，不公开”。另一种如我国台湾地区以公开为原则、不公开为例外，其“行政程序法”第59条规定，“听证，除法律另有规定外，应公开以言词为之”。韩国介于二者之间，其《行政程序法》第30条规定，当事人等提出公开申请或听证主持人认为必要时，听证可以公开举行。但是有显著妨碍公益或第三者之正当利益之虑时，不得公开。

《行政处罚法》、《行政许可法》及地方行政程序规定都规定听证原则上公开举行。《建议稿》亦规定听证以公开为原则、不公开为例外。因为听证在行政决定对当事人权利有重大不利影响时才适用，而公开是公正程序制度的核心内容，如果以不公开为原则，对听证制度的公正性有损害，不利于维护当事人对行政的信赖。就对行政效率的影响而言，公开不会造成多大不利影响。因为行政决定听证的适用范围很窄，而且公开后旁听的公众数量非常少，多数情形下没有。而且由于公开增强了当事人对行政决定的可接受程度，会减少事后争议的发生，也有利于行政决定的执行，从而提高行政效率。

二、关于公开的两种例外情形

公开原则之外通常会存在例外情形，如我国台湾地区“行政程序法”第59条规定有下列情形之一的，主持人得依职权或根据申请决定全部或一部不公开：（1）公开显然有违背公益的。（2）公开对当事人利益有造成重大损失嫌疑的。韩国规定有显著妨碍公益或第三者之正当利益之虑时，不得公开（第30条）。《行政许可法》没有规定公开的例外情形，《行政处罚法》规定了涉及国家秘密、商业秘密和个人隐私的例外情形。“涉及国家秘密、商业秘密和个人隐私的除外”的规定似乎是我国关于公开立法例外情形的惯例性规定，其中，国家秘密危及国家安全，与公共利益相关。商业秘密与个人隐私都与私人利益保护相关，前者涉及公司等经济组织，后者涉及公民权利。听证中涉及前述事项应当保密没有问题，但不应仅仅限于前述事项，因为公共利益和当事人权利的范围并不仅限于国家秘密、商业秘密和个人隐私三项。我国台湾地区和韩国的行政程序法中都从公共利益和个人利益的角度确定不公开的范围，《建议稿》借鉴了它们的规定，没有限于国家秘密、商业秘密和个人隐私三种具体情形，而是采用了较为宽泛的公共利益和当事人利益标准。

第七十七条 （听证开始）

听证开始时，由听证主持人核对调查人员和当事人，宣布案由和听证纪律，询问当事人是否提出回避申请。

说明与立法理由：

本条是关于听证开始的规定。

为了明确各阶段各自任务所在，《建议稿》按照听证会开始、进行（调查和辩论）、结束的进程，分阶段在数个条文中逐一进行规定。本条是关于听证会开始的规定，条文内容简单，规定听证会开始时，由听证主持人核对调查人员和当事人，宣布案由和听证会纪律，询问当事人是否提出回避申请。

第七十八条 （调查）

听证分调查和辩论两个环节。

调查按照下列顺序进行：

（一）调查人员陈述拟作出的行政执法决定的内容，以及认定的事实、证据、法律依据；

（二）当事人、利害关系人陈述意见；

（三）听证主持人出示书证、物证、视听资料；

（四）证人作证，听证主持人宣读未到场证人证言；

（五）听证主持人宣读鉴定结论、勘验笔录和现场笔录；

当事人有权在听证中提交新的证据。经听证主持人同意，当事人及其代理人有权向调查人员、证人、鉴定人发问。

说明与立法理由：

本条是关于调查环节的规定，内容包括：第一，听证主持人主导听证的进行，出示证据，听取调查人员、当事人和代理人的意见。第二，调查活动围绕证据展开。第三，调查证据以口头陈述的方式进行。第四，经听证主持人同意，当事人及其代理人有权向调查人员、证人、鉴定人发问。

一、职权主义的听证模式

行政决定由于涉及公共利益，需要迅速、及时作出行政决定，且当事人对通过听证作出的行政决定不服，还可以通过行政诉讼等获得救济，所以各国都规定了职权主义听证模式。听证主持人在正式听证中享有广泛的权力，有权调查证据，并指挥听证的进行，如我国台湾地区“行政程序法”第62条集中规定了听证主持人的职权，共计十项；韩国《行政程序法》第33条规定听证主持人可以根据申请或依据职权进行必要的调查，包括对当事人没有主张的事实进行调查。在必要时，听证主持人还可以要求行政机关提出必要的文书或陈述意见；日本《行政程序法》第20条规定：“听证主持人于听证期日认为有必要时，可以询问当事人或参加人，促使其提出意见或提交证据书状，也可要求行政机关职员说明”；德国《联邦行政程序法》第68条第2款规定主持人应促使当事人对不详的申请加以说明，补充证据，对有关事实的确定作出重要声明。奥地利《行政程序法》第43条规定，审理主席“决定听取利害关系人的陈述、调查证据陈述或讨论以前调查证据的结果及以前提出的证据的顺序”，审理主席可在听证外自行收集调查证据。美国的正式听证也适用职权主义听证模式，行政法法官在听证中享有广泛的权力，包括：决定听证的过程；是否允许延期；提出证据的方式和时间表，以保证听证的有序进行；在听证中有权召集证人，进行询问和反询问，充分查明事实的争端，等等。

《山东程序规定》采用了听证职权主义模式，听证由听证主持人主导进行，如第81条规定，需要质证、辩论的，在听证主持人主持下进行，听证主持人可以根据需要向听证参加人询问，当事人、利害关系人经听证主持人同意，可以就听证事项向有关人员发问。《建议稿》也采用职权主义模式，明确规定由听证主持人主导听证的进行，包括由听证主持人出示证据，宣读证人证言、鉴定结论、勘验笔录和现场笔录等证据，并听取当事人对证据的意见。证人出席听证时，经听证主持人许可，调查人员和当事人可以向证人发问。听证主持人在听证中有权向调查人员、当事人、证人、鉴定人等发问。

二、调查阶段的活动围绕证据展开

调查阶段解决事实认定问题，因此到场主体的活动主要围绕证据展开，在听证主持人的主导下，调查人员、当事人及其代理人围绕证据的真实性、关联性、合法性，针对证据有无证明效力以及证明效力大小发表意见，展开质证。由于行政决定中由行政机关依职权调查收集证据，听证中出示的证据通常是行政机关调查人员收集到的证据，因此，在调查阶段主要由当事人对证据发表意见。

三、调查活动以言词陈述的方式进行

对证据展开的调查活动以口头陈述的方式进行，这是诉讼中言词原则在听证中的体现。《行政处罚法》规定，举行正式听证时，对调查人员提出的当事人违法的事实、证据和行政处罚建议，当事人有权进行申辩和质证。言词原则在国外和我国台湾地区行政程序法中也得到广泛应用，听证一般以言词方式进行，如德国《联邦行政程序法》第67条规定："官署基于言词辩论决定。为举行言词辩论，官署应于听证期日相对期间前，传唤当事人"；奥地利《行政程序法》第40条规定："言词审理应传唤所有的已知的利害关系人，以及必要的证人及鉴定人"；我国台湾地区"行政程序法"第59条规定，"听证，除法律另有规定外，应公开以言词为之"。言词原则在听证中适用要求当事人、证人、鉴定人等出席听证，并以言词的方式向听证主持人陈述事实，任何一方都有机会向对方证人质证、相互进行辩论，从而富有意义地参与了行政决定的制作过程，保证了听证主持人与证据直接接触，有利于听证主持人减少预断和偏见，防止听证主持人仅在行政机关调查人员所收集的卷宗材料上向负责人提出对决定的建议。

基于对效率和行政救济能够提供补救的考虑，言词原则在行政听证中的运用不如诉讼程序严格，如德国规定了排除适用言词原则的情形，《联邦行政程序法》第 67 条第 2 款规定行政机关于下列情形，可以不经过言词辩论，径行作出决定：（1）对于所有当事人都同意的申请，完全予以准许的。（2）对于所定措施，在规定期间内，当事人均未提出异议的。（3）官署已通知当事人不进行言词辩论，将径行作出决定，当事人在规定期间内没有提出异议的。（4）所有当事人都已放弃言词辩论的。（5）由于情形紧迫，有即时作决定的必要的，从而大大排除了言词原则的适用。日本和韩国则规定当事人可以用书面陈述代替出席听证，如韩国《行政程序法》第 31 条第 3 项规定："当事人提出意见书，可视为出席陈述其内容"，日本《行政程序法》第 21 条规定："当事人或参加人，可以在听证期日前向主持人提出陈述书和证据书状，代替听证期日的出席"。《建议稿》没有借鉴前述国家的做法，主要是考虑到言词原则是司法程序对抗性程序构造的要求，这正是诉讼程序有助于准确认定事实的功能所在。如果以书面意见替代口头陈述，听证的举行失去意义。因此，本条规定听证采用言词陈述的方式进行，没有规定排除规定和以书面陈述替代口头陈述。

四、没有规定强制证人、鉴定人到场

证人和鉴定人到场是言词原则的要求，如我国台湾地区"行政程序法"就规定主持人有权通知证人或鉴定人到场。《建议稿》没有对证人和鉴定人出席听证作出强制性规定，规定证人、鉴定人不到场的，由听证主持人宣读书面证人证言、鉴定结论。考虑到证人不出庭在我国诉讼实践中尚且是一个未能得到很好解决的难题，在行政听证中这一问题就更难解决，《建议稿》没有规定强制证人、鉴定人到场。在我国现行立法中有的对证人到场问题采取鼓励性规定，如《环境保护行政许可听证暂行办法》第 15 条规定：组织听证的环境保护行政主管部门可以通知了解被听证的行政许可事项的单位和个人出席听证会。有关单位应当支持了解被听证的行政许可事项的单位和个人出席听证会。证人确有困难不能出席听证会的，可以提交有本人签名或者盖章的书面证言。

第七十九条　（辩论）

经听证主持人许可，调查人员、当事人对证据、行政执法决定认定的事实、适用的法律发表意见，相互进行辩论。利害关系人有权就与自己相关的问题发表意见，与调查人员、当事人进行辩论。

调查人员、当事人、利害关系人在听证结束时依次作最终陈述。

说明与立法理由：

本条是关于辩论环节的规定。

辩论环节的设置亦是言词原则的要求。辩论在调查人员和当事人之间展开，辩论的内容涉及证据、事实认定和法律适用等诸多问题。《湖南程序规定》第 142 条规定在执法听证会上，调查人员、当事人、利害关系人对争议的事实进行辩论；《酒泉程序规定》第 123 条规定在执法听证程序中，调查人员、当事人、利害关系人对争议的事实进行辩论。

与调查阶段陈述已方意见的视角不同，辩论阶段的立足点是指出对方存在的问题，进而论证己方观点的正确和合理。诚所谓“兼听则明、偏听则暗”，通过调查人员与当事人双方的辩论，有利于行政机关正确认定事实、准确适用法律，既实现了行政管理目标，也有利于保护当事人的利益。

第八十条　（处置措施）

为保证听证的顺利进行，主持人有权采取以下措施：

（一）对违反听证纪律的行为进行制止和批评；

（二）妨碍听证正常进行、情节严重的，责令其退场；

（三）当事人无故不到场的，径行决定开始、延期或者终止听证；

（四）出现特定情形需要中止听证的，决定中止听证；

（五）出现特定情形需要终止听证的，决定终止听证；

（六）为保证听证的顺利进行，采取其他必要措施。

当事人认为听证主持人的处置措施违法或者不当的，可以即时提出异议。听证主持人认为异议有理由的，应当撤销原处置措施；认为异议没有理由的，即时驳回异议。

说明与立法理由：

本条是关于听证主持人在听证过程中采取处置措施的规定，包括适用的情形和具体的措施。适用情形分为两大类：第一类是对出现妨碍听证正常进行情形的处理。包括制止违反听证纪律的行为和责令妨碍听证正常进行情节严重的人退场。第二类是对听证非正常进展作出的处置，包括延期听证、中止听证、终止听证等。

赋予听证主持人针对具体情形采取相应措施是保证听证得以顺利进行的必要手段，有利于保证听证主持人正常履行组织和指挥听证的职责。例如，《山东程序规定》规定听证主持人维持听证会秩序，制止违反听证纪律的行为，对违反听证纪律的人员，听证主持人可以劝阻，不听劝阻的，可以责令其离场。再如，《林业行政处罚听证规则》第 12 条第 5 款和第 6 款规定听证主持人维护听证秩序，有权对违反听证秩序的人员进行警告或者批评，按规定决定听证的延期、中止或者终结。我国台湾地区“行政程序法”也赋予听证主持人采取必要处置措施的权力，该法第 62 条第 2 款第（6）项和第（7）项规定听证主持人为避免延滞程序之进行，禁止当事人或其他到场之人发言，有妨碍听证程序而情节重大者，并得命其退场；当事人一部或全部无故缺席者，径行开始、延期或终结听证。

第八十一条　（听证笔录）

听证应当制作笔录。听证笔录记载下列事项：

（一）听证主持人的姓名、部门、职务；

（二）当事人、第三人的姓名、名称、住所、是否出席听证；

（三）调查人员的姓名、部门、职务；

（四）听证的时间、地点；

（五）听证是否公开进行，不公开进行的理由；

（六）调查和辩论过程的记录；

（七）当事人、第三人声明异议及听证主持人对异议的处理；

（八）其他应当记载的事项。

在听证会中出示的证据是听证笔录的组成部分。

说明与立法理由：

本条是关于听证笔录应当记载的事项的规定。

听证对最终的执法决定有直接影响，因此，听证必须制作笔录。听证笔录是对听证会活动的完整记载，本条规定听证笔录应当记载的事项既包括对听证调查和辩论过程的记录，还包括对与听证相关事项的记载，如听证主持人、当事人、第三人、调查人员的基本情况等。证据是行政机关认定事实的基础，听证中的调查活动围绕证据展开，到场主体在听证中陈述的对证据的意见是听证笔录的重要组成部分，因此，听证笔录中记载的听证过程中出示和提交的证据材料本身是听证笔录不可分割的组成部分。《湖南程序规定》与《山东程序规定》中规定听证应当制作笔录，但是没有对笔录应当记载的事项作进一步细化规定。听证笔录一般以书面形式作出，《山东程序规定》规定听证主持人认为必要的，可以采用录音、录像等方式辅助记录。我国台湾地区也规定听证记录可以以录音、录影辅助作出。

与地方程序规定不同，域外对听证笔录应当记载的事项均有很细化的规定，如韩国《行政程序法》第 34 条规定听证主持人应制作记载下列事项的听证记录：（1）题目。（2）听证主持人所属机关、姓名等事项。（3）当事人的住所、姓名、名称及有无出席。（4）听证的时间和场所。（5）当事人陈述的内容及提出的证据。（6）公开与否及未公开的理由。（7）调查证据时，内容及添加的证据。(8) 听证主持人的意见。(9) 其他必要事项。德国《联邦行政程序法》第 68 条规定，听证应制成记录，其中应记明：(1) 听证的地点与时间。(2) 主持人、出席的当事人、证人与鉴定人的姓名。(3) 讨论的题目与提出的申请。(4) 证人与鉴定人陈述的主要内容。(5) 勘验结果。(6) 文书证明作为附件附加在笔录内，并予以注明。我国台湾地区"行政程序法"第 64 条规定听证应作成听证记录。记录应当载明到场人所为陈述或发问之要旨及其提出之文书、证据，并记明当事人于听证程序进行中声明异议之事由及主持人对异议的处理。

第八十二条　（确认及声明异议）

调查人员、当事人、利害关系人在听证结束后当场阅读听证笔录，经确认无误后签名或者盖章。拒绝签名或者盖章的，应当记明事由。

调查人员、当事人、利害关系人认为听证笔录记载的事项与事实不符的，应当即时向听证主持人提出异议。主持人认为异议成立的，应当更正或补充；认为不成立的，应当将异议附记于笔录中。

说明与立法理由：

本条是关于相关人员签名确认听证笔录的真实性和声明异议的规定。

首先，关于确认听证笔录的真实性。听证以口头陈述的方式进行，听证笔录是否真实记录发问人或陈述人在听证中的发言应当由本人确认。《湖南程序规定》、《山东程序规定》规定调查人员、当事人、利害关系人在听证会结束后，应当当场阅读听证笔录，经确认无误后签字或者盖章。无正当理由拒绝签字或者盖章的，听证记录人应当载明情况于附卷。本条也规定听证中的相关人员在听证结束后当场阅读听证记录，经确认无误后签名或者盖章。拒绝签名或者盖章的，应当记明事由。

赋予相关人员有权确认听证笔录真实性在域外行政程序法中亦有规定，如韩国《行政程序法》第 34 条第 2 款规定当事人等得阅览、确认听证笔录之记载内容，若其内容与事实不符时，得要求更正。我国台湾地区“行政程序法”第 64 条第 4 款规定，听证记录当场制作完成者，由陈述或发问人签名或盖章；未当场制作完成者，由主持人指定日期、场所供陈述、发问人阅览，并由其签名或盖章。陈述或发问人拒绝签名、盖章或未于指定日期、场所阅览的，应当记明其事由。

其次，关于即时声明异议。《湖南程序规定》规定调查人员、当事人、利害关系人有权对记录中的错误提出修改意见。我国台湾地区“行政程序法”第 64 条第 6 款规定，陈述或发问人对听证记录之记载有异议者，得即时提出。听证主持人认为异议有理由的，应予更正或补充；认为没有异议的，应记明其异议。本条借鉴我国台湾地区的规定，如果相关人员认为听证笔录记载的事项与事实不符，应当即时向听证主持人提出异议。主持人认为异议成立的，应当更正或补充；认为不成立的，应当将异议附记于笔录中。

第八十三条　（听证终结）

听证主持人认为当事人的意见已经得到充分陈述，对事实的认定已经达到可以作出决定程度的，终结听证。

听证结束后，听证主持人根据听证笔录对行政执法决定提出建议，并阐明建议的事实根据和法律依据，连同听证笔录报送行政机关负责人。

说明与立法理由：

本条为正常终结听证的规定。内容包括：第一，听证终结的条件。听证主持人认为当事人的意见已经得到充分陈述，对事实的认定已经达到可以作出决定程度的，终结听证。第二，听证主持人对决定提出建议，并阐明建议的事实根据和法律依据，连同听证笔录报送行政机关负责人。

本条关于听证终结条件的规定主要基于听证功能的考虑，并参考了我国台湾地区“行政程序法”第 64 条的规定。听证的功能主要有两个：其一是保护当事人权利，使其能够充分陈述意见，影响最终决定；其二是通过高度司法化的程序构造查明事实，如果这两个功能都得到满足，与之相关的目标都已实现，听证即可正常终结。因此，本条规定如果听证主持人认为当事人的意见已得到充分陈述，对事实的认定达到可以作出决定的程度，终结听证。

听证主持人只有组织听证的程序性权利，没有实体决定权，但由于其主导听证的进行，直接听取调查人员和当事人双方对证据的意见，能够对事实问题作出准确判断，其意见对行政机关负责人作出最终决定者无疑有重要的参考价值。《山东程序规定》第83条规定，听证主持人应当自听证结束之日起10日内，根据听证笔录制作听证报告，并将听证笔录和听证报告一并报本行政机关负责人。听证报告应当载明听证会的基本情况以及听证主持人的处理意见或者建议。《湖南程序规定》第143条规定听证主持人应当自听证会结束之日起2日内，根据听证笔录作出处理建议，报行政机关决定。本条吸收地方程序规定的内容，借鉴日本、我国澳门地区等行政程序法的规定，规定听证主持人根据听证笔录可对行政执法决定提出建议，阐明建议的事实根据和法律依据，连同听证笔录一起移交行政机关负责人。

第八十四条　（案卷排他原则）

行政决定应当根据听证笔录作出。未经听证质证的证据不能作为行政决定的依据。

说明与立法理由：

本条规定了案卷排他原则，行政决定只能根据听证笔录作出，未经听证质证的证据不能作为行政决定的依据。

一、国外、我国台湾地区关于听证笔录约束力的规定

听证笔录的约束力是指行政机关的决定是否必须根据听证笔录作出，行政机关能否以听证之外的证据作为决定的依据。诉讼程序中贯彻严格的案卷主义，未经法庭质证的证据不能作为法院判决的根据，正式听证程序是否也贯彻同样的原则呢？对此问题，不同国

家和地区有两种做法。

（一）美国的案卷排他原则

听证笔录是否行政机关制定规章或作出裁决时的唯一依据是美国《联邦行政程序法》区分正式听证与非正式听证的标准。美国《联邦行政程序法》第556条第5款规定："证言的记录、证物连同裁决程序中提出的全部文书和申请书，构成按照本编第557条规定作出裁决的唯一案卷。当事人交纳法定费用后，有权得到副本"。这一规定确立了正式听证中的案卷排他性原则，也叫"唯一专有记录"。所谓案卷排他性原则，指行政机关的决定必须根据案卷作出，不能在案卷之外，以当事人不知道或没有论证的事实作为根据，否则，行政裁决无效。案卷排他性原则在美国被认为是正式听证的核心内容，其目的在于维护听证的公正性。如果行政机关可以根据听证以外的证据作出决定，听证权就会毫无意义。美国法院对要求适用案卷排他性原则主要基于以下三个理由：第一，有助于确保行政机关不至于没有充分的事实基础，即作出决定。第二，给予反对的当事人针对推理过程及行政决定的正确性向行政机关提出异议的机会。第三，给予审查法院充分评估行政决定正确性的机会。

（二）听证笔录并非行政决定的唯一依据

德国、日本、韩国和我国台湾地区等的规定与美国不同，听证记录对行政机关的决定有一定的约束力，行政机关应斟酌听证记录作出行政决定，但行政机关不是必须以听证记录为根据。德国《联邦行政程序法》第69条第1项规定："官署应斟酌全部程序的结果，决定之"。韩国《行政程序法》第35条第5项规定："行政机关充分讨论听证记录及其他相关资料后，若认为有相当理由，应在为处分时，积极反映听证结果"。日本《行政程序法》第26条规定："行政机关为不利益处分决定时，应充分斟酌笔录内容及报告书中主持人意见"。我国台湾地区"行政程序法"第108条规定，行政机关作成经听证之行政处分时，除依第43条之规定外，并应斟酌全部听证之结果。但法规明定应依听证记录作成处分者，从其规定。根据此规定，在我国台湾地区，如果法规明确规定应当根据听证记录作出行政处分的，行政机关应当根据听证记录作出行政处分。如果法律没有特别规定，那么行政机关将不受案卷排他原则的限制。

二、行政决定听证中应当引入案卷排他原则

行政执法决定以正确认定事实为基础，将高度对抗的司法程序构造引入行政过程的目的在于借助对抗式司法程序构造有利于正确认定事实的优势，保证对当事人的权利将产生重大不利影响的行政决定是正确的。听证的制度安排本是将对决定公正的追求置于行政效率之上，如果允许听证之外的证据成为行政决定的依据，则听证的意义将被大大降低，也会影响当事人参加听证的积极性。《行政处罚法》虽然首次将听证制度引入中国，但是没有确立案卷排他原则，受到批判。之后颁行的《行政许可法》第 48 条第 2 款确立了行政许可听证中的案卷排他原则，规定行政机关应当根据听证笔录，作出行政许可决定。在执法听证中引入案卷排他原则在理论研究与立法实践中目前都已形成相当共识，多数地方行政程序立法在行政执法听证中确立了这一原则，如《湖南程序规定》第 143 条第 4 款规定：行政机关应当根据听证笔录作出行政执法决定。未经听证会质证的证据，不能作为作出行政执法决定的依据；《酒泉程序规定》第 124 条规定："行政机关应当根据听证笔录，作出行政执法决定。未经听证会质证的证据，不能作为行政执法决定的依据。"《汕头程序规定》第 146 条第 4 款规定，行政机关应当根据听证笔录，作出行政执法决定。未经听证会质证的证据，不得作为作出行政执法决定的依据。《建议稿》吸收地方行政程序规定的内容，规定行政执法听证适用案卷排他原则，没有在执法听证中进行质证的证据，不能作为执法决定的依据。

第八十五条　（再次听证）

听证结束后，行政决定作出前，出现下列情形之一的，再次进行听证：

（一）发现新的证据可能改变事实认定结果的，行政机关应当再次进行听证；

（二）行政机关认为有必要的，可以再次进行听证。

说明与立法理由：

本条规定了听证结束后、行政决定作出之前，行政机关重新听证的两种情形：第一种情形，强制性规定。发现新的证据可能改变事实认定结果的，应当重新听证。第二种情形，选择性规定。行政机关认为有必要的，可以重新听证。

听证终结意味着听证已经历经启动、进行、结束这样一个完整过程，一般情形下不应当再次举行，以维护程序的安定性。但在特定情形下，又需要重开听证，如韩国《行政程序法》第 36 条规定行政机关自终结听证会至为处分期间，如发现新情况，认为有必要重开听证时，退回收受的听证笔录，下令重开听证。"发现新情况，认为有必要重开听证"是其重开听证的条件。我国台湾地区"行政程序法"第 66 条笼统规定听证终结后，决定作成前，行政机关认为必要时，得再为听证。"认为必要"是其重开听证的条件，并无发现新的情况的限制，只要行政机关认为必要，即可重开听证。

部分地方行政程序立法规定了重开听证，其适用条件是听证结束后，发现新的证据可能改变事实认定结果的，应当重开听证，如《湖南程序规定》第 144 条规定，听证会结束后，行政执法决定作出前，行政机关调查人员发现新的证据，可能改变事实认定结果的，应当重新听证。《汕头程序规定》第 147 条规定，听证会结束后，行政执法决定作出前，行政机关调查人员发现新的证据，可能改变事实认定结果的，应当重新听证。《海北程序规定》则没有规定重开听证的具体条件，第 87 条笼统规定听证结束后，行政执法决定作出之前，行政机关认为有必要的，可以再次举行听证。

本条吸收地方程序立法的规定，规定了再次听证的两种情形：

第一种情形："在行政决定作出之前出现新的证据可能改变事实认定结果的"，此为强制性规定，出现此种情形，行政机关必须重新听证。这是由案卷排他原则决定的。根据案卷排他原则，行政决定必须根据听证笔录作出，如果不重新举行听证，行政机关只能根据原来的听证笔录作出行政决定，而新的证据又表明据此认定的事实很有可能是错误的，所以在此种情形下，行政机关应当重新举行听证，就新的证据举行听证展开质证，如果事实认定发生改变，新的听证笔录替代旧的听证笔录成为行政决定的根据。

第二种情形赋予行政机关裁量权，认为有必要的，可以重新听证。此规定是为了适应行政管理实践的复杂性，亦有利于保护当事人的利益。

第六节　简易程序

第八十六条　（适用情形）

行政机关处理事实清楚、当场可以查实、有明确法律依据，且拟作出的执法决定对当事人权利影响较小的行政事务时，可以适用简易程序作出执法决定。

法律对简易程序的适用范围另有规定的，适用其他法律规定。

说明与立法理由：

本条规定了简易程序的适用情形，相比较《行政处罚法》的规定，扩大了简易程序的适用范围。关于依申请程序的简化，《建议稿》在依申请程序一章作出规定，本节规定的是依职权执法中的简易程序。

《行政处罚法》规定的当场处罚的适用情形是"违法事实确凿并有法定依据，对公民处以50元以下、对法人或组织处以1000元以下罚款或者警告的行政处罚"。经过二十年的发展，该规定已经难以适应当前的社会发展形势，50元以下罚款在道路交通处罚中已经被《道路交通安全法》突破为100元。随着行政执法事务的日益繁重，如何通过合理的程序繁简分流更好地配置有限的执法资源，是执法实践提出的新课题。课题组在长沙县和沈阳市的城管执法调研中发现，执法机关作出行政处罚决定时，当事人进行陈述和申辩的情形并不多，其主要原因在于城管部门作出行政处罚决定的情形大多属于抓现行，双方对事实问题一般没有争议。《行政处罚法》关于简易程序的规定显得过窄。

部分地方行政程序立法扩大简易程序的适用范围以回应执法实践的新需求，如《湖南程序规定》第87条规定适用简易程序作出行政执法决定的情形是“事实简单、当场可以查实、有法定依据且对当事人合法权益影响较小的事项”，更符合当前实际情况。《江苏程序规定》、《海口程序规定》、《永平程序暂行办法》关于简易程序适用范围的规定与《湖南程序规定》一致。《汕头程序规定》关于简易程序适用范围的规定考虑到了依职权执法与依申请执法的不同情况，第79条规定，简易程序分别适用于以下情形：情形一，针对依职权执法的情形，行政执法事项事实简单、当场可以查实，拟作出的相应行政执法决定法定依据明确、对当事人权益影响较小的。情形二，依申请执法的情形，依法不需要对行政执法事项的申请材料的实质内容进行核实，且申请人提交的申请材料齐全、符合法定形式的。《海北程序规定》、《酒泉程序规定》、《西安程序规定》不规定简易程序的适用范围，仅规定简易程序的具体规则。

除扩大简易程序适用范围外，《永平程序暂行办法》还规定了“三步式”行政处罚程序。三步式行政处罚程序适用于不危害公共安全、公共利益的违法行为，三步分别是“先教育规范、再限期整改、最后依法处罚”，具体规定为：第一步，教育规范。发现违法行为后，执法部门通过书面告知当事人应遵守有关法律规定，履行法定义务或者指出违法行为，督促其在3日内自行整改。在此期间，当事人停止违法行为的，不再处罚。第二步，限期整改。经教育规范，当事人仍不停止违法行为或者再次明知故犯的，执法部门书面责令其 15 日内整改。经限期整改改正的，不予处罚。第三步，依法处罚。当事人拒不整改，或者曾被限期整改，受过处罚又再次明知故犯的，由执法部门依法作出处罚。三步式行政处罚程序体现了引导先于执法的观念，如果通过非处罚的方式能够达到让当事人纠正违法行为的目的，不再处罚，有利于节约执法资源。

本条吸收了地方行政程序规定的内容，将简易程序的适用情形具体分解为三个条件：（1）事实清楚，当场能够查实。（2）法律依据明确。（3）拟作出的决定对当事人权利影响较小。三个条件同时具备时适用简易程序。“事实清楚”要求事实认定已达到清楚的程度，当场能够查实，如当场发现的当事人实施的行为，或者有充分的证据能够证明的事实，或者是当事人本人承认的事实。在事实清楚的情形下，不需要再调查收集证据解决事实认定问题，可以直接适用法律作出决定。“法律依据明确”要求不仅有法定依据，而且依据明确，法律条文适用不存在争议。“作出的决定对当事人权利影响较小的”从决定对当事人权利影响程度进行规定。

第八十七条　（独任制和听取意见）

行政机关适用简易程序作出行政执法决定的，可以由工作人员一人进行程序中的行为。

行政机关可以口头告知当事人拟作出的行政执法决定的事实、依据和理由，当事人当场陈述意见的，执法人员应当将当事人的意见记录在卷。当事人要求向行政机关递交书面意见的，行政机关不得拒绝。

说明与立法理由：

本条规定适用简易程序时工作人员的人数和如何听取意见。

简易程序是对一般程序的简化，一般程序中要求由两名以上工作人员共同从事程序中的行为的，在简易程序中则可以简化由一名工作人员进行。

听取意见是正当行政程序的基本要求，在简易程序中行政机关仍需履行此项基本义务，但听取意见的方式可以相应简化。地方行政程序立法规定适用简易程序的，可以口头方式听取意见，如《海口程序规定》第78条规定，对适用简易程序的事项，行政机关执法人员可以口头告知当事人行政执法决定的事实、依据和理由，并当场听取当事人的陈述与申辩。《汕头程序规定》第80条也有此规定，并要求如果当事人提出的事实、理由和证据成立的，行政执法人员应当采纳；不采纳的，应当说明理由。本条吸收地方程序规定，规定行政机关在简易程序中仍然要听取当事人的意见，但可以口头告知当事人拟作出的行政决定的事实、依据和理由，并可当场听取当事人的意见，将当事人意见记录在卷。为了保护当事人的利益，本条在行政管理的便利和当事人利益保护之间进行平衡，在规定可以口头告知并当场听取当事人意见前提之下，规定当事人要求向行政机关提交书面意见的，行政机关不得拒绝，使当事人可以经过准备再提出意见。

第八十八条　（当场作出决定的情形）

行政机关适用简易程序处理行政事务，能够当场作出行政执法决定的，可以当场作出行政执法决定。

当场作出行政执法决定的，填写有预定格式、统一编号的行政决定书。行政执法决定书应当载明当事人的基本情况、认定的事实和法律依据、决定的内容、作出决定的时间和地点、行政机关的名称，并由执法人员签名或者盖章。

执法人员当场作出行政执法决定的，应当尽快报所属行政机关备案。

说明与立法理由：

本条是关于当场作出决定的规定。

《行政处罚法》中规定的简易程序情形都是当场决定的情形，很容易造成适用简易程序就是要当场作出决定的认识。《汕头程序规定》中的简易程序即等同于当场决定程序，根据《汕头程序规定》第81条的规定，适用简易程序的，应当当场作出行政执法决定，填写预定格式、编有号码的行政执法决定书，并报所属行政机关存档备案。适用简易程序的行政事务，有的能够当场作出决定，有的则不具备当场作出决定的条件，需要在事后再作出决定。《湖南程序规定》、《江苏程序规定》规定适用简易程序的，可以当场作出执法决定，能够当场作出执法决定的，执法人员可以当场作出执法决定。《酒泉程序规定》第 93 条进一步明确规定，适用简易程序，除当场作出行政决定外，应当自行政程序启动之日起 10 日内作出行政决定。《建议稿》所采用的思路是适用简易程序的行政事务，能够当场作出决定的，可以当场作出决定；不能当场作出决定的，事后作出执法决定。本条规定具备当场作出决定的条件的，行政机关可以当场作出决定。能够当场作出决定的，填写有预定格式、统一编号的格式化行政执法决定书。

第八十九条　（作出决定的期间和说明理由）

适用简易程序，除当场作出行政执法决定的，行政机关应当自行政程序启动之日起十日内作出行政执法决定。

行政执法决定可以填写有预定格式、统一编号的行政决定书。没有采纳当事人提出的意见的，应当说明理由。

说明与立法理由：

本条是关于适用简易程序作出决定的期间和决定说明理由的规定，内容包括：第一，除当场作出决定的情形，行政机关应当自程序启动之日起 10 日内作出行政决定。第二，行政机关没有采纳当事人提出的意见的，应当说明理由。

作决定的期间较之一般程序短是简易程序的制度要素之一。本条也规定适用简易程序处理行政事务的，应当自程序启动之日起 10 日内作出决定。

行政决定说明理由，即将行政决定如何认定事实、法律依据和裁量权如何行使等告知当事人是正当程序的基本要求，简易程序中亦应遵循，但考虑到简易程序适用情形的特殊性，本条仅要求行政机关没有采纳当事人提出的意见时，应当说明理由。

第七节　作出行政执法决定

第九十条　（行政执法决定的作出）

行政机关依职权启动执法程序的，应当及时作出行政执法决定，保障法律规范得到有效实施。

一般行政执法决定由行政机关主要负责人或者分管负责人决定作出。

重大行政执法决定由行政机关负责人集体讨论决定作出。

决定机关法制工作机构或者法制工作人员对重大行政执法决定的事实认定、法律适用、执法程序、裁量权行使等事项进行合法性审查。

对涉及经济社会发展全局、影响公共利益以及专业性强、技术性强的重大行政执法事项，应当经专家论证或者评审后作出决定。

说明与立法理由：

本条规定行政执法决定的作出。

《行政处罚法》没有规定作出处罚决定的一般期限。《宁夏程序规定》第54条规定了依职权启动执法的一般办结期限，其具体规定为区分下列几种情形分别确定办结时限：首先，法律、法规、规章对执法程序有明确期限规定的，行政机关必须在法定期限内办结。其次，对于法律法规规章没有期限规定的，实行限时办结制度。其中，对依职权启动执法程序的，行政机关应当自程序启动之日起60日内办结；60日内不能办结的，经本机关负责人批准，可以延长30日，并将延长的理由告知当事人。

考虑到执法事务面临的情况比较复杂，对于执法机关依职权启动执法程序后应当在多长时间内作出执法决定，很难作出一般期限的规定，由部门单行法结合部门管理的特点作出具体规定更合适一些。因此，《建议稿》借鉴《宁夏程序规定》，仅原则性规定行政机关依职权启动执法程序的，应当及时作出执法决定，保障法律规范得到有效实施。

《依法治国决定》提出“执行重大执法决定法制审核制度”的要求需要条例予以回应，这一机制在地方程序规定中已有体现。《山东程序规定》、《宁夏程序规定》等就区分不同类型执法决定规定了不同的决定作出方式，其中包括对重大行政执法决定要进行合法性审查，如《山东程序规定》第84条规定了三种情形：（1）行政执法决定一般情况下由行政机关主要负责人或者分管负责人作出。（2）情节复杂或者重大的行政执法决定应当经行政机关法制机构审查后，由行政机关负责人集体讨论决定。（3）涉及经济社会发展全局、影响公共利益以及专业性强、技术性较强的重大执法事项，应当经专家论证后作出决定。本条吸收地方程序规定，也规定了三种情况，分别适用不同的决定方式，一般情形下由行政机关主要负责人或者分管负责人决定；重大行政执法决定应当由行政机关负责人集体讨论决定，且事前经过法制机构进行合法性审核，同时明确合法性审查的内容包括重大执法决定的事实认定、法律适用、执法程序、裁量权行使是否存在明显不当等事项；重大行政执法事项涉及专业性强、技术性强的行政事务，还应当经过专家论证或者评审之后作出决定。

第九十一条　（行政决定书应当载明的事项）

行政执法决定以书面方式作出。行政执法决定书采用制作式，应具有说理性。

行政执法决定书应当记载以下事项：

（一）行政机关名称及发文字号；

（二）当事人的基本情况；

（三）决定依据的事实和证明事实的证据；

（四）决定适用的法律、法规、规章和行政规范性文件条文；

（五）行政执法决定的内容；

（六）当事人履行决定的方式、期限；

（七）申请行政复议的受理机关、申请期限，或者受理行政诉讼的人民法院、起诉期限；

（八）作出决定的行政机关的签章；

（九）作出决定的日期。

说明与立法理由：

本条是关于行政决定书形式要件方面的规定，内容包括：第一，行政决定书应当记载的事项。第二，行政决定书必须盖有作出行政决定的行政机关的印章。第三，行政执法决定自行政决定书正文制作完成时成立。

一、行政决定书记载事项涉及三个方面的内容

我国台湾地区“行政程序法”第96条对书面行政处分应当载明的事项作出非常详细的规定，共计六项。葡萄牙《行政程序法》第123条规定行政行为必须提及的内容包括：（1）指出做出行为的当局，并根据是否属此情况，载明授权或转授权。（2）相对人适当的身份资料。（3）指出引起行政行为的重要事实或行为。（4）要求说明理由时，须说明之。（5）决定的内容或含义及相应的标的。（6）作出行为的日期。（7）做出行为者的签名，或发出该行为的合议机关主席的签名。该条还同时规定应以清楚、准确、完整的方式载明前述要求具备的内容，以便使人能易于确定其意义、范围和行政行为的法律效果。

《酒泉程序规定》等地方程序规定对行政决定书应当载明的事项作出明确规定，内容与葡萄牙、我国台湾地区等规定大致相似，如《酒泉程序规定》第82条规定了九项执法决定应当载明的内容，包括：（1）行政机关名称及发文字号；（2）当事人的姓名、性别、年龄、住所，法人或其他组织的名称、住所、法定代表人或者主要负责人的姓名、职务；（3）决定所依据的主要事实和证据；（4）决定所依据的法律、法规、规章和行政规范；（5）行政机关充分而确定的意思表示；（6）作出决定的行政机关签章；（7）作出决定的日期；（8）当事人不服行政决定的救济途径及期限；

(9) 法律规定的其他内容。

《建议稿》在借鉴外国立法和吸收地方立法基础上，规定了一份完整的行政决定书所应当包含的基本要素，涉及三个方面的内容：

第一，形式要素。这是指决定书应当标明作决定的机关与决定针对的对象，具体体现为行政机关名称及发文字号、当事人的基本情况、作出行政决定的行政机关签章、决定的日期。

第二，内容要素。这是指决定书应当明确行政机关所作决定的具体内容，执法机关的意思表示应当充分而确定，这是决定书的核心部分。内容要素具体体现为行政决定的内容，以及执法决定依据的事实及相应证据、所适用的法律规范具体条文。

第三，救济途径及期间。行政决定作出后虽具有推定力，但其效力并不最终确定，当事人不服的，可以通过行政复议或者行政诉讼的方式获得救济。由于行政复议和行政诉讼都有非常严格的提起救济期间规定，为更好地维护当事人利益和尽早确定行政决定的效力，决定书中应当告知当事人提起行政救济的路径和期限。

二、关于告知“受理机关”

《行政处罚法》规定行政处罚决定书中应当载明“不服行政处罚决定，申请行政复议或者提起行政诉讼的途径和期限”。实践中，通常也是笼统告知当事人有权申请行政复议或提起行政诉讼，并不指出具体的受理机关。有的学者反对具体告知受理机关，赞成笼统告知途径和期限，理由是受理机关的确定相对复杂，如果错误地告知受理机关导致当事人来不及在法定期间内向有管辖权的机关提起救济，由此产生的责任决定机关很难承担。

我国台湾地区“行政程序法”中规定的是告知“受理机关”，对于学者担心的错误告知受理机关有进一步的规定，该法第99条规定，对于行政处分声明不服，因处分机关未为告知或告知错误致向无管辖权之机关为之者，该机关应于十日内移送有管辖权之机关，并通知当事人。在此情形中，当事人的申请视为自始向有管辖权的机关声明不服。由于《行政复议法》和《行政诉讼法》关于受理机关的规定相对复杂，当事人不借助律师的帮助，在有的情形中正确确定受理机关存在相当难度，基于此，《建议稿》借鉴我国台湾地区的规定，在本条中规定决定机关应当告知受理机关，而非笼统告知可以申请行政复议或提起行政诉讼。进而专设一条对错误告知救济期间和受理机关如何处理作出规定，以解决错误告知带来的问题。

第九十二条　（说明理由）

行政执法决定应当说明理由，对事实认定、法律适用、裁量因素等作出说明。

说明理由应当清楚、充分，理由模糊或者仅简要记载当事人行为事实和适用的法律依据的，视为没有说明理由。

说明与立法理由：

本条是关于说明理由的规定，内容包括：第一，说明理由的义务。书面行政决定应当说明理由，包括证据采信理由、法律依据适用理由、裁量因素等。第二，说明理由的基本要求。说明理由应当满足清楚、充分两个方面的要求。

一、行政机关负有说明理由的义务

向当事人说明行政决定的理由是当事人在行政程序中的知情权的具体体现。《建议稿》规定以书面方式作出的行政决定应当说明理由，对证据采信、法律依据适用、裁量因素等作出说明。强制行政决定说明理由具有以下意义：第一，有利于促使行政机关在作决定时，就事实问题和法律问题进行认真考虑，慎重作出决定，以避免职业性的草率。第二，取得当事人的信服，避免对立，有利于事后执行。将行政决定的理由向当事人公开，可以使当事人了解行政机关所认定的事实，适用的法律，说服当事人接受行政机关的决定，特别是对其不利的决定。从而减少了当事人与行政机关之间的对立，增强当事人对行政决定的认同，有利于行政决定的事后执行，减少当事人事后提起争议的可能性。即使当事人不服行政决定，也会根据行政决定的理由认真考虑请求救济的可能性，从而减少诉讼。第三，便于当事人请求救济。让当事人了解行政决定理由，可以使当事人了解行政机关的动机和根据，确定是否可以提起救济、以何种理由提起救济，并对行政机关不利于己的决定有针对性地提出反对意见，对行政机关的理由加以反驳，不致无的放矢，使公民在法律救济程序中获得真正保障。在英国，了解决定理由的权利也因此被认为是健全的司法审查制度不可缺少的一部分。第四，便于受理行政争议的机关审查。当事人无论是提起行政救济，还是司法救济，对于受理行政争议的机关来说，可以通过行政决定理由直接了解原行政机关作出行政决定的动机和见解，以进行审查。第五，为一般公众提供行为预测。行政决定说明理由，可以使公众了解行政机关对特定事务在事实上和法律上的见解或态度，提高其预测的可能性。

说明理由一般包括说明与决定相关的事实问题、法律问题，以及行使自由裁量权时考虑的关键因素，如美国《联邦行政程序法》第557条第3款规定，行政决定应当说明“案卷中所记载的所有实质性事实问题、法律问题或自由裁量权问题所作出的认定、结论及其理由或根据”。德国、日本、葡萄牙、我国澳门地区等行政程序法典中也规定行政机关有说明理由的义务，如德国《联邦行政程序法》第39条规定：“以书面作出或以书面确认之行政处分，应以书面说明理由。官署应于理由中说明其决定所考虑之事实或法律上之主要理由。有关属于裁量决定之理由中，亦需说明其行使裁量权的着眼点”。日本《行政程序法》第14条规定，“行政机关为不利益处分时，应同时对其相对人，明示该不利益处分之理由。但有紧急之必要而无须明示该不利益处分之理由时，不在此限。前项但书之情形，行政机关除在相对人之所在不明或其他在处分后明示理由有困难之情事外，应于处分后相当之期间内，明示该项之理由。

不利益处分以书面为之时，前两项之理由，应以书面示之”。葡萄牙《行政程序法》第124条规定，“除法律特别要求应说明理由的行政行为外，不论行政行为属全部或部分，亦应说明其理由”。该法第125条是关于说明理由要件的专门规定，该条规定说明理由应借简洁阐述有关决定的事实依据及法律依据以明文方式作出。

行政机关作出行政决定时负有说明决定理由义务在我国立法中得到广泛确认，《行政许可法》第38条规定行政机关依法作出不予行政许可的书面决定的，应当说明理由，并告知申请人享有依法申请行政复议或者提起行政诉讼的权利。《行政强制法》第三章规定执法机关实施查封扣押、冻结等强制措施时，应当在查封扣押决定书上载明查封、扣押的理由、依据和期限，在冻结决定书上载明冻结的理由、依据和期限。地方行政程序规定不仅规定执法机关作出执法决定时负有说明理由的义务，并对说明理由的要件和基本要求作了进一步细化规定，如《酒泉程序规定》第85条规定执法机关以书面作出的行政决定应当书面说明理由，理由中应当说明行政决定所考虑的事实、法律依据以及二者的关联。在裁量性行政决定的理由中，还应当说明行使裁量权时所考虑的主要因素。《宁夏程序规定》第47条规定行政执法决定应当说明证据采信理由、依据选择理由和行政裁量理由。《江苏程序规定》第61条规定执法机关作出不利决定时应当说明理由，即行政执法决定限制公民、法人和其他组织权利或者增加其义务的，应当说明决定的理由。

二、说明理由的要求

《建议稿》中规定的“清楚、充分”是对说明理由的要求。“清楚”为质的要求，要能使当事人明白其意义，特别是要避免歧义的产生；“充分”为量的要求，理由的说明应当涵盖全部内容，而非部分。《湖南程序规定》针对行政执法实践中存在的问题，极有针对性地规定“行政执法决定文书不说明理由，仅简要记载当事人的行为事实和引用执法依据的，当事人有权要求行政机关予以说明”，此规定反过来明确了仅简要记载当事人的行为事实和引用执法依据的，属于不说明理由。《酒泉程序规定》第 85 条第 2 款规定理由的说明应当清楚、充分。行政决定采纳含糊、矛盾或不充分的依据，未能具体解释作出行政决定的理由的，视为该行政决定没有理由。《宁夏程序规定》没有正面规定说明理由应当符合的要求，反向规定未说明理由或者说明理由不充分的，当事人有权要求行政机关予以说明。葡萄牙《行政程序法》对说明理由的要件和要求规定十分详细、具体，第 123 条第 2 款要求行政决定应以清楚、准确、完整的方式载明决定中的各项内容，以便使人能易于确定其意义、范围和行政行为的法律效果，而决定书中应载明的内容包括说明理由。采纳含糊、矛盾或不充分的依据，而未能具体解释做出该行为的理由，等同于未说明理由。

第九十三条　（未告知或错误告知受理机关、错误告知救济期间的处理）

行政决定书没有告知或者错误告知受理机关，当事人向没有管辖权的行政机关申请行政复议或者人民法院提起行政诉讼的，收到材料的行政机关或者人民法院应当将案件移送至有管辖权的行政机关或者人民法院。

行政决定书记载的救济期间错误，当事人未能在法定期间内申请行政复议或者提起行政诉讼的，以行政决定书记载的期间为准。决定机关书面通知当事人更正错误的，法定期间自通知送达当事人之日起开始计算。

说明与立法理由：

本条是关于行政决定书应当记载的事项没有记载或者错误告知当事人时如何处理的规定。

一、关于未告知或者错误告知受理机关的处理

行政决定书中没有告知当事人或者错误告知当事人受理机关导致当事人向没有管辖权的机关提起行政救济时，如何处理可以有以下两种方案：

方案一，收到申请材料的机关或者人民法院告知当事人向有管辖权的机关或者人民法院重新提起救济。此种方案实质将因行政机关失误给当事人造成的不便后果分配给当事人承担。如果采用此种方案对当事人最不利的情形是他提起行政救济时是期限届满的最后一天，当事人将来不及到有管辖权的部门提起救济。

方案二，由收到申请材料的机关或者人民法院移送至有管辖权的机关或者人民法院。我国台湾地区“行政程序法”即采用了此种方案，由收到不服声明的机关在十日内移送至有管辖权的机关，并通知当事人。此种情形，视为当事人自始向有管辖权的机关声明不服。此方案将因行政机关的失误造成的不便分配给行政机关或者人民法院承担，方便当事人行使救济权。

两种方案相比较，方案二既符合责任分配的通常原理，也有利于当事人行使救济权。相对于当事人，行政机关和人民法院更熟悉法律的规定，由其移送至有管辖权的机关或者人民法院，更为公平。

二、关于错误告知救济期间的处理

行政决定书中没有告知当事人起诉期限如何处理在《最高人民法院关于执行〈中华人民共和国行政诉讼法〉若干问题的解释》中已有规定，本条解决的是告知的救济期间错误如何处理的问题。如果告知当事人的救济期间较之法定期间短，通常不会使当事人错过提起救济。问题发生在告知当事人的救济期间较之法定期间长时，当事人很有可能法定期间届满仍未提起救济，失去通过行政复议或者行政诉讼获得救济的机会。而发生此种不利后果是因为决定机关告知错误造成的，不应将此分配给当事人，有违公平原则。此种情形下唯一的补救方式就是承认错误救济期间的有效性，当事人在告知期间内申请行政复议或者提起行政诉讼的，视为在法定期间内提起救济。

第九十四条 (更正)

行政决定书有误写、误算或者其他类似错误的，决定机关随时依职权或者根据当事人的申请更正。

更正附记于原行政决定书。如果原行政决定书已经送达当事人和已知的利害关系人，应当制作更正决定书，及时通知并送达当事人和已知的利害关系人。

说明与立法理由：

本条是关于更正行政决定书中错误的规定。内容包括：第一，更正发生的情形。第二，更正没有期间的限制。第三，更正后的处理。

决定书存在误写等技术性错误的应当纠正。我国台湾地区"行政程序法"第101条规定了纠正技术性错误的更正制度。《宁夏程序规定》第88条规定行政决定书有误写、误算或者其他类似错误的，由作出行政决定的行政机关依职权或依申请更正。由于技术性错误无涉于行政决定的效力，因此，更正不受期间的限制，决定机关可以根据当事人的申请或者依职权随时更正此类错误。对决定书的更正构成行政决定书的一部分，因此，更正应当以书面方式作出，如果存在错误的决定文书已经送达当事人，则应当将更正决定书及时通知并送达当事人和已知的利害关系人。

第九十五条 (行政执法案卷)

行政机关应当建立行政执法案卷。对公民、法人和其他组织的监督检查记录、证据材料、执法文书等立卷归档。

公民、法人和其他组织可以查阅、摘抄、复制与自己相关的行政执法案卷材料，依法不应当公开的信息除外。

说明与立法理由：

本条是关于行政执法案卷的规定。

行政执法案卷评查性质上属于内部监督机制。《湖南程序规定》第79条规定"行政机关应当建立行政执法案卷"。笔者于2013年在湖南省就《湖南程序规定》实施情况展开调研时了解到湖南省各级法制办通过组织对行政执法案卷评查来发现执法中的问题，进而规范执法，贯彻程序规定，如长沙市开福区政府于2012年重新修订《开福区行政处罚案卷评查规则》和《开福区行政许可案卷评查规则》。新的评查规则更加强调合法性审查原则，对违反评查规则中所提到的任何问题的案卷一律予以零分计算。开福区成立了由区政府法制办、区监察局、区人大内务司法委员会、区政协提案法制委以及区政府法律顾问组成的评查组，于每年9-10月对全区行政执法部门的行政执法案卷进行评查。各部门每年自行进行2次案卷评查，区政府每年至少开展1次。开福区计生委则每月组织科室人员对基层提供的案卷进行一次评议，查找问题、规范操作。开福区自2010年以来连续三年对全区各行政执法部门行政许可案卷和行政执法案卷进行了评查。评查内容包括实体、程序以及文书制作与归档，特别是就证据是否确实充分、法律适用是否正确、相对人陈述申辩等权利是否得到保障、是否运用裁量权基准等方面进行评查。评查结束后，评查组向每个单位出具书面情况反馈，与对评查意见持异议的单位进行沟通。在此基础上，由区政府在全区下发行政执法案卷评查通报，全面总结评查情况，督促评查单位针对存在的问题认真整改，定期自查。经过三年的行政执法案卷评查，及对评查中发现的问题进行整改，开福区行政执法中的问题在逐年减少。

除《湖南程序规定》外，《山东程序规定》第91条、《宁夏程序规定》第52条也规定了行政执法案卷制度，规定，“行政机关应当建立行政执法案卷，对公民、法人和其他组织的监督检查记录、证据材料、执法文书等立卷归档。”在湖南省的经验的基础上，《建议稿》规定行政机关在执法时应当建立执法案卷，既可以规范执法活动，也可以更好地开展执法案卷评查工作。此外，根据卷宗阅览的规定，公民、法人和其他组织可以查阅、摘抄、复制与自己相关的行政执法案卷，依法不应当公开的信息除外。

第八节　期　　间

第九十六条　（期间的种类和计算）

期间包括法定期间和行政机关指定的期间。

期间以时、日、月、年计算。期间开始的时和日，不计算在期间内。

以月或年定期间，于最后一月没有相当期日的，以该月的末日为期间的末日。

期间届满的最后一日是节假日的，以节假日后的第一日为期间届满的日期。但期间涉及公民、法人和其他组织不利行政决定的，该日为期间届满的日期。

说明与立法理由：

本条是关于期间种类和计算的规定，内容包括：第一，期间的种类。期间分为法定期间和行政机关指定期间两种。第二，期间的计算。包括期间的起算和几种特定情形期间的计算。

期间是一项重要的程序法制度，为人们的行为预设了必须完成的时间段，逾期没有完成的，将承担相应的法律后果，从而防止程序无限期延长，为程序中的主体提供结果预期。

期间制度包括两个要素：其一，期间的长度。如是十日还是七日。其二，期间的起算点与届满点。其中尤以起算点为重要，通常起算点确定了，届满点相应得到确定。期间长度即期限通常规定在相应的行为中，本节主要解决期间的计算即期间如何起算和届满的问题。

本节关于期间起算的规定与《民事诉讼法》的规定保持一致，同时参考了葡萄牙《行政程序法》和我国台湾地区“行政程序法”的相关规定，吸收了《宁夏程序规定》等地方行政程序立法的规定。比较我国《民事诉讼法》与葡萄牙、我国台湾地区的规定，差异并不大，仅略有不同，如《民事诉讼法》规定期间开始的时，不计算在期间之内，而我国台湾地区规定期间以时计算者，即时起算。由于在期间和送达等制度方面，通常行政程序法中没有规定的，执法实践中适用《民事诉讼法》的规定，因此，《建议稿》与《民事诉讼法》的规定保持一致。此外，我国台湾地区“行政程序法”在计算期间的起算点与届满点时充分考虑到了对公民、法人或其他组织的影响，区分不同情形作出对公民、法人或其他组织有利的规定。例如，规定期间之末日为星期日、国定假日或其他休息日者，以该日之次日为期间之末日。但期间涉及人民之处罚或其他不利行政处分者，其始日不计时刻以一日论；其末日为星期日、国定假日或其他休息日者，照计。《宁夏程序规定》中关于期间的届满计算也考虑到了对公民权利的保护，第53条第3款规定，“期间届满的最后一日是节假日的，以节假日后的第一日为期间届满的日期（限制人身自由的除外）”。本条吸收地方立法，借鉴台湾地区的规定，规定期间涉及公民、法人或其他组织不利行政决定的，期间届满的最后一日是节假日的，该日为期间届满的日期，而不是以节假日后的第一日为期间届满的日期。

第九十七条　（内部程序承诺时限公开）

行政机关之间办理请示、报告、询问、答复、商洽工作等内部行政事务，应当按照简化办事程序，提高办事效率的要求，承诺办结期限，并将承诺的办结期限向社会公开。

说明与立法理由：

本条是关于行政机关承诺内部事务办结期限，并将所承诺的办结期限向社会公开的规定。

内部行政程序尽管不以当事人为行为对象，但是内部程序不规范，导致不能及时作出决定对当事人有直接影响。同一机关内部、不同机关之间的内部事务的办理期限缺乏明确规定，容易造成内部拖延影响对外作出决定，对此，《湖南程序规定》第82条、《海北程序规定》第111条、《永平程序暂行办法》第104条等规定了内部事务办理承诺期限制度，如《湖南程序规定》第82条规定，

“行政机关之间办理请示、报告、询问、答复、商洽工作等内部行政事务，应当按照简化办事程序，提高办事效率的要求，承诺办结期限，并向社会公开。”本条借鉴了地方立法，规定执法机关对请示、报告、咨询等内部程序的办结期限作出承诺，并将内部程序行为的时限向社会公开。

第九十八条　（期间扣除）

期间不包括在途时间。公民、法人和其他组织以邮寄方式向行政机关提交材料的，以交邮当日之邮戳为准。行政执法文书在期限届满前交邮的，不算超期。

行政机关作出行政执法决定，依法需要听证、招标、拍卖、检验、检测、检疫、鉴定、专家评审和公示的，所需时间不计算在规定的期限内。行政机关应当将办理前述事项需要的时间书面告知当事人。

说明与立法理由：

本条规定了期间扣除的情形。

期间不包括在途时间，如《宁夏程序规定》第53条规定，期间不包括在途时间。期间开始的时和日，不计算在期间内。

为准确认定事实，作出执法决定前出现需要进行听证、检验、检测、专家评审和公示等情形的，办理这些事项所需要的时间应当从期限中扣除，发生期间扣除情形的，行政机关应当将所需要的时间告知当事人。本条规定在《江苏程序规定》第65条、《宁夏程序规定》第55条、《汕头程序规定》第77条、《山东程序规定》第94条、《海北程序规定》第114条、《永平程序暂行办法》第107条中亦有规定，如《江苏程序规定》第65条规定，“行政机关作出行政执法决定，依法需要听证、招标、拍卖、检验、检测、检疫、鉴定、专家评审和公示的，所需时间不计算在规定的期限内。”

第九十九条　（期间顺延）

公民、法人和其他组织因不可抗拒的事由或其他正当理由耽误期间的，在障碍消除后的十日内，可以申请顺延期限，是否准许，由行政机关决定。

行政机关由于不可抗拒的事由或其他正当理由未能在法定期间内处理完毕行政事务的，于该事由终止前，停止期间的计算。

说明与立法理由：

本条是关于出现特定情形期间顺延计算的规定。

在法定期间内发生特定事由导致耽误期间的，我国《民事诉讼法》规定了当事人因特定事由耽误期间实行期间顺延。《湖南程序规定》第175条规定，当事人因特定事由耽误期间实行期间顺延；《宁夏程序规定》第56条规定："当事人因不可抗拒的事由或者其他正当理由耽误期限的，在障碍消除后的十日内，可以申请顺延期限，是否准许，由行政机关决定。"在期间内发生特定事由导致当事人不能遵守期间时，日本、韩国等行政程序法也都规定了期间顺延制度，如日本《行政程序法》第17条第2款规定："因天灾地变或其他不可归责于当事人之事由而不能遵守期间时，至该事由终了之日为止，停止期间之进行。"韩国《行政程序法》第16条第1款作出相同规定："因天灾地变或其他不可归责于当事人之事由而不能遵守期间时，到该事由终了之日为止，停止期间之进行。"

我国台湾地区"行政程序法"第50条的条旨为"回复原状之申请"，规定因天灾或其他不能归责于申请人之事由，致基于法规之申请不能于法定期间内提出者，得于其原因消灭后十日内，申请回复原状。如该法定期间少于十日者，与相等之日数内得申请回复原状。申请回复原状，应同时补行期间内应为之行政程序行为。迟误法定期间已逾一年者，不得申请回复原状。该法第51条第5款还规定行政机关因天灾或其他不可归责之事由，致事务之处理遭受阻碍时，于该项事由终止前，停止处理期间之进行。

本条借鉴我国台湾地区的规定，对行政机关因特定事由耽误期间如何处理作出规定。这是因为由于行政程序法以行政机关的程序义务为主要内容，其中关于行政机关应完成某行为的期间的规定非常多，对行政机关耽误期间应当如何处理很有必要作出规定。

第九节 送 达

第一百条 （送达方式的一般规定）

行政执法文书应当在作出后当场交付当事人。当事人不在现场的，行政执法文书由行政机关直接交付受送达人或者邮寄送达。

邮寄送达的，采用挂号或其他需要受送达人签收回执的方式进行，以回执上注明的收件日期为送达日期。

行政机关可以探索建立和完善执法文书的电子化送达机制，提高执法效率。

送达行政文书，本条例没有规定的事项，适用《中华人民共和国民事诉讼法》的规定。

说明与立法理由：

本条是关于送达方式的一般规定。内容包括：第一，能够当场送达的，当场送达。第二，送达的一般方式包括两种：直接送达和邮寄送达。第三，邮寄送达采用签收回执的方式，回执上注明的收件日期为送达日期。第四，鼓励行政机关探索建立和完善文书的信息化送达机制。第五，本条未尽事宜适用《民事诉讼法》的相关规定。

一、现行立法关于送达的规定方式

送达不仅涉及行政决定生效的起算，还涉及申请行政复议和提起行政诉讼期间的起算，2013 年 8 月，山东省青岛市中级人民法院与青岛市人民政府法制办联合发布《关于规范行政执法文书送达有关问题》，就行政执法文书的送达方式等作出具体规定。课题组在调研中，很多执法人员反映目前由于流动人口增长很快，行政事务繁多，实践中存在送达难。部分执法人员对执法决定送达面临的困境还提出规范送达方式的建议。我国台湾地区“行政程序法”

中送达条文数量多达 25 条，从中可以看到送达虽非重要理论问题，但是对执法实践非常重要。

送达是部门管理立法中的一项重要内容，相当数量的立法都对此作出规定。部门管理立法关于送达的规定方式有两种做法：

第一种完全适用《民事诉讼法》的规定。例如，《行政复议法》第 40 条规定，行政复议文书的送达，依照民事诉讼法关于送达的规定执行。再如，《中国人民银行行政许可实施办法》第 32 条第 3 款规定，中国人民银行及其分支机构送达行政许可证件或者决定的方式，依照民事诉讼法的有关规定执行。

第二种自行规定。例如，《中华人民共和国税收征收管理法实施细则》第八章专章规定“文书送达”，规定税务文书的送达以直接送达为一般方式，特定情形中可以采用留置送达、邮寄送达、委托送达和公告送达的方式，并对每一种类送达方式的规则作出具体规定。采用此种方式的立法为多数。其中有的部门立法对文书送达的规定较为完整，有的则相对简单。当部门立法的规定不够用时，行政机关多数对未尽事宜参照民事诉讼法的规定执行。

地方行政程序立法关于送达的规定与部门立法一样存在两种形式：

第一种，参照《民事诉讼法》有关规定执行，程序规定本身不作出具体规定，如《江苏程序规定》第 68 条规定，受送达人在送达回证或者附卷的决定书上的签收日期为送达日期，送达程序参照《民事诉讼法》的有关规定执行。

第二种，在程序规定中对各种送达方式的程序规则作出细致规定，如《宁夏程序规定》、《海北程序规定》。《宁夏程序规定》第 57 条至第 62 条六个条文规定了五种送达方式：直接送达、留置送达、委托送达、邮寄送达与公告送达，五种送达方式依照先后顺序排列，前一种送达方式无法送达的，依次采用下一送达方式。该规定对每一种送达方式的操作规则有很具体的规定，可操作性很强。

二、邮寄送达与直接送达都是送达的一般方式

（一）邮寄送达的定位问题

行政文书的送达方式有直接送达、留置送达、委托送达、邮寄送达和公告送达等，其中，直接送达是行政文书送达方式中最重要的一种，也是最常用的一种。留置送达、委托送达和公告送达都是特殊情形下才采用的送达方式，不同立法对此的规定是相同的。对邮寄送达的定位则存在差异。有的立法将之定位为直接送达的补充性送达方式，只有在直接送达有困难时才能适用。例如，《税收征收管理法实施细则》规定，税务机关送达税务文书，应当直接送交受送达人。直接送达税务文书有困难的，可以委托其他有关机关或者其他单位代为送达，或者邮寄送达。再如，《公安机关办理行政案件程序规定》规定，送达法律文书应当首先采取直接送达方式，交给受送达人本人。无法直接送达的，委托其他公安机关代为送达，或者邮寄送达。《宁夏程序规定》中将邮寄送达作为直接送达与留置送达之后的送达方式。有的立法则将邮寄送达定位为与直接送达并列的可由行政机关选择适用的一般送达方式。例如，《中华人民共和国审计法实施条例》第37条规定，审计机关依法实施审计时，可以直接送达审计文书，也可以邮寄送达审计文书。直接送达的，以被审计单位在回执上注明的签收日期为送达日期；邮寄送达的，以回执上注明的收件日期为送达日期。再如，《国家林业局行政许可工作管理办法》第21条规定，申请人可以在承办单位承诺的办理期限届满后到承办单位的受理送达室领取许可决定文书，或者由承办单位受理送达室在许可决定作出后十个工作日内邮寄给申请人。

对于邮寄送达，我国台湾地区“行政程序法”、韩国1987年《行政程序法草案》和日本1964年《行政程序法草案》都将之定位为与直接送达并行的一般送达方式：我国台湾地区“行政程序法”第68条规定，“送达由行政机关自行或交由邮政机关送达”；

韩国1987年《行政程序法草案》第14条规定，“行政机关之送达，以邮寄或交付之方法向受送达人之住所、居所、营业所或事务所为之。但受送达人有代表人、代理人或继承人时，得向该等人之住所等为之”；日本1964年《行政程序法草案》第30条规定，“行政机关基于法令送达之文书，依邮务送达或交付送达之方式送达应受送达人之住所或居所。但应受送达人有送达代收人时，应向该送达代收人住所或居所为之”。《建议稿》借鉴了现有立法和日本、韩国、我国台湾地区的规定，也将邮寄送达规定为与直接送达并行的一般送达方式，理由主要是邮寄送达较之直接送达更为便捷。无论是行政决定文书的直接送达，还是司法判决中的直接送达，由于人力有限，实践中通常都是电话通知当事人或者代理人到行政机关或者法院领取，交付的地点并不在受送达人的住所。有的行政管理部门作出的行政决定书数量大，要求行政机关到当事人的住所交付决定书并不现实，也不经济，而邮寄送达的方式较之直接送达的方式无疑更便利当事人。如果当事人的住所地址明确，行政机关可以采用邮寄送达的方式送达。

（二）邮寄送达的方式

我国台湾地区行政程序法和日本行政程序法草案都规定邮寄送达通常采用一般邮寄的方式，如我国台湾地区“行政程序法”第68条第3款规定：“由邮政机关送达者，以一般邮递方式为之。但文书内容对人民权利义务有重大影响者，应为挂号。”本条与《民事诉讼法》关于邮寄送达的规定一致，要求邮寄送达采用需要受送达人签收回执的方式。与普通邮件相比较，挂号或者快件的方式费用高，但不易发生邮件未能到达受送达人的情况，更能确保行政决定书送达至受送达人，也有利于送达日期的确定，便于复议期限和起诉期限的计算，不容易引发争议。

三、关于信息化送达方式的规定

行政执法信息化建设是行政执法发展方向，《依法治国决定》

中明确提出，“加强行政执法信息化建设和信息共享，提高执法效率和规范化水平”，这其中也包括如何将信息技术应用到文书送达中，并赋予其法定效力，以适应大数据时代给行政管理方式和人们行为方式带来的变化。《行政许可法》第 33 条对在行政许可工作中推行电子政务作出鼓励性规定，《国家林业局行政许可工作管理办法》第 8 条规定，管理办公室应当在国家林业局政府网站上公开行政许可事项的有关信息，并组织逐步推行网上受理行政许可申请、送达行政许可决定。《宁夏程序规定》第 60 条规定：“经受送达人同意，行政机关可以采用传真、电子邮件等能够确认其收悉的方式送达行政执法文书，但裁决书、协议书、调解书除外。采用此种方式送达的，以传真、电子邮件等到达受送达人特定系统的日期为送达日期。”

有的部门需要送达的执法文书数量多，如交通部门，当年曾经轰动一时的安徽省农民杜宝良在北京同一地点违章 105 次事件就引发人们对交通违章处罚决定的送达方式的讨论。电子化送达方式与其他送达方式相比，无疑具有便捷、经济、高效的优势，同时这种送达方式需要依托电子化接收设备的普及，完全采用电子化送达方式对于部分人存在困难。电子化送达方式的应用可以从两个角度予以考虑：一是区分决定的性质，程序性中间决定可采用电子化方式，最终实体决定仍采用传统纸质决定送达方式；二是根据当事人的选择，如果当事人选择采用电子化方式送达，则采用；如果当事人坚持纸质送达方式，则不适用电子化方式。基于文书送达电子化发展实践中差异较大，《建议稿》关于电子化方式送达行政执法文书是一种鼓励性的、原则性的规定，意在肯定电子化方式送达的发展方向，并未对之作出具体规定。

四、补充适用《民事诉讼法》的规定

《民事诉讼法》关于民事判决书送达的规定系统、具体，不仅规定了多种送达方式，并对每一种送达方式的具体规则都作出详细规定，且考虑到了多种特殊情形，有很强的针对性和适用性，很多规定可以直接运用到行政决定书的送达中。事实上行政法中关于送达的规定有的条文与《民事诉讼法》的规定是相同的，如关于行政决定书的签收问题的规定，《中华人民共和国税收征收管理法实施细则》、《公安机关办理行政案件程序规定》、《海南省行政复议送达执行规则》的规定与《民事诉讼法》第 78 条的规定是相同的。这也是实践中行政机关在行政法中欠缺送达相关规定时直接援引《民事诉讼法》的规定的原因所在。基于没有必要重复规定的考虑，如果《建议稿》的规定与《民事诉讼法》的规定是相同的，《建议稿》中不再规定，直接适用《民事诉讼法》的规定即可。

第一百零一条　（受送达人）

行政执法文书应当送达当事人本人。受送达人是公民的，本人不在的，可以交由其同住成年家属签收，但同住成年家属与受送达人就该行政执法决定存在相反利害关系的除外。受送达人是法人、其他组织的，由法人的法定代表人、其他组织的主要负责人或者该法人、组织负责收件的人签收。

当事人委托有代理人，且代理人的受送达权限没有被限制的，行政执法决定书可以送达给代理人。

当事人及其代理人可以指定行政执法文书代收人，向行政机关作出书面说明。受送达人指定有行政执法文书送达代收人的，送交代收人签收。

说明与立法理由：

本条是关于受送达人的规定，内容包括：第一，通常情况下以当事人为行政执法文书的受送达人。第二，当事人委托有代理人，且代理人的受送达权限没有受到限制的，可以代理人为受送达人。第三，当事人及其代理人可以向行政机关书面陈明指定的行政执法文书代收人，行政执法文书代收人为受送达人。

受送达人是送达行政执法文书的签收对象。《宁夏程序规定》第 59 条规定，送达行政执法文书，应当直接送交受送达人，并规定了受送达人的三种情形：1. 当事人本人。受送达人是公民的，本人不在时，应当交其同住成年家属签收；受送达人是法人或其他组织的，应当由法人的法定代表人、其他组织的主要负责人或者该法人、组织负责收件的人签收。2. 代理人。受送达人有代理人的，可以交由代理人签收。3. 指定代收人。受送达人已向行政机关指定代收人的，送交代收人签收。

获得执法决定文书是当事人的程序权利，当事人本人应是受送达人。为使送达更为便利，亦可以考虑其他受送达人人选。相对于当事人而言，以代理人为受送达人，由于其没有直接利益涉及其中，更为顺利。因此，如果当事人委托代理人，代理人的权限又没有受到相应限制，行政决定书送达代理人即可。代收人实际也是行政程序中的代理人，但仅仅代理接收文书送达事项，因此，使用送达代收人的概念专门指称之，以区别于其他代理人，如《海南省行政复议送达执行规则》第 4 条规定，直接送达时，受送达人已指定代收人的，送交代收人签收。我国台湾地区“行政程序法”第 83 条也规定了送达代收人制度，当事人或代理人经指定送达代收人，向行政机关陈明者，向该代收人送达为送达。本条参照宁夏的规定，规定了受送达人的三种情形，同时还明确如果受送达人的同住成年家属与受送达人就该行政执法决定存在相反利害关系的，不能让其签收。

第一百零二条　（直接送达）

直接交付行政执法决定书的，在受送达人的住所地送交受送达人。受送达人没有异议的，可以在行政机关办公场所送交受送达人。

送达行政执法决定书必须填写送达回证，由受送达人在送达回证上记明收到日期，签名或者盖章。受送达人在送达回执上的签收日期为送达日期。

说明与立法理由：

本条是关于直接送达程序的规定。

一、关于直接送达的场所

我国台湾地区“行政程序法”第72条为“送达之处所”的规定，明确送达的场所原则上在受送达人的住所地。日本1964年《行政程序法草案》第30条规定：“行政机关基于法令送达之文书，依邮务送达或交付送达之方式送达应受送达人之住所或居所。但应受送达人有送达代收人时，应向该送达代收人住所或居所为之。”根据此规定，直接送达的场所也是在受送达人的住所或居所。

国内有少数立法明确了直接送达的场所，为行政机关办公场所，如《国家林业局行政许可工作管理办法》第21条规定，申请人可以在承办单位承诺的办理期限届满后到承办单位的受理送达室领取许可决定文书，或者由承办单位受理送达室在许可决定作出后十个工作日内邮寄给申请人。《民政部门实施行政许可办法》第38条规定，民政部门送达行政许可决定以及其他行政许可文书，一般应当由受送达人到民政部门办公场所直接领取。多数立法没有明确直接送达的场所，实践中的做法多数是行政机关通知当事人来领取行政决定书。如果当事人没有来领取，再到其住所地交付行政决定书。如果当事人拒绝签字，适用留置送达的方式。

以当事人住所地为送达场所，便利当事人；以行政机关办公场所为送达场所，便利行政机关。本条选择了于当事人便利的当事人住所地为送达场所，主要是考虑到行政决定程序以职权启动为原则，因行政决定而产生的负担由行政机关来承担更为合理一些。此外，《建议稿》将邮寄送达定位为与直接送达并列的一般送达方式，邮寄送达会分流走部分原来采用直接送达方式的行政决定书。如果行政机关采用直接送达的方式，则应当以受送达人的住所地为交付地。

为了与现行做法相协调，本条最后作了折中规定，如果当事人没有异议，也可以在行政机关办公场所送交受送达人。

二、送达回证

送达回证是对行政决定书已送交受送达人的证明，因此必须由受送达人填写，载明收到决定书的日期并签名或者盖章。行政决定书送达受送达人之日起，开始计算行政复议申请期限和行政诉讼起诉期限，如《江苏程序规定》第68条规定："送达行政执法决定应当由受送达人在送达回证或者附卷的决定书上注明收到日期，签名或者盖章。受送达人在送达回证或者附卷的决定书上的签收日期为送达日期。"

第一百零三条　（留置送达）

受送达人或者合法签收人无正当理由拒绝接收行政执法决定书的，送达人员可以邀请受送达人所在基层自治组织工作人员到场，说明情况，在送达回证上记明拒收事由和日期，由送达人、见证人签名或者盖章，把行政执法文书留在受送达人的住所；送达人员也可以把行政执法文书留在受送达人的住所，并采用拍照、录像等方式记录送达过程，视为送达。

说明与立法理由：

本条是关于留置送达的规定。留置送达是直接送达的特殊情形，适用于受送达人或者合法签收人无正当理由拒绝接收行政决定书的情形。

适用留置送达时，送达人需要邀请见证人到场，以证明受送达人拒绝接收行政决定书。单行法关于见证人的人选的规定并不相同，如《公安机关办理行政案件程序规定》第31条第1款第（2）项规定的见证人是"邻居或者其他见证人"；《海南省行政复议送达执行规则》第5条规定的见证人是"有关基层组织或者所在单位的代表"；《中华人民共和国税收征收管理法实施细则》第103条仅简单规定见证人，并不规定见证人的人选。《宁夏程序规定》第60条规定的见证人是"有关基层组织或者所在单位代表"。我国台湾地区"行政程序法"对留置送达并无见证人的要求，该法

第 73 条第 3 款关于留置送达的规定条文很简单，“应受送达人或其同居人、受雇人、接收邮件人员无正当理由拒绝收领文书时，得将文书留置于应受送达处所，以为送达。”其中并无见证人的要求。

见证人的邀请在实践中有时很困难，或者临时找不到人，或者找到人不愿意担任见证人。本条也曾试图借鉴我国台湾地区的规定，简化留置送达的程序，不作邀请见证人到场见证的规定，仅由送达人在送达回证上注明事由和日期即可。但考虑到如果受送达人否认曾经拒绝接收行政决定，而是送达人从未向其递交过行政决定书，送达人难以证明。同时也是为了监督送达人，避免捏造拒收情形，本条最终仍然规定邀请见证人到场，见证人的人选为受送达人所在的基层自治组织。

第一百零四条　（公告送达）

出现下列情形之一的，为避免行政程序的延滞，行政机关应当公告送达：

（一）受送达人的住所地不明的；

（二）受送达人下落不明的；

（三）其他方法无法送达，需要公告送达的。

利害关系人可以申请行政机关公告送达。

公告送达，由行政机关在报纸、机关网站、行政机关公告栏刊登行政决定节本。自发出公告之日起，经过六十日，即视为送达。受送达人在公告期间内到行政机关领取行政执法决定书的，领取之日为送达之日。

公告送达，应当在行政案卷中记明原因和经过。

说明与立法理由：

本条是关于公告送达方式的规定。

公告送达是一种强制产生送达效果的送达方式，受送达人有可能未能看到公告，但法律上已然产生送达的效果。因此，公告送达的适用应当慎重，只有在穷尽其他送达方式无法送达，为避免行政程序的延滞，才能适用，如《宁夏程序规定》第 62 条、《酒泉程序规定》第108条规定，公告送达的情形为受送达人下落不明或其他送达方式无法送达。《海北程序规定》第123条规定，公告送达的情形也为受送达人下落不明或其他送达方式无法送达，同时进一步规定，如果行政机关能够采用直接送达方式送达，却采用公告送达方式，当事人未能及时知道的，视为没有送达。

本条规定与行政决定有利害关系的公民、法人或其他组织可以申请行政机关适用公告送达，目前立法中尚无此规定。之所以借鉴我国台湾地区“行政程序法”第78条的规定，肯定利害关系人有权申请行政机关公告送达是由于行政决定自送达当事人之日起才发生法律效力，如果因受送达人住所地不明或者受送达人下落不明等原因导致无法送达，则行政决定不产生法律效力，在有些情形下会对利害关系人产生不利影响。因此，应当允许利害关系人提出采用公告送达的申请，是否准许，由行政机关裁量判断。

本条规定了公告送达的三种载体：报纸、机关网站、行政机关公告栏，后面两种载体是行政机关自己的平台。报纸上刊登会增加费用，但可以增加受送达人看到行政决定书的可能性。这三种载体并非选择的关系，而是要求行政机关同时采用，以最大限度保障受送达人的权利。

《宁夏程序规定》第62条、《海北程序规定》第123条规定的公告送达的期间都是60日，与《民事诉讼法》规定的60日期间一致，本条规定与之一致。如果在公告期间受送达人主动到行政机关领取行政决定书，领取之日为送达之日。

第六章　行政裁量权基准

第一百零五条　（制定行政裁量权基准）

本条例所称的行政裁量权基准是指行政机关依职权对裁量权具体化的控制规则。

行政裁量权基准由享有裁量权的行政机关制定。上级行政机关已经制定行政裁量权基准的，下级行政机关不再制定适用范围相同的行政裁量权基准。

行政裁量权基准制定后应当公开，让公众周知。

行政机关执法时应当遵照行政裁量权基准。

说明与立法理由：

本条是关于行政裁量权基准的含义、制定主体、公开、效力等基本内容的规定。

执法不公是老百姓反映十分强烈的一个问题，《依法治国决定》明确提出“建立健全行政裁量权基准制度，细化、量化行政裁量标准，规范裁量范围、种类、幅度”，规范行政执法裁量权公正行使是制定执法程序条例需要回应的重要问题。规范裁量权公正行使的机制体现在不同方面，包括总则中的比例原则、各项公正程序制度如公开制度、说明理由制度等，本章仅仅是关于行政裁量权基准的规定。行政裁量权的规范是地方行政程序立法的重要内容，如《凉山州行政程序规定》（以下简称《凉山程序规定》）第四章第七节规定了“行政裁量权”，《湖南程序规定》第四章第七节规定了“裁量权基准”，之后又制定了配套规章《湖南省规范行政裁量权办法》，办法中规定了对行政裁量权“控制源头、建立规则、完善程序、制定基准、发布案例”的综合控制机制。行政裁量权基准是规范执法裁量权公正行使的机制之一，是在实践中发展起来的规范处罚裁量权公正行使的重要机制，在执法实践中已被广泛应用，相当数量的地方和部门的行政规范性文件制定了行政处罚裁量权基准，对于规范行政处罚裁量权公正行使发挥了积极作用。《建议稿》将行政裁量权基准机制由行政处罚领域扩展至整个行政执法活动领域，有深厚的实践基础。

针对实践中行政裁量权基准制定主体过多的问题，《建议稿》规定上级行政机关已经制定裁量权基准的，下级行政机关不再制定适用范围相同的裁量权基准，防止重复制定基准的问题。

行政裁量权基准机制尽管在实践中已得到广泛应用，但理论界对其存在不同看法。反对者认为，裁量权基准存在导致裁量权僵化的问题，无助于实现、甚至妨碍了个案正义的实现。立法者授予执法者裁量权的目的在于针对纷繁复杂的实践结合具体情形实现执法中的个案正义，裁量权基准既是对裁量权的规范，也是对裁量权行使的限制，因为裁量权基准仍然无法从根本上解决规则的普遍性与个案的差异性之间的矛盾，难以穷尽所有的执法实践。对此，《建议稿》吸收《海北程序规定》第 104 条的规定，一方面，要求执法应当遵照行政裁量权基准，另一方面，如果在个案中存在基准之外的考量因素的，执法人员可以予以考虑作出决定，但应当向当事人说明理由。

第一百零六条　（制定行政裁量权基准应考虑的因素）

制定行政裁量权基准，应当考虑以下因素：

（一）授予行政裁量权的法律、法规、规章的立法目的、基本原则；

（二）经济、社会、文化等客观情况的地域差异性；

（三）行政管理事项的事实、性质、情节、社会影响；

（四）其他影响行政裁量权合理行使的因素。

说明与立法理由：

本条规定制定行政裁量权基准应当考虑的诸多因素。

为规范行政裁量权基准的制定，《湖南程序规定》、《汕头程序规定》、《凉山程序规定》、《海北程序规定》等地方行政程序规定中对制定行政裁量权基准应当考虑的因素作了明确列举规定，如《湖南程序规定》第 92 条规定了制定裁量权基准应当考虑的三个主要因素：（1）裁量基准所依据的法律、法规和规章规定的立法目的、法律原则；（2）经济、社会、文化等客观情况的地域差异性；（3）管理事项的事实、性质、情节以及社会影响。其他地方行政程序规定与之相同。

《建议稿》根据影响行政裁量权公正行使的法律基础与个案基础，规定了制定裁量权基准应当考虑的三类因素。裁量权公正行使的基本要求是符合立法目的，即法的合目的性，因此，制定行政裁量权基准时，首先应当考虑授予裁量权的法律、法规、规章的立法目的与基本原则，这是制定裁量权基准的法律基础。行政裁量权在个案中是否公正行使还受到两方面因素的影响：其一是与经济、社会、文化发展程度相关，不同地区对执法是否公正存在区域差异；其二是个案中行政事务的具体情形，如当事人的具体情况，引发行政事务的特殊原因等。

第一百零七条　（征求公众意见）

行政机关制定行政裁量权基准时，应当在政府官方网站、知名度较高的社会网站、地方性报纸等刊登草案，公开征求公众意见。

行政机关对公众提出的意见应当认真对待，没有采纳的，应当说明理由。

说明与立法理由：

本条是关于制定行政裁量权基准时征求公众意见的规定。

裁量权基准一般以行政规范性文件的形式制定，根据制定行政规范性文件的程序要求，由于裁量权基准究其内容而言，对裁量范围、种类、幅度进行规范，是对立法规定的裁量权行使的细化、量化，对公民、法人或其他组织有直接影响，因此，本条规定制定裁量权基准时应当征求公众意见。

第一百零八条　（行政裁量权基准的公开）

行政机关应当将行政裁量权基准在机关官方网站公开，在办公场所印制成册提供给公众。

说明与立法理由：

本条是关于公开行政裁量权基准的规定。

执法机关依据行政裁量基准实施执法，因此，应当公开，让公众周知。《凉山程序规定》第 79 条规定基准文件应当备案并向社会公布，《汕头程序规定》第 84 条规定行政裁量权基准应当向社会公开。《依法治国决定》规定全面推进政务公开，要求坚持以公开为常态、不公开为例外原则，推进决策公开、执行公开、管理公开、服务公开、结果公开。实践中执法人员滥用裁量权的主要原因之一就是裁量权行使的条件不明确、不公开，执法权公正行使缺乏社会监督。因此，本条规定裁量权基准作为执法依据之一，应当在官方网站公开，在办公场所印制成册提供给公众。

第七章　行政执法决定的效力

第一百零九条　（生效）

书面行政执法决定自行政执法决定书送达当事人之日起发生效力。

以书面之外其他方式作出的行政执法决定自以适当的方式通知或者使当事人知道时起生效。

行政执法决定以公告方式送达的，自最后登载日起发生效力。行政执法决定另外确定不同生效日期的，从其规定。

行政执法决定生效后未经法定程序被撤销、废止，或者未因其他事由失效，其效力持续存在。

说明与立法理由：

本条是关于行政执法决定生效时间起点的规定。包括两个方面的内容：第一，行政决定生效的时点。行政决定原则上自当事人知道内容时起产生效力，具体又分为书面行政决定、口头行政决定、公告送达的行政决定三种情形。第二，行政决定效力持续存在。

一、关于区分“成立”与“生效”

对成立与生效是否是同一概念学界存在不同认识。

第一种观点认为二者同义，如我国台湾地区学者许宗力认为行政处分的诞生，用法律上的术语讲就是行政处分的生效，或者说在法律上的成立[①]。

第二种观点认为二者并不同义，如我国台湾地区学者蔡志方认为书面行政处分已书面完整作成，已客观可辨认它所欲规制的内容已完整化，行政处分即“成立”，对外通知后才生效[②]。我国台湾地区学者陈敏认为成立通常又称为行政行为的形成与作出，指行政行为作为行政主体行使职权或履行行政职责的意思表示已经确定，并外化到外界可以认知的状态[③]。赵宏认为生效与成立并非同一概念，行政行为成立时并没有告知相对人，不发生预期法律效果，只是存在于行政内部，不具有任何法律意义的构思或意图[④]。

第三种观点区分行政主体和相对人探讨此问题。章志远认为对于行政主体而言，行政决定的成立与生效是完全一致的，即行政决定一旦作出就对行政主体一方产生形式上的效力，这是警示行政主体慎重行使行政职权的内在要求；但对相对人来说，行政决定只有在通知之后才能对其产生形式效力[⑤]。

《建议稿》区分“成立”与“生效”。“成立”是针对行政决定是否已经完成而言，只要行政决定内容上意思表示已经确定并形成完整的文书外观，即告成立。但此时行政决定仅存在于行政内部，不具有法律意义，行政机关仍有变更行政决定的可能。生效是针对行政决定是否开始产生法律效力而言。行政决定一旦生效，对行政机关和当事人都具有拘束力，行政决定的内容、效力状态的变更都必须具备法定条件、经过法定程序。因此，成立是生效的前

① 许宗力:《行政处分》，载翁岳生主编:《行政法 2000》（上），中国法制出版社 2002 年版，第 677 页。作者在脚注中还提出行政处分的生效（外部效力）与成立之等义，可谓是行政法学上的通说。

② 转引自许宗力:《行政处分》，载翁岳生主编:《行政法 2000》（上），中国法制出版社 2002 年版，第 677 页。

③ 陈敏著:《行政法总论》，三民书局 1998 年版，第 334 页。

④ 赵宏著:《法治国下的行政行为存续力》，法律出版社 2007 年版，第 73 页。

⑤ 章志远:《行政决定》，载应松年主编:《当代中国行政法》（上）第十四章第三节，中国方正出版社 2005 年版，第 686 页。

提，行政决定成立后在具备法定条件时生效。

二、关于生效的时间起点

我国学者认为行政决定生效大致有四种具体情形：受领生效、告知生效、即时生效、附款成就生效。

外国和我国台湾地区行政程序法中关于行政决定生效的时间点有如下两种方式：

第一种，自通知或公告之日起生效，如德国和我国台湾地区。我国台湾地区“行政程序法”第110条规定：“书面之行政处分自送达相对人及已知利害关系人起；书面以外之行政处分自以其他适当方法通知或使其知悉时起，依送达、通知或使知悉之内容对其发生效力。一般处分自公告或刊登政府公报、新闻报纸最后登载日起发生效力。但处分另订不同日期者，从其规定”。德国《行政程序法》第43条第1款规定，“行政行为以对相对人或涉及的人通知的时刻开始生效。行政行为内容的有效以通知为准”。

第二种，自行政行为做出之日起生效，不利行政行为自通知相对人时起生效，如西班牙、葡萄牙和澳门地区。西班牙《行政程序法》第57条第1款规定，“受行政法约束的公共行政机关的行为自作出之日起即为有效并产生效力，除非另有规定。”葡萄牙《行政程序法》第127条规定，行政决定自作出之日起产生效果，该法第132条规定，“向私人设定义务或负担而无须公布的行为，自该行为通知相对人时起，或自以其他方式使相对人正式知悉该行为时起开始产生效果”。我国澳门地区《行政程序法》第109条、第113条作出相同规定。第二种方式实质区分授益行政决定和不利行政决定规定不同的生效起点。

地方行政程序规定基本采用送达生效的起算方式，如《山东程序规定》第90条、《江苏程序规定》第62条、《宁夏程序规定》第51条规定，“行政执法决定自送达之日起生效。行政执法决定附条件或者附期限的，应当载明生效的条件或者期限。”行政决定送达当事人，当事人才能知悉，送达生效属于当事人知悉生效。《建议稿》采用了第一种方式，即行政决定自当事人知悉时起生效。之所以没有如西班牙、葡萄牙和我国澳门地区那样区分授益行政决定和不利行政决定适用不同的生效起点，理由是行政决定的生效起点还涉及救济期间的起算，适用统一的起算点更为便利一些。此外，当行政决定从行政机关发出后，虽然到达当事人手中还有时间差，但事实上行政机关已经没有变更的可能，因此，采用当事人知悉生效对当事人的影响并不大。具体又包括三种情形：

第一种，书面方式作出的决定适用文书到达主义，自送达当事人之日起产生法律效力。

第二种，以口头等其他方式作出的行政决定，自通知或者使当事人知道时起生效。

第三种，公告送达的文书的生效通常自最后登载日起发生效力。行政决定另外确定不同生效日期的，从其规定。

第一百一十条　（行政执法决定对决定机关和当事人的约束效果）

行政执法决定生效后对作出决定的行政机关和当事人都具有约束效果。作出决定的行政机关应当保障行政执法决定确定的当事人权利的实现，当事人应当在规定期限内履行行政执法决定所确定的义务。

未具备法定撤销或者废止事由，行政机关不得撤销或者废止行政执法决定。

说明与立法理由：

本条是对行政决定生效后所产生的法律效果的规定。包括三个方面的内容：第一，行政决定生效后对行政机关和当事人都产生约束效果。第二，约束效果的作用对象包括行政机关和当事人。第三，约束效果的内容针对不同的对象而不同。

一、关于约束效果作用的对象和内容

受生效行政决定约束的主体包括两类：作出决定的行政机关和决定针对的当事人。行政决定生效后，对行政机关和相对人同时产生拘束作用，当然，针对不同的对象，作用的内容不同。对于当事人而言，约束效果意味着其有义务履行负担行政决定的内容，如果要解除此种义务，必须申请行政复议或者提起行政诉讼撤销之。对于决定机关而言，行政决定生效后，同样应当履行行政决定的内容，特别是应当积极保证当事人权利的实现，只有在具备法定的撤销或者废止要件时，决定机关才能终止行政决定的效力。

二、关于行政决定对决定机关之外的其他行政机关和人民法院的约束效果的问题

行政决定是行政机关对于个案作出的公权力规制，生效后除对决定机关和当事人具有直接拘束效果之外，行政决定的内容还应当得到决定机关之外的其他行政机关和人民法院的承认和尊重，并将之作为自身决定的基础。这在德国行政法上称为行政行为的构成要件效力，其具体内涵是：除行政行为的作出机关外，其他所有的行政机关和公法上的行政事务的承担者以及原则上所有的法院都必须对已生效的行政行为中所确认的事实要件及其在法律上的存在予以尊重，并作为自身决定的基础。应当说理论上对行政决定的此种约束效果并不存在争议，《建议稿》没有对此作出明确规定主要是考虑到“承认”和“尊重”等用语很难在立法中作出明确解释，因此，仅规定了行政决定对于决定机关和当事人的约束效果。

第一百一十一条　（无效行政执法决定）

行政执法决定具有下列情形之一的，视为无效：

（一）作出行政执法决定的主体不具有行政主体资格的；

（二）未经授权违反专属管辖规定的；

（三）行政执法决定书未载明作出决定的行政机关或者未加盖

行政机关印章的；

（四）行政执法决定的内容违背公序良俗的；

（五）行政执法决定具有其他重大明显的违法情形的。

无效的行政执法决定自始不发生效力，当事人有权拒绝履行行政执法决定确定的义务。

说明与理由：

本条是关于行政决定无效的情形和后果的规定。包括：第一，行政决定无效仅在出现法定情形和具备重大明显违法情形时发生。第二，无效行政决定自始不发生法律效力，当事人具有拒绝履行义务的抵抗权。

一、《行政诉讼法》修改需要行政程序法立法作出制度回应

法院需要在对行政行为合法性、合目的性进行审查的基础上对被诉行政行为的效力作出司法裁判，《行政程序法》中关于行政行为效力的规定因而是法院裁判的重要依据。由于《行政程序法》缺失，行政行为的效力制度一直未能建构，对违法的行政行为要否区分一般违法与严重违法，进而产生被撤销和被确认无效的后果，一直是困扰行政法学界、行政执法实践和行政诉讼实践的难题。尽管《行政处罚法》、《行政许可法》、《专利法》、《土地管理法》等部分法律在单行法中规定了无效的情形[①]，但是由于缺乏公民抵抗权、起诉期限不受限制等制度的进一步支撑，这些法律中对无效的规定并没有太大的意义，至少对公民权利保障缺乏可操作性，不具有德国行政法上的行政行为无效制度的意义。区分撤销与无效的努力一直在各个层面持续，2000 年《行政诉讼法》司法解释中增加规定确认无效判决，但是没有明确无效判决的适用条件。2008 年《湖南程序规定》出台时，考虑到区分撤销与无效，对于突出一些

① 如《行政处罚法》第 3 条第 2 款规定："没有法定依据或者没有遵守法定程序的，行政处罚无效。"

违法问题的严重性，促使执法机关避免出现严重违法非常有必要，因此，针对无效制度单独作出规定。《山东程序规定》、《江苏程序规定》、《宁夏程序规定》等也都单独规定了行政执法决定无效制度。

《行政程序法》的缺失为《行政诉讼法》修法如何解决这一问题增加了难度。修法采取了相对折中的策略：一方面肯定了区分无效与撤销对促进依法行政的必要性，单设一条增加规定确认无效判决，并明确了无效判决的两种适用情形，即（1）行政行为实施主体不具有行政主体资格。（2）行政行为没有法律依据。这两种情形都在目前立法中得到普遍规定。另一方面虽仅明确两种为目前立法普遍采用的无效情形，但又通过“等重大且明显违法情形”，为司法通过个案丰富无效判决适用情形留下空间。与学界关于无效情形的研究[①]、司法实务关于无效情形的丰富[②]，以及与德国、我国台湾地区行政程序法关于行政行为无效制度的规定相比较，《行政诉讼法》的规定显得过窄，但好在立法给法官预留了个案解释的空间，法官在个案中可不受限于两种法定情形，通过对重大且明显违法的解释，拓展确认无效判决的适用。《行政诉讼法》修法，对行政程序法立法完善行政行为效力制度、从而为司法裁判提供行政行为效力制度供给提出要求，《建议稿》回应《行政诉讼法》修改，对行政决定无效制度作出回应。

二、行政决定无效的情形及“重大明显”确定标准

无效行政决定的范围涉及无效与撤销的界限，因为无效与撤销

① 相关论文可以参见江必新：《法律行为效力制度的重构》，载《法学》2013 年第 4 期；关保英：《无效行政行为的判定标准研究》，载《河南财经政法大学学报》2012 年第 4 期；何海波：《公民对违法行政行为的藐视》，载《中国法学》2011 年第 6 期。

② 参见叶必丰：《最高人民法院关于无效行政行为的探索》，载《法学研究》2013 年第 6 期。

都因行政决定违法而发生，区别在于违法的程度不同。由于无效行政决定被认为自始无效、当然无效，当事人因之具有抵抗权，因此，无效的范围对行政决定的存续及自行政管理的秩序具有直接影响。基于维护法的安定性和考虑到行政决定所具有的影响公共利益的特性，无效行政决定的范围在各国都是非常有限的，违法的行政决定原则上撤销，无效仅在具备特定情形时发生。这也是《建议稿》关于无效行政决定范围的定位。

《湖南程序规定》在区分无效与撤销的同时考虑到程序规定仅仅是一个地方政府规章，对行政决定无效这样的实体问题在缺乏上位法的情况下不适宜作太宽泛的规定，因此，在第161条将行政执法行为无效的情形限定为三项：（1）不具有行政执法主体资格的。（2）没有法定依据的。（3）法律、法规、规章规定的其他无效情形。这个规定首次在统一立法中明确区分无效与撤销，意义很大，但范围是比较窄的，也没有通过"等重大且明显违法"的立法策略预留解释空间。湖南省的规定在其他地方的行政程序规定中得到仿效，如《江苏程序规定》第72条、《宁夏程序规定》第106条的规定与之完全相同。《山东程序规定》第132条关于无效情形列举了四项：（1）行政机关无权作出的。（2）未加盖行政机关印章的。（3）内容不可能实现的。（4）应当确认无效的其他情形。

新《行政诉讼法》借鉴外国法普遍采用"重大明显"标准规定了无效判决的"重大且明显违法情形"适用情形，为法院在个案中拓展无效判决的适用留下空间。关于无效行政行为的标准，德国早期有两种学说：一种是以沃尔夫为代表的不可能理论，另一种是以哈契克为代表的重大明显理论。重大明显理论认为行政行为如果具有特别重大、明显的瑕疵，一般理智、谨慎的市民，依照其一切足以斟酌的情况，在合理判断上均可辨别出瑕疵的存在，诚如哈契克所说的，罹患"在某种程度上犹如刻在额头上般"的瑕疵，则归于无效；反之，罹患者倘系未达到重大、明显境地的瑕疵，则依然有效，只是得撤销。重大明显理论是德国行政法学的主流观点，也在其《联邦行政程序法》中得到肯定，该法第 44 条第（1）项规定：“行政行为具有严重瑕疵，该瑕疵按照所考虑的一切情况明智判断显属明显者，行政行为无效。”我国台湾地区不仅理论上接受德国的重大明显说，而且其“行政程序法”第 111 条可以说是德国的翻版。重大明显说也被葡萄牙和澳门地区行政程序法采纳。葡萄牙《行政程序法》第 133 条规定，“无效行政行为是欠缺任何主要要素的行政行为，或法律明文规定属于无效的行政行为。”澳门地区的规定与之相同。存在重大明显瑕疵导致行政决定无效在维护行政决定的存续效力和保护公民权利之间寻找到合适的平衡点，因此为各国行政程序法采纳。《建议稿》也采纳了此标准。

由于重大明显主观性强，各国行政程序法都在法典中对无效行政决定的情形作出具体列举，如我国台湾地区“行政程序法”第 111 条规定，行政处分具有下列情形之一者，无效：（1）不能由书面处分中得知处分机关者。（2）应以证书方式作成而未给予证书者。（3）内容对任何人均属不能实现者。（4）所要求或许可之行为构成犯罪者。（5）内容违背公共秩序、善良风俗者。（6）未经授权而违背法规有关专属管辖之规定或缺乏事务权限者。（7）其他有重大明显之瑕疵者。葡萄牙《行政程序法》第 133 条第 2 款规定，下列行为，尤属无效行为：（1）有越权瑕疵的行为。（2）不属本法第 2 条所指的部或法人职责范围内的行为。（3）标的属不能、不可理解或构成犯罪的行为。（4）受胁迫作出的行为。（5）根本违反法定方式作出的行为。（6）在秩序混乱中作出合议机关决议，或未具法定人数或未达法律要求的多数作出的合议机关决议。（7）与既判案件相悖的行为。（8）随已被撤销或废止的行为而发生的行为，只要就维护该随后发生的行为并不存在有正当利益的对立利害关系人。西班牙《行政程序法》第 62 条第 1 款列举的无效情形包括：（1）损害受宪法保护的权利和自由的基本内容的行为。（2）从业务或地区范围上无明显管辖权的部门所作的行为。（3）含有不可能内容的行为。（4）构成违反刑法的行为或在违反刑法情况下作出的行为。（5）完全偏离依法建立的程序或偏离包含形成集体领导机构意志的根本性规定的法规情况下作出的行为。（6）在缺少取得权力或权利之基本手续时，通过与法律秩序不符的明确或可能的行为而取得权力或权利的行为。（7）法律明文规定的其他行为。

从前述国家和地区列举的情形看，关于无效情形的列举差别不大，显示出较大程度的共识。我国《行政诉讼法》修法时采用较为保守的做法，将无效情形严格限定在违法的情形，需要进一步探讨，如国外行政程序法中普遍将“内容违背公共秩序、善良风俗”列入无效的情形，无效并不只限于违反法律的情形，还包括不符合社会公序良俗的情形。《建议稿》借鉴各国的规定，列举了四种重大明显违法的情形，将违反公序良俗纳入其中，包括形式上具备严重瑕疵和内容上具备严重瑕疵。

三、当事人对无效行政决定有消极抵抗权

无效既然因行政决定具有某种重大明显的瑕疵而产生，该行政决定自始就不产生法律效力，如葡萄牙《行政程序法》第 134 条第 1 款规定：“无效行为不产生任何法律效果，不取决于宣告无效。”我国台湾地区“行政程序法”第 110 条第 4 款规定：“无效之行政处分自始不生效力。”《湖南程序规定》第 161 条第 3 款、《江苏程序规定》第 72 条第 2 款、《宁夏程序规定》第 106 条第 3 款均规定：无效的行政执法行为，自始不发生法律效力。

无效的行政决定由于自始不发生效力，对当事人就没有约束力，当事人有权拒绝履行行政决定设定的义务。行政法层面的抵抗权是指当事人对于行政决定所设定的义务有不服并拒绝履行的权利。抵抗权的行使方式应当是消极的，通常体现为沉默、言辞拒绝等消极不作为，而非采取激烈的对抗行为。关于抵抗的性质是权利还是义务有争论，特别是无效行政决定的内容构成犯罪时，抵抗行

为将之定位为义务似乎更合适。无效行政决定付诸实施，既会损害当事人的利益，也是对法律秩序或者风序良俗的破坏，但赋予当事人抵抗权的目的主要还在于保护个体权利，因此，《建议稿》将之定位为一种权利，一种由其选择是否行使的权利。在课题组针对《建议稿》召开的专家座谈会上，有专家提出目前执法中抗法现象本来就比较严重，如果再明确规定当事人的抵抗权，执法会更难，建议删除关于当事人抵抗权的规定。此种担忧有其现实合理因素，但考虑到抵抗权的行使方式一般为消极不作为，且有行政强制执行权制度保障行政决定的执行力，《建议稿》仍保留规定了当事人的抵抗权。

第一百一十二条　（部分无效的情形）

行政执法决定的部分内容无效的，不影响其他部分内容的效力。如果去除无效部分内容行政执法决定不能成立的，行政执法决定全部无效。

说明与立法理由：

本条是关于行政决定的部分内容无效的后果的规定。

部分无效制度是减小无效制度影响力的努力。对于具有多项内容的行政决定，如果只是部分内容无效的，不应当影响其他部分内容的效力，其他部分内容的效力仍应得到维持，但是如果无效部分的内容影响整个行政决定的成立的，行政决定全部无效，如德国《联邦行政程序法》第 44 条第 4 款规定：“行政处分仅一部分无效，而其无效部分如此重要，致可认为官署如无该部分，即将不为行政处分的，该行政处分全部无效”。我国台湾地区也有相同的规定。《湖南程序规定》第 161 条第 2 款、《山东程序规定》第 132 条第 2 款、《宁夏程序规定》第 106 条第 2 款规定：行政执法的内容被部分确认无效的，其他部分仍然有效，但是除去无效部分后行政行为不能成立的，应当全部无效。

第一百一十三条　（无效行政执法决定的确认）

行政机关可以随时依职权确认行政执法决定无效。

行政执法决定的当事人或利害关系人可以向行政机关申请确认行政执法决定无效，行政机关应当确认其为有效或无效。

说明与立法理由：

本条是关于行政机关确认行政决定无效的规定。包括：第一，确认不受期间的限制，行政机关可以随时作出确认决定。第二，确认机关是行政机关。当事人或利害关系人有权申请确认行政决定无效，行政机关应当作出答复。

无效行政决定因为具有重大明显的瑕疵，因此，它的确认通常没有期间的限制，不因时间的流逝治愈所患瑕疵，如葡萄牙《行政程序法》第134条第2款规定："任何利害关系人可随时主张行政行为无效；任何机关或法院也可随时宣告行政行为无效。"如果当事人向法院提起确认无效之诉，也没有起诉期间的限制。新《行政诉讼法》没有采纳诉讼类型化架构行政诉讼，仅规定了确认无效判决种类，如果当事人向人民法院申请确认行政行为无效，要受《行政诉讼法》关于起诉期限规定的限制，如果直接向人民法院提起诉讼的，应当自知道或者应当知道作出行政行为之日起六个月内提出。法定起诉期限届满后，当事人在不能向人民法院提起确认无效之诉后，仍然可以向作出决定的行政机关申请确认该决定无效，行政机关也可以依职权确认行政决定无效。

基于无效行政决定衍生出的权利义务关系是否因行政决定被确认无效相应也无效呢？理论上一般认为应当也无效，但是葡萄牙《行政程序法》第134条第3款则作出原则性规定，肯定维持其效力的可能性。该条款规定行政决定被确认无效不妨碍因时间经过及按法律一般原则，而对从无效行为中衍生的事实情况赋予某些法律效果的可能性。应当说此规定是非常模糊的，其一，"某些法律效果"并不确定是否为维持其效力；其二，只是肯定一种可能性，而不是必然。《建议稿》没有对此问题作出规定。

第一百一十四条 （补正）

行政执法决定违反法定程序，存在下列情形之一的，视为补正，可不撤销行政执法决定：

（一）需当事人提出申请才能作出的行政执法决定，当事人在事后已提出申请的；

（二）应当参与共同作出行政执法决定的行政机关已于事后参与的；

（三）行政机关程序轻微违法，未对当事人的权利产生实际影响，已于事后纠正的；

（四）其他法律、法规规定可以进行补正的情形。

补正应当在行政复议和行政诉讼期限届满前完成，并及时通知当事人。

说明与立法理由：

本条是关于补正制度的规定。包括：第一，补正的情形。其中，列举规定三种，其他用兜底条款确定。第二，补正的后果。违法的行政决定因补正维持效力，不被撤销。

一、补正制度的定位

补正，在葡萄牙和我国澳门地区也叫纠正，指对欠缺合法要件的行政行为进行事后补救，从而使违法的行政行为因补足要件，成为合法的行政行为，继续维持其效力。补正观念是基于整个行政行为瑕疵理论的演变而产生的。根据现代学者的观点，不再拘泥于过去的形式主义，对违法的行政行为，动辄宣告无效或予以撤销，转而注重公共利益和对公民信赖的保护，并顾及行政行为被撤销后对社会所造成的影响，尽量设法维持违法行政行为的效力。关于在行政程序法中规定补正制度的目的，我国台湾地区 1993 年行政程序法草案关于补正的说明中有这样一段话：“行政处分违反程序或方式之规定者，固为有瑕疵的行政处分，唯程序及方式之规定旨在促使行政机关能作成内容正确之决定，其本身尚非目的，故如其违反之情节未达于无效之程度，且事后补正仍无害其规定之目的者，自非不许行政机关为事后补正，以维持行政处分之存续，并促进行政效率”。

补正制度在德国和我国台湾地区行政程序法中都有规定。德国行政程序法中规定补正制度是基于程序经济的考虑，但由于补正制度对弱化当事人的程序权利具有消极影响，在德国遭受到广泛批评。对德国《联邦行政程序法》第 45 条的规定，法院和学界都倾向于对其进行严格解释，无论是能够补正的瑕疵种类，还是补正的时间要件都应受到程序法规范的严格限制。

由于补正制度是基于程序经济的考虑而对程序违法的宽容。《建议稿》面临的首要问题就是要否规定补正制度？中国目前的程序法治建设面临的形势仍然十分严峻，承认补正制度，必然会对公务员的程序观念产生消极影响，进而弱化当事人的程序权利，不利于提升程序的重要性。然而程序违法本身存在轻微和严重之区分，对于当事人的实体权利确有影响程度的差异，补正制度在有的情形中有其适用的合理性。此外，新《行政诉讼法》将程序违法区分为轻微违法与一般违法，对于程序轻微违法、对原告权利不产生实际影响的，人民法院判决确认违法，不撤销行政行为，维持行政行为的效力。《建议稿》对补正制度的定位是规定补正制度，将之作为程序违法的法律后果之一，但在适用范围上与德国和我国台湾地区相比较，作了较大幅度的缩减。随着程序法治建设的发展，再扩大其适用范围。

二、补正的适用情形

由于补正制度使程序违法的行政行为治愈瑕疵从而维持其效力，补正的适用范围应以法律明文规定确定为宜。首先补正限于行政行为程序违法且轻微的情形，对于实体违法或严重违反行政程序的，不能补正。特别是无效的行政行为，不能进行补正，如澳门地区《行政程序法》第 118 条规定：“不可追认、纠正及转换无效的行政行为”。德国和我国台湾地区行政程序法中也明确规定具备无效情形时，不适用补正。

德国《联邦行政程序法》第 45 条规定的补正情形包括：(1) 为行政行为所必要的申请，已于事后提出的；(2) 必须说明的理由，已于事后说明的；(3) 对于当事人必要的听证，已于事后补办的；(4) 作出行政行为时必须参与的委员会的决议，已于事后作出的；(5) 必须参与的官署，已于事后参与的。我国台湾地区“行政程序法”第 114 条规定的补正情形与之基本相同。这五种情形中，前三种属于外部行政程序违法的补正，后面两种属于内部行政程序的补正。

《湖南程序规定》第 164 条规定的补正情形有两种：一种是行政决定未说明理由且事后补充说明理由，当事人、利害关系人没有异议的；另一种是程序上存在轻微瑕疵或者遗漏，未侵犯公民、法人或其他组织合法权益的。《山东程序规定》第 129 条、《江苏程序规定》第 75 条、《宁夏程序规定》第 109 条关于补正情形的规定与之相同。《湖南程序规定》、《山东程序规定》出台之时，《行政诉讼法》尚未修改，这两部地方行政程序规定关于补正情形的规定缩小了撤销判决的适用范围，尽管与《行政诉讼法》的规定不尽一致，但是契合了其时的行政审判实践。我们在湖南省高院、山东省高院和济南市中级人民法院的调研中了解到人民法院在司法审查实践中区分程序违法与程序瑕疵，属于程序瑕疵的情形，并不作出撤销判决。

《建议稿》关于补止情形的规定与德国和我国台湾地区相比较范围很窄，因为德国和我国台湾地区规定的说明理由和听取意见制度是现代行政程序法的两项核心制度，也是当事人的两项重要程序权利。如果将这两种情形也纳入补正的范围，对于程序法治建设尚居于立法者强力推行阶段的中国来说，无疑是很不利的。因此，《建议稿》仅保留了三种外部程序违法中的第一种情形。同时，与《行政诉讼法》第 74 条“行政行为程序轻微违法，但对原告权利不产生实际影响的，人民法院判决确认违法，但不撤销行政行为”的规定相对应，吸收地方行政程序规定，本条规定了“行政机关程序轻微违法，未对当事人的权利产生实际影响，已于事后纠正的”的补正情形。

第一百一十五条　（违法行政执法决定的撤销与限制）

违法的行政执法决定在法定救济期间届满后，决定机关或者其上级行政机关仍可以依职权撤销。撤销决定应当告知当事人和利害关系人。

有下列情形之一的，不得撤销：

（一）撤销会给公共利益造成重大损害的；

（二）受益人信赖授益行政执法决定的持续存在，且其信赖利益显然大于撤销所要维护的公共利益的，但具有本条例第一百一十八条规定的情形的除外。

前款规定的撤销权应当自撤销机关知道存在撤销原因时起二年内作出。

行政决定不予撤销的，行政机关应当采取补救措施或者由监督机关责令其采取补救措施。

说明与立法理由：

本条是关于决定机关或者其上级行政机关自行撤销行政决定与限制的规定。包括：第一，法定救济期间届满后，决定机关或者其上级行政机关可以行使自行撤销权，依职权撤销违法的行政决定。第二，不得撤销的两种情形。第三，自行撤销权的除斥期间是二年。第四，行政决定不予撤销的，行政机关应当采取措施予以补救。

一、行政机关自行撤销违法行政决定

无效、补正、转换等是行政行为违法发生的特别法律后果，撤销则是行政行为违法的一般法律后果。复议机关、法院撤销违法行政行为的活动遵循《行政复议法》和《行政诉讼法》规定，行政程序法中规定的是行政机关对违法行政行为的自行撤销。《建议稿》规定的撤销是指法定救济期间届满之后，决定机关或者其上级行政机关仍可以自行撤销违法的行政决定的活动。违法的行政决定违反依法行政原则的要求，即便在救济期间届满后，仍应允许行政机关撤销，消除违法状态，恢复合法状态。尤其是对于违法的负担行政决定，行政机关不仅有权也有义务撤销该行政决定。

二、不得撤销的两种情形

自行撤销权的行使虽然体现了依法行政原则的要求，在负担行政决定情形中也有利于保护当事人的利益，但是与法的安定性原则之间存在冲突，尤其在授益行政决定情形之中。因此，撤销权的行使并非绝对自由，毫无限制，即使在负担行政决定中亦是如此。立法者需要在依法行政原则与法的安定性原则这两个基本原则之间寻求平衡点。但在我国部门法立法中，普遍规定行政机关对于违法的行政决定负有撤销的义务，这种毫无限制的撤销权的自由行使在《行政许可法》中得到改变，《行政许可法》对行政机关的自行撤销权的行使进行一定的限制，如第 69 条第 3 款规定撤销行政许可可能会对公共利益造成重大损害的，不予撤销。新《行政诉讼法》吸收最高人民法院司法解释的规定，第 74 条规定对于“行政行为依法应当撤销，但撤销会给国家利益、社会公共利益造成重大损害的”，人民法院判决确认违法，但不撤销行政行为。

《湖南程序规定》第 163 条、《江苏程序规定》第 74 条、《宁夏程序规定》第 108 条规定，行政执法行为的撤销不适用于下列两种情形：撤销可能对公共利益造成重大损害的和法律法规规章规定不予撤销的其他情形，《山东程序规定》第 133 条规定了第一种情形，即撤销行政决定可能对公共利益造成重大损害的，不予撤销。《建议稿》借鉴德国和我国台湾地区的立法经验，规定了不得撤销的两种情形。具备本条规定的两种情形时，自行撤销权的行使受到限制，即使行政决定违法，也不得撤销，而是继续维持其效力。这在德国行政法上称“存续保护”，即维持违法行政决定的效力，使之得以存续。关于存续保护的情形，《建议稿》参照我国台湾地区“行政程序法”第117条的规定，没有如德国《联邦行政程序法》那样区分授益行政行为的不同种类而提供不同层级的保护。相比较而言，德国关于授益行政决定的撤销的限制规定更为细致，也更具可操作性，但是也因之更为复杂。

《建议稿》规定的两种实行存续保护的情形具体是：

情形一，撤销会对公共利益造成重大损害的。此种情形在《行政许可法》、《行政诉讼法》、《湖南程序规定》、《江苏程序规定》、《山东程序规定》等立法中都有规定。不论行政决定是负担行政决定，还是授益行政决定，只要撤销可能对国家利益、社会公共利益造成重大损害的，都不得撤销，维持其效力。

情形二，受益人的信赖利益明显大于撤销所要维护的公共利益的。信赖利益得到存续保护需要具备三个条件：其一，受益人对授益行政决定的持续存在具有正当的期待和确信，并据此安排行为，即信赖事实存在。例如，受益人基于对行政许可的信赖，租用厂房、购买设备等。再如，受益人领取最低生活保障金后支出消费。其二，受益人不具备信赖不值得保护的情形。其三，信赖利益明显大于撤销所要维护的公共利益的。特别是在涉及公民基本生存救助的情形时，财政支出应当让位于公民福利的保障。

三、关于自行撤销权行使期间的规定

规定自行撤销权必须在一定期限内行使，也是在依法行政原则与法的安定性原则之间寻求平衡的一种方式。期间届满后，自行撤销权不能再行使，法定安定性得到实现。

四、行政机关采取补救措施

行政决定不予撤销是基于保护公共利益而维持了违法行政决定的效力，执法决定的违法性不因之治愈，仍属于违法行政决定。为

消除违法行政决定产生的不利影响，有必要在维持其效力的同时，要求作出决定的机关自行采取补救措施，尽量消除违法决定带来的不利影响。《湖南程序规定》、《山东程序规定》、《江苏程序规定》和《宁夏程序规定》都规定行政决定因为保护公共利益需要不予撤销的，行政机关应当自行采取补救措施。本条吸收地方程序立法的规定，要求行政机关采取补救措施，消除违法决定带来的不利影响。

第一百一十六条　（撤销的后果）

违法行政执法决定被撤销的，追溯至行政决定生效之日失去法律效力。为维护公共利益或者避免受益人财产受到损失，撤销机关认为有必要的，可以另定失效日期。

说明与立法理由：

本条是关于撤销后果的规定。包括两个方面的内容：第一，行政决定被撤销后溯及既往失去法律效力，追溯至行政决定生效之日失去效力。第二，撤销机关在特定情形中可以另定失效日期。

尽管在行政决定被撤销之前对当事人具有约束效果，但其一旦因被撤销失去效力，失效溯及既往至行政决定生效之时，应当回复到合法状态。因为当事人在行政决定被撤销之前之所以受违法行政决定约束是基于行政管理有效性的需要，只要不属于无效行政决定的情形，当事人就要受之约束，行政决定的合法性事实上处于推定状态而非确定状态。当行政决定被认定违法后，由于违法因素存在于行政决定作出之时，而非被撤销之时，失效自然应当溯及既往至行政决定生效之时。

《湖南程序规定》第162条、《江苏程序规定》第73条、《宁夏程序规定》第107条都规定行政决定被撤销后，撤销效力追溯至行政执法行为作出之日，法律法规规章另有规定的，撤销效力可自撤销之日发生。本条规定撤销效力追溯至行政决定生效之日是考虑到行政决定作出之时执法决定尚未生效，不具有对外法律效果，决定自生效之时开始产生对外法律效果，因此，追溯至决定生效之时似应更合理。

如果说撤销具有溯及既往的效果是基于依法行政原则的要求，本条借鉴我国台湾地区规定的另定失效日期则是法定安定性原则的体现。撤销机关如果基于公共利益或者受益人财产保护的考虑，认为有必要的，可以另行确定失效的日期。

第一百一十七条　（信赖不值得保护的情形）

受益人有下列情形之一的，其信赖不值得保护：

（一）以欺骗、贿赂等方法使行政机关作出行政执法决定的；

（二）对重要事项提供不正确资料或者作出不正确陈述，致使行政机关根据该资料或者该陈述作出行政执法决定的。

说明与立法理由：

本条是关于排除信赖保护的法定情形的规定。

信赖是否值得保护是受益人能否在行政决定被撤销和被废止后获得补偿的要件之一。排除信赖保护的情形由法律明确规定，这是对信赖保护的消极排除。德国立法中不仅规定了法定排除信赖保护的情形，还对提供金钱给付或者可分物给付行为的撤销中的信赖需要保护的情形作出正面规定，即“受益人已使用提供的给付，或已对财产作出处分，不能或仅在遭受不合理的不利方可解除时，其信赖一般需要保护。”《建议稿》没有如德国那样从排除与肯定两个方面同时作出规定，仅规定法定排除信赖保护的情形。如果行政决定的违法性是由客观上归责于受益人的原因造成的，或者其在行政决定作出时就知道是违法的，应当排除对其进行信赖保护。本条规定的两种情形参照了德国、我国台湾地区的立法经验。其中的第一种情形在《行政许可法》中也被排除在利益保护之外，行政许可因为被许可人以欺骗、贿赂等不正当手段取得的而被撤销的，被许可人基于行政许可取得的利益不受保护。

第一百一十八条　（授益行政执法决定被撤销后的信赖补偿）

授益行政执法决定被撤销后，如果受益人没有本条例第一百一十八条规定的情形，对其因信赖行政执法决定而遭受的财产损失，撤销机关应当给予受益人合理补偿。

对受益人的财产损失补偿包括直接损失和可预期收益，但补偿数额不能超过受益人因为行政执法决定存续可以获得的利益。

受益人的补偿请求权自行政机关告知其事由时起二年内不行使而消灭。行政机关没有告知受益人有补偿请求权的，自作出撤销决定之日起五年内行使。

说明与立法理由：

本条是关于授益行政决定被撤销后的信赖补偿的规定。包括以下内容：第一，授益行政决定被撤销后应当对受益人的信赖利益进行补偿。第二，补偿范围和标准。采用合理标准，额度不超过受益人因行政决定存续可以获得的利益。第三，补偿请求权的行使期间。

一、关于受益人信赖利益补偿的条件

违法的授益行政决定可以被撤销，但如果受益人没有法定信赖利益不值得保护的情形，行政机关应当对受益人的信赖利益进行财产补偿。《行政许可法》关于撤销行政许可后对受益人的补偿实质是对受益人的既得利益的保护，并非德国行政法上的信赖利益的保护。本条规定了授益行政决定被撤销后对受益人的信赖利益应当进行保护，并规定了信赖利益获得保护应当具备的几个条件：其一，行政机关决定撤销授益行政决定。其二，受益人没有信赖不值得保护的情形。其三，受益人因为信赖被撤销的行政决定将会持续存在遭受财产上的损失。其四，补偿请求权需要在一定期限内行使。

二、关于补偿范围和标准

补偿范围和标准直接关系受益人所能获得的利益保护程度。信赖利益是基于受益人对行政决定持续存在的正当预期而产生的利益，因此，对其补偿不能仅限于已经发生的财产实际损失，还应当包括将来确定能够获得的收益。本条因此规定对受益人的财产补偿包括直接损失和可预期收益，但补偿额度不超过受益人因为行政决定存续可以获得的利益。

关于补偿标准，《建议稿》采用了合理补偿的规定，所谓合理的判断是基于一般人的认识和感受补偿的数额应当是合理的。

第一百一十九条　（不利行政执法决定的废止）

作出行政执法决定的机关可以根据情势的变更，依职权对合法的不利行政执法决定全部废止或者部分废止。法律、法规禁止废止的除外。

不利行政执法决定对公民、法人和其他组织的权利有重大影响的，决定机关应当根据情势的变更废止不利行政执法决定。

说明与立法理由：

本条是关于废止不利行政决定的规定。

一、废止发生的原因

与撤销针对违法行政决定不同，废止在德国、我国台湾地区和我国行政法学中针对合法的行政决定而言。但在葡萄牙的《行政程序法》中，废止被分为有效行为的废止和非有效行为的废止。虽然本条是关于不利行政决定的废止的规定，但事实上无论是对不利行政决定还是授益行政决定而言，废止发生的原因都是基于法律或者事实基础的变化，作决定之时合法、适当的行政决定已经不符合新的法律或者新的形势的要求，需要终止其效力。本条使用“情势的变更”这一概括性较强的表述，目的在于应对复杂的行政管理实践，通常理论上将情势变更理解为法律基础与事实基础两个方面的变化。

二、是否废止行政决定由行政机关裁量决定，但当不利行政决定对当事人权利有重大影响时，废止裁量权缩减至零

《建议稿》中关于废止规定与其他专家稿的一个重大区别是将

废止定位为由行政机关裁量决定，而非行政机关的义务。这是因为废止发生的情形是基于形势的变化，原本合法、适当的行政决定或者变得不符合法律，或者达成行政的目的后失去继续存在的必要。如果严格按照依法行政原则的要求，行政机关应当废止该行政决定，特别是废止负担行政不会给当事人带来不利影响，信赖利益的保护不能成为限制废止的理由。因此，传统行政法理论认为废止是行政机关的义务。但在德国和我国台湾地区行政程序法中，行政决定的废止出现由废止义务向废止裁量的变化，即是否废止行政行为由决定机关进行合目的性裁量。行政机关在个案中对依法行政原则、实现法的安定性、当事人的利益保护等因素进行权衡，确定是否废止行政行为。

《建议稿》借鉴德国和我国台湾地区的规定，将废止定位为裁量而非义务，同时为保护当事人的利益，又用一款规定当出现不利行政决定对当事人的权利有重大影响时，行政机关的裁量权缩减至零，行政机关实质负有作出废止决定的义务。

第一百二十条　（授益行政执法决定的废止）

授益行政执法决定有下列情形之一的，决定机关可以全部或者部分废止行政执法决定：

（一）法律、法规规定准许废止的；

（二）附负担的行政执法决定，受益人未履行该负担的；

（三）行政执法决定的法律依据或者事实基础发生变化，行政执法决定继续存在将对公共利益造成严重损害的；

（四）其他不废止行政执法决定会对公共利益造成重大损害的。

废止授益行政执法决定应当自废止原因发生后一年内作出。

根据本条第三款和第四款废止合法授益行政执法决定的，对受益人因信赖该行政执法决定而遭受的财产上的损失应当给予合理补偿。补偿适用本条例第一百二十条的规定。

说明与立法理由：

本条是关于废止授益行政决定的规定。

基于受益人利益保护的考虑，废止授益行政决定应当受到更为严格的条件限制，当情势发生变更，只有在出现本条规定的四种情形时，行政机关才能裁量确定是否废止该行政决定：情形一属于立法明确授予行政机关废止权限。此种情形中立法者已经考虑了法的安定性、信赖利益保护等因素，作出废止授权。情形二为由于当事人的原因没有履行附款中确定的义务的。情形三与情形四属于对公共利益的考虑优先于受益人的利益考虑，其中第四种情形属于兜底条款。

第一百二十一条　（废止行政决定的后果）

合法行政执法决定经废止后，自废止之日起或者自废止机关指定较后之日起失去效力。因受益人未履行负担而导致废止发生的，溯及既往失去效力。

说明与立法理由：

本条是关于废止产生的效果的规定。废止面向未来发生效果，行政决定自废止之日起或者自指定较后之日起失去效力。

被废止的行政决定作出之时是合法的，只是因为情势发生变更，行政决定的事实基础或者法律基础发生变化而变得不再合法，或者不再有存在的必要，才被废止。因此，废止一般面向未来发生效力。例如，我国台湾地区“行政程序法”第 125 条规定合法行政处分经废止后，自废止时或自废止机关所指定较后之日时起，失其效力；再如，葡萄牙《行政程序法》第 145 条第 1 款规定，行政行为的废止仅对将来发生效果。

本条关于废止产生溯及既往的效果的规定是因为在此种情形中行政决定被废止的原因在于受益人自身没有履行附带的义务。

第一百二十二条　（行政程序的重新进行·申请的提出）

行政执法决定的法定救济期间届满后，具有下列各款情形之一的，当事人或者利害关系人可以向决定机关申请撤销或者废止行政执法决定：

（一）具有持续效力的行政执法决定的事实或者法律依据事后发生有利于当事人或者利害关系人的变更的；

（二）发生新事实或者发现新的证据，可能会作出有利于当事人或利害关系人的行政执法决定的；

（三）其他具有行政诉讼再审事由且足以影响行政执法决定的。

当事人或者利害关系人因为重大过失没有在行政程序或者救济程序中主张前款规定的申请事由的，不能接受其申请。

重新进行行政程序的申请应当自当事人或利害关系人得知申请事由之日起三个月内提出。但自法定救济期间届满后已逾五年的，不得再提出申请。

说明与立法理由：

本条是关于当事人或利害关系人申请重新启动行政程序，变更、撤销或者废止行政决定的规定。

一、为何要规定行政程序的重新进行

行政程序的重新进行在德国行政法上是指相对人对某项行政行为已经不能再提起救济诉请撤销后，由行政机关重新开启已经终结的行政程序，对行政行为的内容进行重新审查，以决定是否撤销或废止原行政行为或作出新的处理决定，德国和我国台湾地区行政程序法中都对行政程序的重新进行作出规定。《建议稿》也对此制度作出规定。

从法的安定性出发，公民如果没有在法定救济期间内及时提起救济，救济期限届满一般就不应当再就行政决定提起异议。但从最大限度地保护公民权利的法治国家理念出发，如果出现新的事实情况或者发现新的证据，或者有证据表明原来的行政决定违法，应当给予公民一次权利得到救济的机会。行政程序的重新进行实质与诉讼程序中的再审制度具有相同的功能，都是将公民权利保护优先于法的安定性考虑。尤其是行政决定的作出程序不及诉讼程序正式、

严格，引入重新进行制度对保护公民权利有重要意义。

二、关于行政程序重新进行的事由

启动重新进行程序的事由限定需要在一定范围内，且不能过于宽泛，如果过于宽泛，行政救济期间的规定就没有意义，也不利于及时消除行政决定效力的不确定性。因此，在肯定行政程序可以重新进行的前提下，还必须将其范围限定在有限的情形内。德国《联邦行政程序法》第 51 条列举规定的启动事由包括：（1）行政行为所依据的事实或法律状况事后发生了有利于相对人的变更。（2）相对人提供了新的证据材料，可以导致产生有利于相对人的决定。（3）具有《民事诉讼法》第 580 条规定的重新受理理由的。我国台湾地区“行政程序法”第 128 条规定的事由与之基本相同。

本条规定了重新进行行政程序的三种事由。其中，第一种情形是针对具有持续力的行政决定，事后在事实或者法律方面发生有利于当事人或利害关系人的变更，需要废止原行政决定。第二种情形是发生新的事实或者发现新的证据，导致可能作出新的有利于当事人或利害关系人的行政决定。第三种对应行政诉讼再审事由，即原行政决定存在事实认定错误或者法律适用错误的问题，需要撤销原行政决定。

三、申请的期间

申请期间的限制与法定事由一样都是促使申请人在出现法定事由后及时提出申请的制度安排。

第一百二十三条　（行政程序的重新进行·对申请的处理）

行政机关收到申请后，应当进行审查，并作出以下处理：

（一）申请人不是行政执法决定的当事人或者利害关系人的，驳回申请人的申请；

（二）申请重新进行行政程序的理由不成立的，或者虽然具备重新进行行政程序的原因，但认为原行政执法决定正当有必要维持其效力的，驳回申请人的申请；

（三）申请的理由成立的，应当撤销、废止或者变更原行政执法决定。

说明与立法理由：

本条是关于对当事人申请重新进行行政程序如何进行处理的规定。包括三种情形。

第八章　对行政执法程序义务履行的监督

第一百二十四条　（行政的监督）

县级以上人民政府应当加强对本条例实施情况的监督检查，及时纠正行政程序违法行为。监督检查的主要方式：

（一）听取本条例实施情况的报告；

（二）开展实施行政执法程序工作的检查；

（三）重大行政执法决定登记和备案；

（四）行政执法评议考核；

（五）行政执法案卷评查；

（六）受理公众投诉、举报；

（七）调查公众投诉、举报和媒体曝光的行政执法程序违法行为；

（八）查处违反执法程序的行为；

（九）其他监督检查方式。

说明与立法理由：

本条规定了县级以上人民政府对行政机关是否履行条例规定的执法程序进行监督的八种方式。

法定程序得不到遵循却不实际产生法律责任困扰着程序法治的发展，程序法无用论依然有相当影响。严格的司法审查是程序法得到有效实施最重要的保障机制，然而，行政诉讼发展得不尽如人意使之难以担负这一重任。当年在起草《湖南程序规定》时，如何保障规定能够得到有效实施一直是困扰立法工作小组的一个问题。《湖南程序规定》以行政立法研究小组的行政程序法专家建议稿为蓝本，但是规定第八章“行政监督”与第九章“责任追究”是专家建议稿中没有的内容。这两章的内容是对前面规定的程序义务如何能够真正得到遵循所做出的制度保障努力。此种努力早在《行政处罚法》制定时即已开始。《行政处罚法》第55条规定行政机关实施行政处罚，违反法定行政处罚程序的，由上级行政机关或者有关部门责令改正，可以对直接负责的主管人员和其他直接责任人员依法给予行政处分。但是，实践中并未出现过行政人员仅仅因为违反行政处罚程序而被行政处分的，由此可见，此种来自行政系统内部的程序责任追究机制在重实体、轻程序的氛围下，处于闲置状态。尽管如此，《建议稿》还是专设一章规定了对条例所规定的程序义务是否得到履行的监督机制，但是在内容上较为简单，仅为框架性规定，主要是考虑到监督机制是条例规定的执法程序义务得到遵守的保障机制之一，从完善制度建构层面来讲仍有规定的必要性。

本条是关于政府对条例规定的程序义务是否得到履行进行监督的机制规定，包括八种方式。这八种方式主要吸收了《湖南程序规定》第155条的规定，该条规定，县级以上人民政府应当加强对本规定实施情况的监督检查，及时纠正行政程序违法行为。监督检查的主要方式：（1）听取本规定实施情况的报告。（2）开展实施行政程序工作的检查。（3）重大行政行为登记和备案。（4）行政执法评议考核。（5）行政执法案卷评查。（6）受理公众投诉、举报。（7）调查公众投诉、举报和媒体曝光的行政程序违法行为。（8）查处行政程序违法行为。（9）其他监督检查方式。《江苏程序规定》第102条之规定与湖南基本相同，《山东程序规定》第126条规定了其中四种监督检查方式：（1）听取规定实施情况报告。（2）行政执法评议考核。（3）行政执法案卷评查。（4）调查处理公众投诉、举报和媒体曝光的行政程序违法行为。《宁夏程序规定》第101条规定了其中五种监督检查方式：（1）重大行政行为登记和备案。（2）行政执法评议考核。（3）行政执法案卷评查。（4）受理、调查公众投诉、举报和媒体曝光的行政程序违法行为。（5）查处行政程序违法行为。

第一百二十五条　（公民、法人和其他组织的监督）

公民、法人或者其他组织认为行政机关的行政执法违反法定程序的，可以向其本级人民政府法制部门、监察部门和上级行政机关投诉、举报，要求调查和处理。政府法制部门、监察部门和上级行政机关应当公布受理投诉、举报的承办机构和联系方式。

接受投诉、举报的行政机关对受理的投诉、举报应当进行调查，依照职权在六十日内作出处理决定，并将处理结果告知投诉人、举报人。

说明与立法理由：

本条是关于公民、法人和其他组织对行政机关是否履行条例规定的执法程序义务的监督机制的规定。

公民、法人和其他组织对行政机关是否履行义务进行监督在《湖南程序规定》、《山东程序规定》、《江苏程序规定》和《宁夏程序规定》等地方程序规定中都有规定。公民、法人或其他组织的监督是来自行政机关外部的监督，外部监督是规范和监督执法机关履行法定程序义务的重要机制，对督促执法机关履行法定程序义务有积极作用。本条吸收地方程序规定的内容，规定的监督方式为向本级人民政府法制部门、监察部门和上级行政机关投诉、举报，要求调查和处理。政府法制部门、监察部门和上级行政机关应当公布受理投诉、举报的承办机构和联系方式。

第一百二十六条　（行政执法程序状况档案）

县级以上人民政府法制部门应当建立行政机关依法行政档案，对本级人民政府各工作部门和下一级人民政府的行政执法中的程序违法行为予以登记，并将违法记录以适当方式向社会公布。

说明与立法理由：

本条是关于政府法制部门建立行政机关依法行政档案的规定。

为更好地督促执法机关履行法定程序义务，《湖南程序规定》第157条规定了依法行政档案机制，规定县级以上人民政府法制部门建立行政机关依法行政档案，对本级人民政府工作部门和下一级人民政府的行政程序违法行为予以登记，并将违法记录以适当方式向社会公布。《建议稿》规定在行政机关依法行政档案中，对执法机关的程序违法行为予以登记，并将违法记录以适当方式向社会公布，发挥社会监督的作用。

第一百二十七条　（对程序违法行为的自我纠正）

行政机关违反法定执法程序的，行政机关应当依职权或者依申请自行纠正。

县级以上人民政府法制部门对公众投诉举报、新闻媒体曝光和监督检查中发现的行政机关执法程序违法行为，应当向有关机关发出《行政执法监督通知书》，建议自行纠正，有关机关应当在三十日内将处理结果向政府法制部门报告。

说明与立法理由：

本条是关于行政机关对程序违法行为自我进行纠正的规定。

行政机关对自己违反法定程序的行为应当自行纠正，《湖南程序规定》第158条、《山东程序规定》第128条、《江苏程序规定》第103条、《宁夏程序规定》第104条都是规定行政机关行政程序违法的，行政机关应当依职权或者依申请自行纠正。本条吸收地方程序立法，对行政机关自行纠正程序违法行为作出规定。

第一百二十八条　（对程序违法行为的处理）

行政机关不自行纠正违法行政执法决定的，由有监督权的机关根据违法行为的性质、程度等情况，依照职权分别作出如下处理：

（一）责令履行法定职责；

（二）确认行政执法决定无效；

（三）撤销；

（四）责令补正或者更正；

（五）确认行政执法决定违法。

说明与立法理由：

本条规定行政机关不自行纠正违法的执法决定的，由有监督权的机关依照职权作出处理。

行政复议与行政诉讼是法定监督机制。本条规定了行政复议与行政诉讼之外，行政系统内部其他有监督权的机关有权依照法定职权对违法行政决定进行处理。

第九章　附　　则

第一百二十九条　（条例生效）

本条例自　年　月　日开始生效。

研 究 篇

《中华人民共和国行政执法程序条例》立法研究报告

法治的核心是程序法治，行政法治的核心是行政程序法治。行政程序法是关于行政机关实施行政活动应当遵循的法定程序的规定，它既是行政实体法得到正确、及时实施，进而有效实现行政管理目标的制度保证；也是防止行政权力滥用，保障行政权公正运行，保护公民、法人和其他组织合法权益的重要机制。当前，基于各种原因，我国尚未制定《行政程序法》，关于行政执法的程序规定主要分散在《行政处罚法》、《行政许可法》、《行政强制法》等单行立法，以及大量关于部门管理的相关立法中。地方立法层面，2008 年之后，湖南省、山东省、江苏省、宁夏回族自治区等十五个省、自治区、市、盟、自治州、县制定的行政程序规定中对行政执法程序作了系统规定，辽宁省于 2011 年制定《辽宁省行政执法程序规定》。现有立法对规范执法活动发挥了积极作用，但是，由于中央层面缺乏关于执法活动的基本程序立法，行政执法实践中仍然存在很多问题，包括执法体制不顺、执法乱作为、执法不作为和慢作为、执法不公、执法不规范、执法效能有待提高等诸多问题，需要进一步加强执法程序立法予以规范和监督。

2013 年 11 月，党的十八届三中全会《中共中央关于全面深化改革若干重大问题的决定》（以下简称《深化改革决定》）中提出“推进国家治理体系和治理能力现代化”的总目标。行政执法是国家治理体系的重要组成部分，相当数量的法律规范要通过行政机关来实施，行政执法的状况与国家立法是否能够得到有效实施、法秩序能否建立息息相关。当前行政执法中存在的诸多问题不利于保障公民权利，影响了法律、法规的有效实施和公共管理的效能。《深化改革决定》中明确提出要“完善行政执法程序，规范执法自由裁量权，做到严格规范公正文明执法”。2014年10月23日党的十八届四中全会通过《依法治国决定》中进一步提出“依法治国是实现国家治理体系和治理能力现代化的必然要求，事关党的执政能力和执政水平，必须全面推进依法治国”，其中关于法治政府建设部分提出“深入推进依法行政、加快建设法治政府”的任务，要求“各级政府必须坚持在党的领导下，在法治轨道上开展工作，创新执法体制，完善执法程序，推进综合执法，严格执法责任，建立权责统一、权威高效的依法行政体制，加快建设职能科学、权责法定、执法严明、公开公正、廉洁高效、守法诚信的法治政府”。

为更好地落实中央关于完善执法程序立法、规范行政执法活动的要求，国务院法制办将《行政执法程序条例》列为二类立法项目予以研究起草。2013年11月，国务院法制办协调司启动《行政执法程序条例》立法研究论证工作，委托中国政法大学诉讼法学研究院王万华教授承担《中华人民共和国行政执法程序条例》（专家建议稿）（以下简称《建议稿》）起草工作。课题组前期在湖南省、辽宁省、山东省、北京市展开实地调研，召开专家研讨会，收集梳理现有立法，对外国行政执法程序进行比较研究，对地方现有行政程序规定进行梳理。课题组在充分讨论、实证调研的基础上，就制定《行政执法程序条例》的必要性、可行性、起草《建议稿》的主要考虑及主要内容形成立法研究工作报告。

第一章　制定《行政执法程序条例》的必要性研究

一、党的十八大四中全会“深入推进依法行政、加快建设法治政府”任务的提出对加强行政执法程序立法提出新的要求，制定条例是落实这些要求的重大举措

为实现三中全会确立的“推进国家治理体系和治理能力现代化”目标，四中全会《依法治国决定》提出全面推进依法治国，其中关于法治政府建设部分提出“深入推进依法行政、加快建设法治政府”的任务，要求“各级政府必须坚持在党的领导下，在法治轨道上开展工作，创新执法体制，完善执法程序，推进综合执法，严格执法责任，建立权责统一、权威高效的依法行政体制，加快建设职能科学、权责法定、执法严明、公开公正、廉洁高效、守法诚信的法治政府”。《依法治国决定》对法治政府提出六项标准：职能科学、权责法定、执法严明、公开公正、廉洁高效、守法诚信。这六项标准需要通过相应体制机制予以实现和保障，对此，《依法治国决定》中逐项进行列举，提出了很多非常具体的制度要求，其中与行政执法活动相关，需要尽快完善执法程序立法予以贯彻、落实的事项主要包括：

1. 关于依法全面履行政府职能。其中，明确提出要完善行政组织和行政程序法律制度，推进机构、职能、权限、程序、责任法定化。行政机关要坚持法定职责必须为、法无授权不可为，坚决纠正不作为、乱作为，坚决克服懒政、惰政。

2. 关于深化行政执法体制改革。要求根据不同层级政府的事权和职能，按照减少层次，整合队伍、提高效率的原则，合理配置执法力量。推进综合执法，理顺行政强制执行体制。严格实行行政执法人员持证上岗和资格管理制度，未经执法资格考试合格，不得授予执法资格，不得从事执法活动。

3、关于坚持严格规范公正文明执法。其中，明确提出要完善执法程序，建立执法全过程记录制度。明确具体操作流程，严格执行重大执法决定法制审核机制。建立健全行政裁量权基准制度，加强行政执法信息化建设和信息共享，提高执法效率和规范化水平。

4. 关于全面推进政务公开。要求坚持以公开为原则、不公开为例外，推进决策公开、执行公开、管理公开、服务公开、结果公开。

尽管经过二十年来的努力，我国行政执法程序立法日益完善，对规范行政执法活动发挥了积极作用，但是行政执法活动程序法定化程度当前仍然有待提高，行政执法活动的程序机制尚不够完善，执法随意性较大，透明度不高，执法效能不足，执法活动中较为普遍存在执法乱作为、执法不作为与慢作为、选择性执法、暴力执法、趋利执法、执法不公、执法腐败等诸多问题，老百姓反映较为强烈，容易引发社会矛盾。现有关于执法程序的立法与《依法治国决定》关于严格规范公正文明执法的要求还有需要完善的地方。制定《行政执法程序条例》是贯彻、落实《依法治国决定》中关于完善执法程序的要求，深入推进依法行政工作、加快建设法治政府建设任务的重大举措，也是保障公民权利，提升行政执法效能，保障和实现法秩序和公共管理秩序，进而实现公共治理现代化转型的法治保障。

二、《行政处罚法》、《行政许可法》、《行政强制法》仅仅规范了三类执法活动程序，行政执法实践仍然存在很多问题，需要完善执法程序立法以规范执法活动

与将执法主要理解为行政处罚与行政许可的观点相对应，一种观点认为我国有了《行政处罚法》、《行政许可法》、《行政强制法》，就没有必要再制定《行政程序法》。然而，课题组在调研中发现《行政处罚法》等三大法只解决了部分执法活动的规范问题。实践中执法存在以下一系列突出问题，需要完善执法程序立法，规

范行政执法活动。

1. 多头执法、多层执法问题较为普遍存在，执法中地方主义、部门主义现象严重，行政机关之间缺乏内部行政程序机制解决由此产生的各种问题，影响对外执法效能，需要立法适度规范内部运行机制。外部行政程序一直是行政程序法研究中的重点，内部行政程序的研究与立法都相对薄弱。然而，在辽宁省、山东省调研时，基层执法人员关于执法中面临的困难更多提到的是行政内部运行制度化缺失带来的执法困境。执法体制不顺给执法带来的问题包括纵向与横向两个方面。纵向上体现为：（1）执法权层级配置不明确。相当数量的部门管理法中规定由县级以上政府工作部门作为执法机关，但是省、市、区级执法部门之间如何确定执法机关不明确，造成多层执法，困扰执法对象。（2）部分地区乡镇执法面临合法性风险。在一些经济发达地区，如江苏省，经济发达乡镇执法任务繁重，但是乡镇府本身没有执法权，尝试通过省政府授权将执法权下沉至经济发达镇。执法权下沉至乡镇后，出现乡镇执法能力不足、执法难度大等问题。

横向上，受事权过度分散的行政体制困扰，执法中部门主义较为严重，行政整体性原则得不到体现和遵循，部门之间缺乏有效协调与配合，课题组在辽宁省调研时，很多执法人员对此反映非常强烈，包括：（1）实体法关于部门职权的规定在很多情况下存在职责不清的问题，由于缺乏权限争议解决机制，一方面是部门之间相互争权，另一方面是由于执法人员不愿管，或者担心越权引起被申请复议、被诉等不利后果，出现无部门管的情况。（2）行政整体性难以体现，部门之间缺乏有效的配合、协助，如部门之间很难做到执法信息共享，重复调查，浪费行政成本与社会资源，增加公民、企业负担；执法协助缺乏制度保障，需要依托人脉，增加执法难度，很多时候造成执法不作为，执法人员对此反映极为强烈。（3）部门之间执法力量配置不合理，执法人员机械按照级别配备，没有考虑到有的部门如食监、工商执法任务繁重需要配备更多执法人员，执法力量与执法任务之间存在较大矛盾，造成执法不作为。（4）有的部门在执法中大量雇佣协助执法人员，由于这些协助执法人员的条件、地位、职责、责任确定等都不明确，形成临时工执法乱象。

2. 公民、企业权利在执法过程中缺乏程序保障，越权执法、执法谋利等执法乱作为现象依然存在，需要通过立法加强对当事人在执法过程中的程序权利保障，完善对执法权的制约与监督机制。

依职权执法是行政执法的主要方式，《行政处罚法》等单行法只规范了部分执法活动的程序，其他执法活动的程序缺乏一般性规定，主要适用部门管理立法予以规范。由部门主导起草的管理部门立法中关于执法程序的规定大都带有很强的管理程序法色彩，对当事人的程序权利缺乏必要的保障，当事人在执法过程中缺乏制约执法权的机制，难以与执法机关之间做到武器平等，其实体权利相应缺乏保障。要治理执法乱作为，需要赋予当事人在执法过程中根据正当法律程序要求应享有的程序权利，包括阅览卷宗权、陈述意见权等，从而对执法权形成有效的制约，这就需要加强执法程序立法。

3. 执法人员“法定职责必须为”意识不强，执法不作为、拖延履职、执法不力等现象较为普遍存在，法律得不到有效实施，造成一些违法行为长期得不到制止、纠正。执法缺位在社会上形成守法者不利、违法者获利的不良导向，法律权威受到损害，民众意见较大。执法不作为，为官不作为，懒政、怠政是当前执法中较为突出的一个问题，尤其是随着中央八项规定的推行和党的十八大之后反腐的推进，执法不作为、慢作为更是呈现较为明显的增长态势，“干部不腐败了，但是也不干活了”，民众反映强烈。根据课题组的调研，出现执法不作为的原因是多方面的，包括：（1）有的地方为满足领导发展地方经济政绩的需要，一些部门如果严格执法被认为会影响经济发展，如环保、食品安全监管、城建等部门。这些部门在领导压力之下只好不执法，或者执法不力。（2）有的执法人员缺乏“法定职责必须为”的意识，主观上工作责任心缺失，消极无为，应当执法不执法，懒政。(3) 有的执法机关或者执法人员趋利执法，无利益不执法；有的执法人员通过拖延履职进行权力寻租。(4) 实体法上关于部门之间的职权划分规定不清晰，执法机关害怕承担越权引起的责任，客观上造成不作为。(5) 执法任务主要集中在基层，但是基层受编制限制，执法人员、执法设备等执法能力配置与执法任务不匹配，行政事务过多难以应对。(6) 立法对启动执法程序的条件缺乏明确规定，执法机关与举报人在是否具备启动执法程序的条件上有时存在认识差异。(7) 执法责任追究机制不规范、不完善使得执法人员害怕承担因执法不当引起的法律责任，选择不执法。课题组在山东省调研时，交通、安全生产部门执法人员对此反映尤为强烈。(8) 执法人员或者执法机关担心执法后引发当事人的信访，回避执法，敷衍拖延。治理执法不作为，一方面需要在观念上要求执法人员树立和提高法定职责必须为的意识，另一方面需要针对造成不作为的原因，完善相关体制机制，从制度上解决执法不作为的问题。

4. 行政执法过程缺乏规范，需要通过立法建立常态执法机制与规范执法过程。现有立法规范重点是对行政处罚等行政决定的规范，执法过程缺乏规范，使得实践中执法随意性较大，执法不规范现象很普遍。具体体现在：(1) 运动式执法、突击执法比较突出，执法缺乏常态化，尤其是在食品安全领域、消防安全领域、交通违章治理、城市电动车三轮车治理等领域[①]，日常执法检查不到位，往往出了事故才进行集中整治。行政许可发放后，重许可、轻事后监管现象依然普遍存在。(2) 执法中的事实行为缺乏规范，日常执法检查该如何进行、检查什么、检查结束之后如何处理等缺乏规

① 关于执法中存在的运动式执法、突击执法等问题的分析及其治理，可以参见胡宝岭：《中国行政执法的被动性与功利性——行政执法信任危机根源及化解》，载《行政法学研究》2014 年第 2 期。

范。（3）执法检查随意性较大，有的部门执法扰乱了商户、企业的正常经营活动，有的是多部门执法检查缺乏协调，对企业正常生产经营活动造成影响，有的是执法人员滥用执法检查权，达到执法寻租的目的。（4）执法过程中因为执法人员的不文明举止，暴力执法，不尊重执法对象，容易引发双方矛盾、冲突，甚至酿成伤人、杀人等恶性事件。（5）行政执法证据规则不完善，证据的收集不规范，特别是在打击黑车、打击黑作坊等执法中，由于证据收集客观上存在较大难度，钓鱼执法质疑引发社会强烈反映[①]，使得执法决定事实认定存在较为突出的问题。调研中，山东省高院、湖南省高院、辽宁省高院提供的数据显示撤销判决中因为事实认定错误导致行政机关败诉的比例最高，反映出执法决定中事实认定存在问题较多，而事实认定存在问题与执法证据规则不完善有很大关系。由于缺乏综合性立法，行政执法证据制度很不完善，除公安机关之外，大多数行政管理立法中关于证据的规定都很原则，缺乏完整的证据规则的规定。很多基层执法人员不了解法院对收集证据的基本要求，不知证明到何种程度可以确定为事实清楚。

5. 执法裁量权行使缺乏明确的规则指引，选择性执法、执法标准不统一、人情执法等执法不公、执法腐败问题较为突出，民众反映非常强烈。受立法宜粗不宜细政策影响，执法权行使的条件往往不明确、不具体，大量实体法授予执法部门巨大裁量权。执法实践中，受程序立法滞后形成的制度规范缺失、执法人员整体素质不高、部分执法人员执法寻租谋利等因素影响，执法裁量权行使不公现象较为突出，具体表现为：（1）选择性执法。执法部门对部分违法人员、违法企业启动执法程序，对部分违法人员、部分违法企业却放任违法，不予执法。（2）执法标准不统一，同案不同罚，相同情况不同处理、不同情况处理相同，法律适用出现不一致。

① 如在上海市打击车辆非法营运中出现了2009年孙中界自断手指以证清白等一系列引发社会质疑执法部门钓鱼执法的一系列事件。

(3) 行政决定说明理由等制度实施不理想。课题组在湖南省的调研表明，受制于基层人员的执法素质等因素，说明理由要求的落实存在很大难度。(4) 裁量权规范存在较大问题。行政许可及与民生保障相关的福利行政领域，在申请审查过程中，裁量权行使条件和标准往往缺乏明确的规定，加上审查过程公开性不够，容易形成执法腐败问题。在行政处罚领域，处罚裁量基准主要针对罚则的适用，并存在制定主体过多问题。对此，《依法治国决定》中已明确提出建立健全行政裁量权基准制度，细化、量化行政裁量标准，规范裁量范围、种类、幅度。(5) 裁量权规范机制较为单一，需要发展多元机制规范裁量权。目前规范裁量权主要倚重裁量权基准，但在调研中发现裁量权基准仅在一定程度上弥补立法之不足，个案正义的实现并没有实质解决。此外，调研中有的执法人员提出裁量基准有时本身成为实现个案正义的障碍。

6. 行政执法效能不高，需要完善相关机制提高政府公共服务水平。行政事务随着社会发展日益繁重、复杂，面对新老问题，一些部门和地方近年来在推进行政信息化建设，优化行政流程，提供便民服务等方面取得很大成绩，但仍然存在一些问题需要完善机制予以规范：(1) 执法信息化建设有待进一步加强，需要进一步加强电子政务为老百姓提供便民服务。(2) 执法信息共享缺乏制度保障，如企业需要根据不同部门要求重复安装摄像头，加重企业负担，浪费资源；老百姓手中办理各种事务的卡没有实现一卡通，不够便利，浪费资源。(3) 行政许可、申请最低生活保障、公租房保障等依申请行政决定在申请处理环节还没有实现机关之间的共同处理，流程过长。(4) 执法机关内部流程有待进一步优化，提高效率。(5) 执法程序繁简分流不足，简易程序的适用范围过窄。《行政处罚法》制定时关于简易程序适用范围作了非常严格的限定，符合当时的形势。经过近二十年的发展，其范围已经不能适应当前的情况。调研中发现相当数量的执法案件，事实问题并不存在争议，尤其是在城管执法中，多数执法为抓到现行，当事人往往对事实问题并不存在争议，以罚款数额的大小来确定程序类型并不合理。（6）执法中实行过于严格的文书主义，现代通信技术的引入在执法效力方面没有得到足够体现，如一些中间性程序性行为也要求采用书面文书方式作出。

7. 行政执法决定的效力制度缺乏规范，既影响执法决定内容的实现，也影响公民及时行使复议权、行政诉权。由于尚未制定《行政程序法》，关于行政执法决定的效力制度立法中还没有规定，但是，在行政执法实践中，执法人员往往面临一些具体问题，不知该如何处理，需要立法予以回应，包括：行政执法决定作出后对决定机关自身产生什么样的效力，执法机关自己能否自行撤销违法的行政决定；执法决定作出后，对当事人从什么时候起产生约束力，有哪些约束力等。课题组在辽宁省调研时还了解到，很多对当事人影响较小的执法决定，执法机关自身没有强制执行权，但是申请法院强制执行，法院不接受申请，造成执法决定无法执行，影响执法效果和权威。对于公民来说，行政决定效力制度缺失，影响其及时行使复议权和行政诉权。

8. 针对行政特点的文书送达制度没有普遍建立，送达难成为执法人员反映强烈的问题。行政送达在制度上基本参照司法送达方式，实际操作层面也仿照司法送达进行，但是，与司法文书送达相比，行政文书送达更为复杂，包括行政文书送达数量远远超过法院，被管理对象流动性强非常强，等等。调研组在调研时，很多执法人员都反映执法决定文书送达难的问题。随着城市外来人口的增多，人口流动性很强，行政送达面临比较突出的送达难问题。当事人留假地址、拒收、见证人拒绝见证等加大了送达难度。此外，有的部门，如交通执法决定文书数量大，采用传统的送达方式面临很高的送达成本。送达在实践中面临的困境需要通过立法针对行政送达的特点作出具体规定。

三、完善执法程序立法需要调整立法思路，由“单行立法”走向“统一立法”

《依法治国决定》对制定立法完善行政执法程序提出明确要求，执法实践存在的大量问题亦表明需要完善执法程序立法予以规范，问题是完善执法程序立法的立法路径如何选择？为何我们要终结延续单行立法方式的零售立法思路，转向制定综合性、普遍性统一立法的统一立法思路？这是下一步完善行政执法程序立法首先需要讲清楚的问题。

1. 全面推进依法治国战略之下，完善执法程序立法面临全面规范行政执法活动、整体推进行政执法现代化转型的新任务；国家“互联网+”经济行动计划与大数据时代对完善行政执法程序立法提出要解决对内打破部门壁垒、对外建构行政私人合作新型关系的新问题。面对全局性的新任务与新问题，解决具体问题的单行立法思路无法解决全面规范行政执法的立法需求。

单行立法思路契合特定历史条件。制定单行《行政处罚法》、《行政许可法》、《行政强制法》是中国特有的法律现象。回顾立法历史，不难看到出现此种特有立法现象乃是受制于特定时期学理研究之不足与行政法治发展初期所限。《行政处罚法》的立法工作起步于1991年，当时学界关于行政程序法的理论研究刚刚起步①；立法层面，行政程序立法尚非常薄弱，数量不多的行政程序法律规

① 国内关于行政程序法最早的两本专著出现在1991年：江必新、周卫平编著：《行政程序法概论》，北京师范大学出版社1991年版；傅宗华编著：《实用行政程序法》，中国人民公安大学出版社1991年版。1999年，王万华教授完成国内第一篇关于行政程序法研究的博士论文《行政程序法研究》；应松年教授整理出版《外国行政程序法汇编》，中国法制出版社1999年版。

范主要是部门规章和地方立法[1]。针对当时的情况，立法者确立了从单行法入手，“成熟一个、制定一个”的零售立法思路[2]。

单行立法因为只针对特定问题，立法周期短，在短时期内有效解决了特定行为领域的执法规范问题，推动了行政执法领域的法治化进程。然而，随着中共十八届三中全会国家治理目标和治理能力现代化目标的提出，在全面推进依法治国战略之下，行政执法作为国家治理体系的重要组成部分，完善行政执法要解决的问题发生了变化，不再是集中完善执法中的某一个问题，而是面临全面规范行政执法活动、整体推进行政执法现代化转型的新任务。此外，随着国家“互联网+”经济行动计划的提出，行政执法在大数据时代面临对内整合行政资源、对外建构行政私人合作新型关系的新问题。面对带有全局性的新任务与新问题，解决具体问题的零售立法思路已经难以适应新的立法需求，需要转向全面规范的综合统一的立法思路，具体体现为以下几点：

第一，在社会主义法律体系初步形成之后，如何保障法律体系得到有效实施是当前面临的主要任务。行政机关是法律实施机关，相当数量的法律规范通过行政执法予以实施，执法状况之好坏，执法之成效，与客观法秩序是否能够形成直接相关。当前，行政执法实践中仍存在执法乱作为、执法不作为、执法慢作为、运动式执法、执法不公、执法效率不高、执法效力不明确等诸多问题，造成行政法律规范实施状况并不理想，需要立法针对实践中存在的诸多

① 《行政诉讼法》第54条规定了撤销判决，为更好地规范部门行政执法，20世纪90年代以来，国务院一些部门制定本部门专门程序性规章，如《渔业行政处罚程序规定》（农业部，1992年）等；一些地方人大也相继制定了地方性法规，规范行政机关的行政执法程序，如济南市1990年制定的《济南市行政执法监督暂行规定》、天津市1991年制定的《天津市行政执法和行政执法监督暂行规定》、福建省1992年制定的《福建省行政执法程序规定》，石家庄市1992年制定的《石家庄市行政执法条例》等。

② 时任全国人大法工委国家法室主任、全国人大法工委原副主任、中国立法学研究会会长张春生在多次关于行政程序法理论研讨会上都表达了这一观点。

问题全面规范执法活动。

第二，行政执法是国家治理体系的重要组成部分，行政执法的现代化转型是国家治理体系和治理能力现代化转型的重要组成部分，完善执法程序立法面临的任务不再是重点规范某一类型的行政执法活动。《依法治国决定》中要求的严格规范公正文明执法是对行政执法整体而言的，完善执法程序立法的要求亦是针对行政执法整体而言的。在全面推进依法治国战略之下，完善执法程序立法面临的任务不再是重点规范某一类型的行政执法活动，而是如何保障作为国家治理体系重要组成部分的行政执法整体能够合法、规范、有效，不乱作为侵犯民众权利，积极作为履行职责，保障公法秩序有效得以建构，为民众提供良好的公共服务。

第三，“互联网+”经济行动计划的提出，大数据时代的来临，需要行政对内加强行政整体性机制建设、对外形成开放的行政权力运行机制，立法因而需要立足于行政整体予以全面规范。大数据时代的特征之一是要整体、不要抽样，对碎片化执法体制和封闭的行政权力运行机制形成强烈的冲击，需要立法回应这一整合行政、建构行政私人合作新型关系的新趋势。行政内部的体制壁垒首当其冲需要消除，没有行政壁垒的消除，“互联网+”经济行动计划就没有基础，如在社会信用体系的建构中，分散在工商、税务、质监、民政、公安等不同部门的关于企业信用、个人信用的信息需要整合至统一的平台，这就对部门信息采集的规范化、标准化，进而对信息能够真正做到共享，提出规范要求。因此，在大数据时代，行政执法立法面临的问题是如何加强行政的整体性建设，包括行政的规范化、标准化建设，完善行政内部的协作机制，这就需要突破碎片化部门思维，转换大数据整体思维，立法因而需要立足行政整体予以全面规范。

世界范围的开放数据运动体现了大数据时代对行政管理模式的影响。在美国，奥巴马总统致力于推进公开政府到开放政府的升级，2009 年 1 月，奥巴马总统签署《开放透明政府备忘录》。迄今，政府开放数据运动在全球范围方兴未艾，截至2014年2月10日，全球已有63个国家加入开放政府合作伙伴组织。2014年9月1日，欧盟行政法研究网发布了由来自德国、法国、意大利、英国等国家公法学者历经五年完成的《欧盟示范行政程序法》，在这个法典中，与欧洲大陆国家已有的行政程序法典相比较，增加了信息管理的新内容，法典第六章信息管理涉及机关信息的标准化、规范化，以及不同机关之间信息的共享机制。中国在迈向现代化进程中，必须积极回应大数据时代对公共治理模式带来的挑战，抓住大数据时代带来的新的机遇。碎片化的部门执法是我国行政执法的现状，这一现状当前正面临大数据时代的互联网思维的冲击，转变部门执法的分散思维，适应整体行政的合作思维应当成为执法新常态。全局性的综合立法既是回应全面规范立法需求的需要，也是树立整体行政思维的最好方式。

2. 行政执法方式多样，其种类远远超过行政处罚、行政许可、行政强制三种类型，三大法不能回应行政执法方式多样性的规范需求。

一种观点认为有了三大法，规范行政执法活动的任务就基本完成，反映出单行立法的零售立法思路反过来影响了人们对行政执法概念的理解，《行政处罚法》与《行政许可法》的出台使很多行政机关将执法等同于行政处罚与行政许可，随着《行政强制法》的制定，又加上行政强制，如在北京市行政机关年度依法行政考评中，如果行政机关年度作出的行政处罚数量为零，该行政机关要被扣分。然而，执法实践表明对执法持狭义理解并不符合实际情况，如在2014年公布的《北京市人民代表大会法制委员会关于本市行政执法情况的调研报告》中提到“2013年，北京市全市实施行政处罚1388万件，97.98%为公安部门，其他执法部门只占2.02%”。报告从执法不作为的角度解读这几个数据，执法不作为确是当前比较严重的一个问题，但这两个数据比例客观上呈现出严重不匹配的结构，如果仅从公安部门之外其他执法机关不作为角度予以解读，并不全面，情理上公安部门之外的其他执法机关不可能存在如此大范围的执法不作为。这几个数据恰恰说明对大量执法机关而言，行政处罚并非他们常用的执法方式，如笔者在北京市科委的一个课题论证中了解到，北京市科委自2006年以来，共作出行政处罚10余件，因为其行政处罚事项非常有限，清单显示行政处罚主要为两类：与动物实验相关事项和对技术合同登记机构的相关管理。

如果我们从法律规范的实施意义上理解行政执法，就能很好地解决实践中很多执法机关并不常用行政处罚的方式，但却在从事大量实施法律规范的活动。因此，三大法仅规范了部分执法活动，很多执法活动处于无基本法可依的状态。目前，名称已经确定的执法决定类型就已远远超过这三种，如最高人民法院2004年公布的《关于规范行政案由的通知》中列举的行政行为种类有27种，除行政处罚、行政许可、行政强制之外，还包括行政确认、行政合同、行政奖励、行政补偿、行政给付、行政征用、行政征购等20余种。从行政案件涉及的职能部门来看，有的部门如涉及民生保障职能的人事和社会保障部门、民政部门等，被诉到法院的执法决定类型绝大多数是不服工伤认定、不服退休待遇确认、请求发放抚恤金等给付行政决定，行政处罚决定非常少。在上海市崇明区政府公布的行政执法清单中，崇明区政府执法事项共计123项，其中，行政处罚21项、行政强制17项、行政许可20项、非行政许可审批事项27项、行政确认6项、行政给付3项、行政裁决1项、行政征收5项、其他13项。行政处罚、行政许可、行政强制三类行为共计58项，占总数的47.2%；其他行政执法事项65项，占总数的52.8%，其他行政执法事项多于三类执法。在三大法没有涵盖的执法活动中，部门执法更多地依赖部门管理立法、地方立法、行政规范性文件规定进行。整体来看，部门立法、地方立法、行政规范性文件在执法程序方面的要求并不完善，管理法的色彩依然较强，对公民、法人和其他组织程序权利保障不足，容易出现执法乱作为问题；执法裁量权的规范机制缺失，执法透明度不高，容易出现执法不公等问题。

3.《行政处罚法》、《行政许可法》都存在被规避适用的问题，显示综合性立法缺失带来的法律易被规避适用的困境。

课题组在调研中发现，为了规避争讼风险，个别执法机关一年里没有作出一个行政处罚决定，而是代之以约谈当事人的方式在进行执法。《行政许可法》实施以来，非行政许可类审批概念的提出，使得相当数量应当适用《行政许可法》的许可事项完全规避《行政许可法》的适用①。要解决这一通过概念游戏规避法律适用的问题，需要制定统一立法规定以行政权为规范对象的普遍性规则，防止单行立法带来的立法空白出现法治空白的问题。

4. 行政执法的方式随着新问题的出现，处于不断发展之中，综合性立法的缺失使得立法滞后于实践的发展，不利于规范执法活动，难以保障公民权利。

行政执法具体形式会随着执法面临的问题作出相应调整，典型如近年来约谈在行政执法中的应用呈现出越来越扩大的趋势，日益广泛应用于证券监管、价格、食品安全、税收、司法行政、安全生产等领域②。约谈虽不对被约谈对象作出实体决定，但约谈过程及内容往往对被约谈对象形成无形压力，部分被约谈对象惧惮监管者的权力可能对自己的未来产生不利影响，从而服从于监管者的意愿。目前约谈过程中比较普遍欠缺对被约谈对象的基本程序权利保障，出现了无形的暴力执法。

5. 行政执法实践中存在的很多问题指向总则性立法规范的缺失，如果仍然延续“成熟一个、制定一个”的立法思路，执法程序立法只能是单行立法数量的简单叠加，无法实现立法质的突破，难以从根本上纠正行政执法中存在的各种问题。

---

① 汕头市为了解决这个问题，在《汕头市行政程序规定》中第五章专章规定“非行政许可类审批程序”。

② 薛致远：《行政约谈制度研究》，中国政法大学 2013 年行政法学硕士研究生学位论文。

单行立法只能解决特别规范的立法需求，无法回应一般性规范的立法需求，行政执法中普遍存在的问题，不局限于某个部门，不局限于某种执法活动，不局限于某个地方，只是在不同部门、不同类型执法活动、不同地方存在的严重程度不同而已。因此，行政执法实践中存在的很多问题暴露了总则性质的法律规范的缺失，提出对综合性立法的需求，而单行立法受制于立法权限，难以满足这种立法需求，需要制定统一执法程序立法回应执法实践。

需要制定统一执法程序立法予以回应的立法需求包括：

（1）确立执法应当遵循的职权法定原则、正当程序原则、比例原则、诚实守信原则等基本原则，明确执法活动应当遵循的基本行为准则，保障人民在执法中的程序权利。

（2）适当引入内部程序机制，解决多层执法、多头执法、执法部门主义等问题，包括明确执法层级确定规则、执法机关信息共享机制、管辖与行政协助等纵向与横向机制。

（3）建构常态执法机制，规范行政执法过程中的事实行为，防止执法不作为、运动式执法，保证执法机关常态执法、规范执法、文明执法。

（4）规定行政证据制度，保障执法决定准确认定事实，防止执法机关钓鱼执法及以其他非法手段收集证据。

（5）规定执法裁量权公正行使应当遵循的基本原则和基本程序制度，规范执法机关执法裁量权公正行使，保障执法公正，防止选择性执法、执法寻租。

（6）建构多元类型执法程序制度，合理配置执法资源，优化执法流程，提升执法效能，保障法律有效实施。

（7）完善行政执法信息公开机制，对行政执法公开作出系统规定。《依法治国决定》在已有的执法公开基础上，对执法信息公开的广度、深度都提出新的要求，需要在《行政执法程序条例》中予以落实。包括执法权力清单的公开、行政执法主体资格的公开、行政执法依据的公开、执法裁量基准的公开、行政执法决定公开等。

（8）行政执法决定效力制度。明确执法决定生效的时间、效力内容。

（9）行政文书送达制度。规定适合行政执法活动特点的执法决定送达文书，解决送达难问题。

6. 随着四中全会确立的国家全面推进依法治国战略实施的推进，需要通过立法将《全面推进依法行政实施纲要》、《加强法治政府建设的意见》关于规范执法活动的要求上升为法定程序义务。

国务院2004年发布《全面实施依法行政纲要》（以下简称《依法行政纲要》）、2010年发布《关于加强法治政府建设的意见》（以下简称《法治政府意见》），2015年12月中共中央、国务院印发《法治政府建设实施纲要》（2015-2020年）。纲要与意见中对规范执法活动都提出了非常具体的要求，如《依法行政纲要》提出“理顺行政执法体制，加快行政程序建设，规范行政执法行为”，要求行政机关作出不利行政决定时应当做到告知相对人、听取当事人陈述申辩、听证、说明理由等。

由于纲要与意见并非法律，关于行政权力运行的各项要求在性质上并非法定程序义务，并无约束行政机关的强制力。此外，纲要与意见也不是法院进行司法审查的依据，难以通过行政诉讼达到监督行政机关的目的。《依法行政纲要》实施已近十年，当前的社会形势和法治政府建设面临的问题和任务已经发生了很大变化，通过指导性文件的方式推进依法行政、建设法治政府，已经远远不能适应当前新的社会条件。随着四中全会国家全面推进依法治国战略实施的推进，有必要制定中央层面立法，将《依法行政纲要》、《法治政府意见》、《法治政府建设实施纲要》中关于规范执法活动的要求上升为法定程序义务，使之成为约束行政机关的硬性机制，用法治的方式推进依法行政，建设法治政府。

7. 20世纪世界范围历经三次行政程序法典化浪潮，欧盟目前正在推进《欧盟行政程序法》的制定，行政执法程序是域外行政程序法立法中的核心内容，通过完善法定程序规范行政权成为各国普遍应用的规范机制。中国行政权力运行面临的很多问题与域外相同，有必要借鉴域外的经验，通过完善执法程序更好地规范行政执法。

各国在行政管理中面临很多共性问题，域外通过完善程序法律制度更好地规范行政权公正、高效行使的经验可为我国所借鉴。20世纪以来，西方国家普遍由议会国家转型为行政国家，行政权在国家权力结构中呈现出日益扩张的势头。行政权的扩张，一方面需要防止行政机关滥用权力，侵犯公民权利，另一方面需要促使行政机关积极行使权力，防止不作为，为国民提供良好的公共服务，这些需求客观上催生了行政程序法的发展。1889 年西班牙制定了世界上第一部行政程序法典，之后，20 世纪的百年间，在世界范围出现三次相对集中的行政程序法典化时期，《行政程序法》成为一个国家依法行政水平、法治政府发展程度的标志性立法，通过完善法定程序规范行政权成为各国普遍应用的规范机制。进入 21 世纪，值得我们关注的是欧盟也在积极推进统一行政程序立法①。2014 年 9 月 1 日，欧盟行政法研究网发布了由来自德国、法国、意大利、英国等国家公法学者历经五年完成的《欧盟示范行政程序法》。

自新中国成立后，与计划经济体制和以单位为基础的社会管理体制相适应，建立了权力高度集中的行政体制，如何防止行政权力滥用与防范行政不作为同样是我国面临的两个大问题，域外国家成熟的行政程序法治经验为我们提供了实证基础，有必要顺应世界发展趋势，吸收借鉴域外经验，完善统一程序立法。

---

① 在 2011 年 10 月 16 日在北京举行的“中国—欧盟行政程序法高峰论坛”上，来自德国汉堡大学的 Armin Hatje 教授就欧盟制定《行政程序法》之必要性及面临的问题作了主题报告。

第二章　制定《行政执法程序条例》的可行性研究

一、制定综合性《行政执法程序条例》的时机已经成熟、条件已经具备

行政程序法的理论研究与行政程序法治的实践，都已历经20余年的发展，当前制定《行政执法程序条例》的条件已经具备，时机已经成熟。

（一）行政程序法理论研究成熟，为制定条例作了充分的理论准备

自20世纪90年代突破“程序法就是诉讼法”的认识，开始行政程序法研究以来，历经20余年的努力，行政法学界关于行政程序法理论研究渐趋成熟，取得令人瞩目的研究成果，涵盖行政程序法理论及立法的各个方面，包括：行政程序法基本原理得到深入研究；西方发达国家的行政程序法典及其立法经验被介绍到中国；我国台湾地区的理论研究成果、“立法”经验、“行政程序法”实施情况也被介绍到大陆；中国现有的行政程序法律规范整理完毕；中国行政程序法立法涉及的诸多重大问题包括立法目的、适用范围、行政程序法典与其他单行法的关系、内容选择、立法架构、基本原则和基本程序制度等问题都得到广泛深入的探讨，达成诸多共识；行政执法程序中的回避、管辖、证据、听证、行政公开、说明理由等程序制度都已有深入研究。由于各国行政程序法都将行政决定程序作为法典核心内容，加之具体行政行为是我国行政法学的核心概念，目前，理论界关于行政执法程序的研究应当说已经相当成熟。

（二）《行政处罚法》等法律、《依法行政纲要》、《法治政府意见》、《法治政府建设实施纲要》文件为制定《行政执法程序条例》奠定坚实的制度基础

20余年来，行政执法一直是依法行政工作的重心，行政执法

程序立法是我国完善行政程序立法努力的重要领域，制定《行政执法程序条例》有着非常坚实的法律制度基础。国家层面的立法主要有：1.《行政处罚法》、《行政许可法》、《行政强制法》，这是关于某一种类执法活动的程序立法。2. 大量分散在部门管理法律中的部门执法程序规范，如《税收征收管理法》、《道路交通安全管理法》等，这些立法是关于部门执法的程序规范。除国家层面立法之外，很多地方如广西、福建、黑龙江、吉林、河北、河南、山西、湖北、四川等省制定了《行政执法条例》，其中绝大多数条款都是程序性规定，2011 年 1 月，辽宁省制定《辽宁省行政执法程序规定》。在以《湖南行政程序规定》为代表的地方行政程序立法中，关于行政执法程序的规定占到条文数量的一半以上。自 20 世纪 90 年代以来，行政执法领域逐步建立了如下程序制度：回避制度、管辖制度、行政协助制度、表明身份制度、调查制度、行政证据制度、告知制度、说明理由制度、期间制度、送达制度，等等。

《依法行政纲要》、《法治政府意见》、《法治政府建设实施纲要》都对规范行政执法，加快行政程序建设提出具体要求，为制定《行政执法程序条例》奠定坚实的制度基础，如《依法行政纲要》提出“理顺行政执法体制，加快行政程序建设，规范行政执法行为”，要求行政机关作出不利行政决定时应当做到告知相对人、听取当事人陈述申辩、听证、说明理由等。《法治政府意见》进一步细化了“严格规范公正文明执法”的具体要求，规定了一系列完善机制，如在“严格依法履行职责”中规定了职权法定原则，没有法律、法规、规章的依据，行政机关不得作出影响公民、法人或其他组织权益或增加其义务的决定；在“完善执法体制和机制”中提出推进综合执法，减少执法层级，加强基层执法；在“规范行政执法行为”中提出各级行政机关都要强化程序意识，严格按程序执法。加强程序制度建设，细化执法流程，明确执法环节和步骤，保障程序公正，并对规范行政执法行为提出一系列要求，包括平等对待相对人，行政执法适当适度，合理细化、量化裁量权避免随意执法，健全执法调查规则、规范取证活动，公布执法依据等。《法治政府建设实施纲要》对完善行政执法程序制度提出明确要求，如要求建立健全行政裁量权基准制度、建立执法全过程记录制度、健全行政执法调查取证、告知等制度。

（三）地方统一行政程序立法为中央层面制定统一的《行政执法程序条例》积累了宝贵经验，制定条例有充分的地方试点基础

2008 年 4 月 17 日，湖南省人民政府公布《湖南省行政程序规定》，开始以统一行政程序立法一体化推进依法行政和法治政府建设的地方探索。迄今，已经有十五部地方行政程序规定颁布，重庆市、北京市正在起草地方行政程序条例，浙江省正在起草行政程序规定。在地方行政程序规定中，行政执法程序无一例外都是核心内容，条文数量最多，程序制度最为完善，其实施状况和实施效果可为国家层面制定《行政执法程序条例》提供实证经验。地方立法可为我们分析、考察正当行政程序法治实践提供全面分析的素材。

（四）二十余年的行政程序法治实践为《行政执法程序条例》的制定奠定坚实的实践基础，制定条例有很好的社会基础

1989 年的《行政诉讼法》规定“程序违法”是作出撤销判决的理由之一，推动我国行政程序立法开始发展。不仅立法的数量逐渐在增加，说明决定的理由、行政决定必须记载的内容等体现程序公正的程序制度也开始得到确立。1996 年制定的《行政处罚法》则是我国行政程序立法中的一个里程碑，首次在立法中明确规定了相对人的得到通知权、陈述意见权和申辩权等程序权利，并首次引进了听证制度。《行政许可法》中关于许可程序的规定，更是使程序立法的繁荣达到巅峰。该法第四章“行政许可的实施程序”共计 29 条，占整部法律 83 条的三分之一。进入 21 世纪以来，我国行政程序法立法主要集中在政府信息公开和听证两个方面。2007 年 4 月 5 日《政府信息公开条例》颁布，建立政府信息公开制度。2008 年，湖南省制定《湖南省行政程序规定》，开统一行政程序立

法的先河，之后又有十一个地方制定了行政程序规定。通过这些法律的实施，行政人员的程序观念得到加强，老百姓的程序意识也有很大提高，如价格听证会已经成为普通百姓耳熟能详的事物。法院作出的判决行政机关败诉撤销判决中，行政行为因为程序违法被撤销的，在很多地方占到四分之一，很好地促进了行政机关执法程序观念的增强。20余年来，正当法律程序理念日益得到认同，行政程序法治在不断发展推进，为制定统一的《行政执法程序条例》积累了丰富的实践经验，奠定了坚实的社会基础。

（五）域外可为我国制定《行政执法程序条例》提供制度借鉴，立法有成熟的域外经验可供参考

行政决定是行政活动的主要形式，因此是各国行政程序立法中的核心内容，在德国、日本等国家，行政决定程序是立法的核心内容。国内翻译整理了美国、德国、意大利、西班牙、葡萄牙、日本、韩国，以及我国台湾地区、澳门地区的行政程序法典，这些国家行政程序立法中关于行政决定程序的规定有丰富的实践经验可供制定《行政执法程序条例》予以借鉴，如美国《联邦行政程序法》将裁决（相当我国行政决定）程序分为非正式程序和正式程序，正式程序要求裁决根据听证记录作出，适用于不同的执法活动；日本将行政决定程序分为依申请的程序和不利决定程序，分别规定不同的程序规则；葡萄牙、我国澳门地区行政程序法规定了较为系统的内部行政程序制度。域外的行政程序立法及其实施经验，可以为我国制定《行政执法程序条例》提供制度借鉴。

二、《行政执法程序条例专家建议稿》拟构建的主要制度及其可行性分析

（一）《行政执法程序条例》与现有单行立法之间的关系

《行政执法程序条例》是关于行政执法的基本立法，并不替代关于执法程序规定的单行立法，而是与单行立法并存，但是要防止单行立法架空《行政执法程序条例》。对此，《建议稿》将《行政

执法程序条例》与其他单行法的关系分为三种情形予以区别对待：（1）《行政执法程序条例》与《行政处罚法》、《行政许可法》、《行政强制法》，以及其他同属法律位阶关于部门执法程序的立法的关系，如《税收征收管理法》关于税收征收程序的规定。《行政执法程序条例》是行政法规，效力低于法律，对于法律，《行政执法程序条例》起到补充立法的功能，三大法及其他法律中有规定的，适用三大法及其他法律的规定；三大法及其他法律中没有规定的，适用《行政执法程序条例》的规定。当然，这并不影响《行政执法程序条例》作用的发挥，因为《行政执法程序条例》吸收了现有立法的制度，进行了补充完善，并填补了现有立法存在的很多空白。（2）《行政执法程序条例》与其他行政法规的关系。《行政执法程序条例》是规范行政执法的基本法，其他行政法规关于执法程序的规定与《行政执法程序条例》基本原则和基本制度相抵触的，应当适用《行政执法程序条例》的规定。其他行政法规与《行政执法程序条例》规定不同，但不抵触的，适用其他行政法规的规定。（3）《行政执法程序条例》与规章、行政规范性文件的关系。《行政执法程序条例》效力高于规章、行政规范性文件，二者规定不一致的，适用《行政执法程序条例》的规定。

（二）回应《依法治国决定》关于行政活动基本原则的要求，《建议稿》规定行政执法应当遵循合法原则、公开原则、诚实信用原则、平等原则、比例原则等基本原则，符合文明执法、便民执法的基本要求

基本原则是行政机关实施行政活动应当遵循的基本行为准则，在立法缺乏关于行政活动具体规则规定时，行政活动应当遵循基本原则的规定，因此，基本原则也是对行政活动合法性、公正性的最低限度的要求。国外立法普遍确立并为我国学界普遍予以认同的行政活动基本原则主要包括：合法行政原则、公开原则、比例原则、平等原则、诚信原则、参与原则、及时原则等基本原则。

《依法治国决定》中对行政权行使提出了一些原则性的要求。例如，对职权法定原则的强调，在不同地方反复提到行政机关法无授权不可为，明确提出行政机关不得法外设定权力，没有法律、法规依据不得作出减损公民、法人或其他组织合法权益或者增加其义务的决定；再如，“全面推进政务公开”中提出坚持公开为原则、不公开为例外；又如关于法治政府的六项标准中提到守法诚信政府。为回应《依法治国决定》中对行政活动提出的基本要求，《建议稿》规定了合法原则、公开原则、诚实信用原则、平等原则、比例原则等行政执法应当遵循的基本原则。

《建议稿》规定这些基本原则在我国单行立法、国务院《依法行政纲要》等文件中已有所规定和体现。例如，《行政许可法》第4条规定：“设定和实施行政许可，应当依照法定的权限、范围、条件和程序”；第5条规定：“设定和实施行政许可，应当遵循公开、公平、公正的原则”。再如，《行政强制法》第5条规定：“行政强制的设定和实施，应当适当。采用非强制手段可以达到行政管理目的的，不得设定和实施行政强制。”《政府采购法》第3条规定：“政府采购应当遵循公开透明原则、公平竞争原则、公正原则、诚实信用原则。”国务院《依法行政纲要》中明确列举了行政基本原则：合法行政、合理行政、程序正当、高效便民、诚实守信、权责统一。

行政法基本原则在法院的司法判决中也得到体现，如正当法律程序原则尽管在立法中没有明确表述，但在刘燕文诉北京大学案、田永诉北京科技大学案中，北京市海淀区人民法院在一审判决中都以大学违反正当法律程序原则为基础作出判决。

一种观点担心基本原则的表述较为抽象，能否为行政人员，尤其是基层执法人员所熟悉。这些基本原则尽管表述上较为抽象，如比例原则，但是有现有立法、《依法行政纲要》等文件已经为基本原则的理解和实施奠定了很好的基础，能够为广大执法人员接受。

（三）回应《依法治国决定》深化行政执法体制改革的要求，针对多层执法、多头执法问题，规定了上下级执法权配置规则、管辖确定、行政协助、公告行政执法人员资格、明确行政执法辅助人员职责范围等机制

《依法治国决定》对提出深化行政执法体制改革的要求，考虑到执法体制改革由中央层面进行顶层设计更为合适，《建议稿》将重点放在完善内部执法程序机制上在一定程度上化解体制不顺带来的问题。主要规定了以下程序制度：

第一，针对多层执法问题，减少执法层级，市县作为主要执法机关。《依法治国决定》中提出强化市县政府执行职责，《建议稿》规定了上下级机关之间职权配置的一般规则，其中，将执法权下沉作为主要配置规则。规定上级行政机关应当按照行政管理重心下移、财权与事权相匹配、权力与责任相一致、有利于行政效能发挥等原则确定执法机关。县级执法机关作为主要执法机关实施行政执法。对于部分经济发达地区如江苏省部分乡镇面临执法任务繁重问题，《建议稿》规定法律、法规、规章规定县级以上人民政府作为执法机关的，根据行政事务的性质和需要，经省级人民政府授权，乡、镇人民政府可以成为执法机关，但是应当保证乡、镇人民政府具有相应执法能力。

第二，针对多头执法问题，明确确定机关职责的规则，为此，《建议稿》规定了联合执法、管辖确定规则、行政协助等内部行政程序机制。

第三，针对规范执法人员资格问题，根据《依法治国决定》要求，《建议稿》规定市区人民政府应当确认本行政区域内行政机关的行政执法主体资格，予以公告。行政执法人员必须经过考试合格取得行政执法证据才能持证上岗执法。同时明确行政执法辅助人员不具有行政执法主体资格，只能辅助执法人员开展工作，不能实施收集证据等针对特定当事人作出的执法活动。

通过完善内部行政程序来明确上下级行政机关之间、同级不同

行政机关之间的职责，解决因职责不清带来的执法不作为或者抢执法权的问题，在西班牙、葡萄牙、我国台湾地区、我国澳门地区行政程序法中有很系统的规定。湖南省等地方行政程序规定借鉴国外经验，对这些程序机制作了规定。从我们在地方开展的调研来看，这些程序机制在一定程度上解决了执法体制不顺带来的一些问题，如在湖南省调研中，调研问卷中89%的工作人员认为《湖南程序规定》的实施有助于明确行政机关之间的职责划分，56%的选择工作中有其他行政部门依据《湖南程序规定》向自己所在的部门请求行政协助。湖南省高院在行政诉讼中，也参照适用了这些程序规定，作为审理行政案件时的法律依据，对于明确机关职责，起到很好的作用。

（四）针对依职权执法中存在的各种问题，规定相应机制，保障行政机关严格依法履行职责、规范执法、公正执法、文明执法、高效执法

1. 针对违法执法、执法谋利等执法乱作为问题，重点保障当事人在执法过程中的程序权利，规定了职权法定原则、公开执法权力清单、听取当事人意见、说明执法决定理由、重大执法决定法制审核机制等。

规范执法过程，完善对当事人程序权利的保障，是完善对执法权的制约和监督的重要机制。《依法治国决定》中也提出了一系列制度要求。对此，《建议稿》主要规定以下机制：

第一，总则中规定职权法定原则，规定行政机关职权根据法律、法规、规章确定。没有法律明确授权的，不得实施行政执法活动。

第二，执法机关公开执法权力清单。行政机关应当在其官方网站上公开执法事项及其法律依据清单，没有出现在权力清单内的事项，执法机关不得作出。通过公示行政机关执法权限，防止执法机关越权、权力寻租。公开本机关执法事项在地方已经开展数年，很多执法机关都公示了本机关的执法事项。

第三，规定当事人在执法过程中享有一系列程序权利，执法机关应当履行的程序义务。包括当事人的阅览卷宗权、陈述和申辩权，要求执法机关听取当事人意见，说明执法决定的理由。在凉山州的调研显示《凉山程序规定》关于听证程序的规定，克服了我国其他地区听证流于形式的缺陷，使听证在有利于当事人和减少复议或者行政诉讼的有效率达到了95.22%，同时也对规范执法活动发挥了积极作用。

第四，重大执法决定报法制机构审核机制。《法治政府建设实施纲要》中要求严格执行重大行政执法决定法制审核制度，未经法制审核或者审核未通过的，不得作出决定。

2. 针对执法不作为，懒政、怠政等问题，结合造成执法不作为的原因，《建议稿》从完善内部机制与外部机制两个方面规定了一系列机制。

第一，规定行政执法的启动以依职权启动为原则。行政是一种积极的国家作用，行政执法的启动应当依职权进行，执法机关根据法律所负有的法定职责必须为，如此，才能实现法秩序，实现有效的公共秩序。《建议稿》明确规定具备法定启动条件时，行政机关应当积极主动履行职责。

第二，规定对公民、企业举报、投诉的处理机制。仅要求执法机关依职权启动执法活动还不够，还需要引入公民、企业等外部机制促使执法机关实施执法。实践中，有的执法机关将公民、企业的投诉按照信访事项转入信访程序处理，对公民、企业的举报、投诉的处理比较随意。目前国家信访局正在推动信访事项法定途径分类处理，对于信访人提出的履职申请，不应当纳入信访途径处理，而是应当按照是否履职的程序进行处理。《建议稿》对此作了完善，明确了执法机关接到举报、投诉后，应当在法定期限内作出答复。

第三，理顺行政的内部关系，细化管辖确定规则和行政协助规则，解决因管辖不明带来的不敢管、不愿管等问题，解决因得不到其他机关协助而不管的问题。立法或者认识上的原因造成职责不清是导致执法不作为的原因之一，管辖制度有助于解决机关之间的职责划分，行政协助有利于处理好机关之间的协作，解决执法不作为等问题。管辖、行政协助等制度在德国《联邦行政程序法》、我国台湾地区“行政程序法”中都有很完善的规定。我们在湖南调研时发现这些机制对解决执法中执法权限不清、机关之间协助缺乏制度规范有积极作用，如在湖南的调研问卷中，89%的工作人员认为《湖南程序规定》的实施有助于明确行政机关之间的职责划分，56%的选择工作中有其他行政部门依据《湖南程序规定》向自己所在的部门请求行政协助。

第四，规定作出执法决定的一般期限，要求执法机关在法定期限内及时作出决定。

3. 针对行政执法效能不足问题，建构了多项机制提升执法效能。法律的生命在于实施，执法效能不足造成法秩序无法建立，执法不能提供有效的公共产品。《依法治国决定》提出要建立权威高效的依法行政体制，通过完善程序机制提升执法效能是《建议稿》重点要解决的问题之一。提升执法效能不足由多方面原因引起，有社会发展阶段制约因素、制度缺失因素，也有执法人员主观意识因素，《建议稿》针对执法效能不足问题，主要规定了以下机制：

第一，规定行政机关应当加强执法的信息化建设，机关之间实现执法信息共享。行政机关应当加快电子政务建设，推进行政事务办理信息化，提供更为便民的服务。随着信息技术的发展，一些地方执法信息化发展很快，如长沙市采用模拟应用场景的导航方式，将“婚姻、出入证、户籍、交通、医保、工商”等服务事项进行了场景式设计；根据“儿童、老年人、妇女、学生”等不同的服务对象开设了绿色通道；按照办事程序，为公众提供多级联动、多部门联动的全流程网上办事服务。以“开办个体餐馆”为例，公众在网上点开，便能了解到所要办理手续涉及的部门信息和需要准备的材料；2012 年在全国率先开通长沙市政府门户网站手机客户端（APP）。

第二，优化执法的内部流程，同时由执法机关将内部流程公开，让公众周知，防止内部流程不透明造成执法拖延。

第三，合理配置执法资源，程序建构遵循类型化思路。执法资源有限，需要合理配置，以发挥更大执法效能。行政事务繁多，性质差异较大，合理配置执法资源的重要机制是区分不同行政事务，设定不同类型程序制度。典型如美国1946年《联邦行政程序法》，将程序制度分为四种：规章制定正式程序、规章制定非正式程序；裁决正式程序、裁决非正式程序。程序类型化的思路也为德国等其他国家所遵循。《建议稿》借鉴美国及其他国家经验，程序制度构建遵循了充分类型化的思路，考虑了以下四点因素：（1）执法方式多元，在传统高权执法方式之外，根据不同情形引入不同处理方式，包括劝导而不予执法、行政合同进行和解等。（2）根据执法事实需要查证程度、执法决定对当事人的影响等，区分适用简易程序、一般程序，同时扩大简易程序的适用范围。（3）根据执法启动方式不同，将执法程序区分为依申请执法程序和依职权执法程序。（4）根据执法决定对当事人权利影响不同，将程序区分为不利执法决定程序与授益决定程序，不利执法决定程序更侧重对当事人程序权利的保障，授益行政决定更侧重程序的公开与及时。

4. 针对执法不规范问题，《建议稿》规定了常态执法检查机制、行政证据制度等内容。

第一，建立常态执法检查机制，要求执法机关制定年度执法检查计划，报政府法制工作部门备案，避免运动式执法、突击执法，同时又规定必要时可以开展临时执法检查。课题组赴山东调研了解到山东省淄博市实施的执法机关制定年度执法检查计划机制，对规范执法检查的随意性、扰民性、不作为等问题发挥了一定的作用。

第二，规定执法检查不得妨碍公民、法人和其他组织正常的生产、经营活动，同时明确公民、法人和其他组织有协助义务。有的执法人员通过扰民执法方式寻租，企业反映很强烈，执法检查应当保持合理的度，不能妨碍企业正常的生产、经营活动。

第三，完善行政证据规则。包括行政证据的种类、证据资格、证据的审查、对证据的质证、举证责任的分配、非法证据排除规则、证明标准等。在湖南调研中发现完善的证据规定对规范行政执法活动发挥积极作用。《湖南程序规定》实施后对湖南行政执法的直接影响就是要遵循较之国家层面单行立法更为严格的证据制度，执法人员的直接反应是“过去办案几页纸，现在办案一大摞纸”。行政案卷评查、依法行政考核、法院司法审查等事后机制对证据规则执行情况的严格监督，使得证据规则得到较好执行，对保障相对人的陈述、申辩权，对行政机关准确查明事实问题，都发挥了很好的作用。准确查明事实是行政决定的基础，未来立法也应强化证据制度。

5. 针对选择性执法、执法标准不统一等裁量权行使不规范、执法不公问题，建议稿规定了比例原则、裁量基准制度、行政指导案例、说明理由制度。

《依法治国决定》和《法治政府建设纲要》中明确提出建立健全行政裁量权基准制度，细化、量化行政裁量标准，规范裁量范围、种类、幅度。通过制定行政裁量基准是浙江金华首创行政裁量基准之后，很多地方都效仿，制定行政处罚裁量基准规范裁量权。以北京市为例，于2007年出台《北京市关于规范行政处罚自由裁量权的若干规定》，一些部门对规范行政处罚裁量权行使制定部门规范性文件，如市文物局2010年制定的《北京市文物行政部门规范行政处罚裁量权办法》、市住建委2011年制定的《关于规范北京市住房城乡建设系统行政处罚裁量权办法》、市发改委2014年制定的《关于规范碳排放权交易行政处罚自由裁量权的规定》等。湖南在《湖南行政程序规定》基础上，又制定《湖南省规范行政裁量权办法》，采取“控制源头、建立规则、完善程序、制定基准、发布案例等多种方式，对行政裁量权的行使实行综合控制”。根据我们在湖南省的调研，这些机制对实现公正执法发挥了较大作用。

《建议稿》在总结现有经验的基础上，规定了以下规范裁量权公正行使的机制：

第一，总则中规定平等原则、比例原则、诚实信用原则等关于裁量权公正行使的基本原则。这些基本原则是裁量权公正行使的基本要求，对规范裁量权公正行使有十分重要的作用。

第二，行政裁量基准制度。《依法治国决定》中重点提到了完善行政裁量基准机制。回应这一要求，《建议稿》重点规定了行政裁量基准机制，包括制定主体、考虑因素、听取公众意见、公开行政裁量基准等。

第三，行政裁量权案例指导制度。我们在湖南的调研发现行政裁量权案例指导制度对于执法机关执法时法律适用的相对一致发挥了很好的作用。

第四，说明理由制度。规定执法机关适用一般程序作出执法决定时，应当对执法文书进行说理，说理的过程是对执法机关行使裁量权时所考虑的因素的说明，有利于裁量权的行使更为规范。当然，我们在湖南的调研也发现说明理由制度的落实存在相当难度，受制于执法人员的素质，制度的落实确实存在相当难度。

6. 针对行政决定效力制度缺失问题，《建议稿》专章规定了行政执法决定的效力。行政执法决定的效力在《行政处罚法》、《行政许可法》中都有规定，《行政诉讼法》在判决类型中规定了违法行政决定被撤销的情形。在德国《联邦行政程序法》、我国台湾地区“行政程序法”中对行政决定效力有非常系统的规定。《建议稿》借鉴了德国、我国台湾地区规定，结合行政诉讼法的规定，对行政执法决定效力制度专章作出规定。

7. 针对送达难问题，结合行政送达特点，细化送达规则。送达是困扰实践的一个问题，社会发展带来的人员流动问题、当事人拒绝签收等问题，都带来送达难的问题。但是送达又与执法决定的生效、执法决定的救济期限起算等重要问题有直接关联，因此，

《建议稿》针对实践中存在的送达难的问题，明确了送达的基本规则，特别是明确了面临当事人签收、找不到当事人情形时，如何确定已经送达等作出具体规定。

(五) 针对应申请作出行政决定中存在的问题，在《行政许可法》基础上予以进一步完善，简化流程，加强公开透明，保障行政机关公正、及时作出决定，为公民、企业提供优质公共服务、便民服务

随着政府保障民生、提供均等基本公共服务职能的加强，应申请的行政决定日益增多，不限于行政许可，还包括居民最低生活保障、城镇住房保障等，这些涉及民生保障的授益性行政决定的作出，与公民的基本生活保障息息相关。与民生保障、产业扶持等相关的决定多数依据地方规章和行政规范性文件作出，如北京市海淀区出台了《海淀区优化创新生态环境支持办法》、《激发科技创业活动支持办法》、《促进重点产业发展支持办法》等规范性文件，对有的产业的支持资助金额高达2000万元，还包括税收优惠等一系列政策支持。相关立法、行政规范性文件虽然对决定如何作出有规定，但是普遍程序规定都不完善，随意性很大，容易引发争议。对此，《建议稿》主要规定了以下机制：

第一，优化、简化申请、登记、受理、审查程序。应申请作出的执法决定不同于高权行政决定，其内容体现为权力和利益的授予，因此，应申请的执法决定的作出情况反映了行政机关提供公共服务的水平，简政有利于减轻企业的经济负担，有利于经济的更好发展。《建议稿》回应目前简政放权的要求，对申请的提出、登记、审理、决定各阶段程序的优化与简化作出规定，以保障行政机关为公民、企业提供便捷的公共服务，促进经济的发展。

第二，加强应申请作出决定的执法信息化建设，为公民、企业提供便捷的网上办理。

第三，制定审查裁量基准，予以公开，保证执法公平。裁量权不规范行使造成执法不公，由于目前民生保障工作的推进主要通过

地方规章和行政规范性文件的方式，通常赋予执法人员极大的裁量权，但对裁量权如何规范行使，往往缺乏机制规范，形成执法不公。《依法治国决定》中提出建立健全行政裁量权基准制度，细化、量化行政裁量标准，规范裁量范围、种类、幅度，《建议稿》针对决定的要求，在目前规范行政处罚裁量权基础上，规定制定审查批准申请的基准，并应将审查申请的基准公开。

第四，拒绝申请人申请的，应当听取申请人意见，并说明理由。拒绝申请人申请，是对申请人作出不利行政决定，为保障申请人权利，《建议稿》规定应当听取申请人意见，并在决定中说明理由。

第五，规定作出决定的一般期间。

（六）针对“全面推进政务公开”的要求，公开原则贯穿在行政执法的各个方面。

第一，执法依据公开。行政执法必须严格依据法律、法规、规章和行政规范性文件进行，没有公开的文件，不能作为执法依据。

第二，执法权力清单公开。执法应当遵循职权法定原则，法无授权不可执法。不在执法权力清单上的事项，行政机关不能实施。

第三，执法过程公开。借助申请事项办理的信息化建设，申请审查过程应当公开，申请人可以在网站上随时查询到申请办理的进展。

第四，审查基准公开。申请能够获得批准的条件应当明确，予以公开。

第五，执法结果公开。

第六，执法中获知的与公众利益密切相关的信息，如食品安全信息，环境污染相关的信息，公共卫生事件相关的信息等，这些信息与公众利益密切相关，应当及时公开，让公众周知。

第三章　起草《行政执法程序条例》（建议稿）的总体考虑与主要内容

一、起草《建议稿》的总体考虑

1. 执法公正与执法效能是起草《建议稿》要实现的双重目标。我国行政执法实践面临的问题带有双重性：一方面是执法权的滥用与不公正，损害当事人的权利和执法公平；另一方面是执法的不作为、慢作为，执法效能不足，法秩序得不到建立，执法未能提供有效公共管理。这两方面的问题都较为突出，在起草《行政执法程序条例》过程中需要给予同等重视。公正属于价值理性范畴，效能属于技术理性范畴，二者的实现有各自的机制和相应的制度。但是有的制度的推行不可避免会在两种目标之间形成冲突，典型如当事人对执法过程的参与，在实现执法公正的同时会影响执法决定的快速作出。对此，《建议稿》的基本定位是执法权是一种公权力，在日常行政管理中，公正应当是执法权行使首要应当考虑的因素。

2. 执法公开是《建议稿》确立的规范执法权的核心机制，其基本要求涵盖执法活动的方方面面。阳光是最好的防腐剂，让权力运行充分展示在阳光下是防止权力寻租、执法腐败、执法不公的有效机制，也是实现当事人和公众监督执法权的重要机制。执法公开包括执法主体、执法依据、执法事项、执法过程、执法裁量基准、执法结果的公开，以及应当让公众周知的在执法中获得的当事人违法信息的公开等。

执法的信息化建设是执法工作现代化的体现，执法信息化建设也为执法公开提供了技术平台。考虑到地方发展的不均衡，执法信息化建设作为一个发展方向在《行政执法程序条例》中予以体现，但是没有强制性规定相应机制。

3.《建议稿》对行政执法的外部程序与内部程序都有规定。外部执法程序是《行政执法程序条例》的重点内容，其中，执法权的公开运行机制是《行政执法程序条例》的核心内容。内部程序长期以来在我国理论研究和立法中都不受重视，很多制度都没有建立起来。内部程序尽管不直接涉及执法当事人，但是影响对外执法的效果，会对执法当事人产生影响，即内部程序产生外部效应。《行政执法程序条例》借鉴西班牙、葡萄牙和我国台湾地区、澳门地区的行政程序法，对行政机关内部在执法中的协调、协助、衔接机制等作出规定，包括行政机关层级之间、同级不同部门之间、同一机关内部不同机构之间的职权配置、管辖确定、行政协助、执法内部流程优化等制度，以及执法人员、协助执法人员的培训与管理等内容。

4. 合理配置执法资源，程序制度构建遵循充分类型化思路。执法资源有限，需要合理配置，以发挥更大执法效能。行政事务繁多，性质差异较大，合理配置执法资源的重要机制是区分不同行政事务，设定不同类型程序制度。最为典型的是美国 1946 年《联邦行政程序法》，将程序制度分为四种：规章制定正式程序、规章制定非正式程序；裁决正式程序、裁决非正式程序。程序类型化的思路也为德国等其他国家所遵循。《建议稿》借鉴美国及其他国家经验，程序制度构建遵循了充分类型化的思路，考虑了以下四点因素：（1）执法方式多元，在传统高权执法方式之外，根据不同情形引入不同处理方式，包括劝导而不予执法、行政合同进行和解等。（2）根据执法事实需要查证程度、执法决定对当事人的影响等，区分适用简易程序、一般程序，同时扩大简易程序的适用范围。（3）根据执法启动方式不同，将执法程序区分为依申请执法程序和依职权执法程序。（4）根据执法决定对当事人权利影响不同，将程序区分为不利执法决定程序与授益决定程序，不利执法决定程序更侧重对当事人程序权利的保障，授益行政决定更侧重程序的公开与及时。

5. 以执法的完整流程为主线架构《建议稿》。包括执法的启动、过程、决定、决定的效力与决定内容的实现，其中对执法过程作了较为系统规定，这是目前执法程序立法中缺失的。执法活动很多以事实行为形式体现，带有过程性，如执法检查，并不一定伴随执法决定，执法过程性行为一直缺乏立法予以规范，《行政执法程序条例》对此作了规定。

6. 注重条文的可操作性。我国立法工作已经由最初的“宜粗不宜细”调整为注重“立法质量”，立法质量的一项重要内容就是法律条文应当有可操作性，尤以程序立法应当满足这一基本要求。

二、《建议稿》的结构与主要内容

《建议稿》共计九章129条，规定了以下内容：

第一章，总则。总则包括立法目的、适用范围、条例与其他立法的关系、行政执法的定义、适用条例的职责分工，以及行政执法应当遵循的基本原则，基本原则包括：合法原则、比例原则、诚实信用原则、公开原则。《建议稿》还规定不属于基本原则范畴，但是作为执法的基本要求，包括：教育与执法相结合、执法信息化建设、文明执法与便民执法。

第二章，主体。包括三类主体：1. 行政执法权行使主体，包括行政机关、法律法规授权组织、受行政委托组织。其中，重点规定行政机关，包括规定了职权法定、行政一体化的基本规则，还包括执法重心下移、联合执法、行政内部统一对外、行政协助、行政执法主体资格公示、行政执法人员持证上岗等制度。2. 当事人与利害关系人。重点列举了当事人在行政执法中的程序权利。3. 其他执法程序参加人。

第三章，管辖与回避。重点细化了管辖制度。包括法定管辖之外如何确定管辖，管辖权争议的解决等一系列制度。

第四章，依申请作出决定程序。本章规定依申请启动执法程序及对申请的处理的程序。重点规定了对申请处理的不同情形、公开审查申请的条件与裁量基准、对申请的部门联合办理等内容。

第五章，依职权执法程序。本章是《建议稿》的核心章。包括九节。分别规定了行政执法的一般程序与简易程序。

第一节，积极履职与行政检查。本节针对怠于执法的问题，从两个方面强化了执法职责的履行，一是执法机关在符合法定启动条件时应当启动，积极履行法定职责；二是赋予公民、法人或其他组织的启动建议权。本节还对执法检查制度作出规定。

第二节，调查。调查是收集证据的过程，本节突出了职权调查和全面调查的原则，明确了调查措施，强调调查措施法定，同时为行政留下一定自主空间，如果调查措施不影响当事人的权利，仅仅是技术手段的应用，行政机关在没有法律规定的情形下亦可采用。本节规定了中止调查制度。

第三节，证据。证据是行政执法的事实认定的基础，本节对行政证据的种类、证据资格、证据的审查、对证据的质证、举证责任的分配、非法证据排除规则、证明标准等问题作出具体规定。

第四节，陈述意见。陈述意见是行政机关听取意见的简单形式。

第五节，听证。听证是行政机关听取意见的正式形式，仅在有限范围内适用，本节对执法听证制度作出非常具体的规定。包括听证适用范围，听证主持人、听证的程序、听证笔录、案卷排他原则等内容。

第六节，简易程序。本节扩大了简易程序的适用范围。

第七节，作出行政执法决定。本节对执法决定的作出及决定书作了规定。强调执法决定文书的说明理由制度。这也是规范裁量权公正行使的规则之一。

第八节，期间。本节在对期间相关制度作出技术层面规定之外，主要是吸收了地方行政程序规定中关于限时办结，确定内部工作程序时限的经验，将之规定在《行政执法程序条例》中。强调行政机关要明确每一执法工作的时限，并将时限向社会公开，接受社会监督，解决拖延履行法定职责的问题。

第九节，送达。送达是困扰实践的一个问题，社会发展带来的人员流动问题、当事人拒绝签收等问题，都带来送达难的问题。但是送达又与执法决定的生效、执法决定的救济期限起算等重要问题有直接关联，因此，《行政执法程序条例》针对实践中存在的送达难的问题，明确了送达的基本规则，特别是明确了面临当事人签收、找不到当事人情形时，如何确定已经送达等作出具体规定。

第六章，行政裁量权基准。本章是关于规范裁量权公正行使的具体机制行政裁量权基准的规定，总则中关于平等原则、比例原则、诚实信用原则等是关于裁量权公正行使的基本原则的规定。本章对行政裁量权基准的相关问题作出具体规定，规定了行政执法裁量基准的公开机制。

第七章，行政执法决定的效力。执法决定的效力不是程序问题，是程序结果的效力的问题，严格来说是一个实体问题，但由于这个问题非常重要，在《行政执法程序条例》中对此作了规定。本章主要受德国行政行为效力的理论影响和德国《联邦行政程序法》规定的影响，区分不利执法决定与授益执法决定，分别规定决定效力规则。

第八章，对行政执法程序义务履行的监督。程序义务的履行是一个难题，由于欠缺有效的监督机制和可操作的责任追究机制，程序义务得不到履行是一个比较严重的问题，《行政执法程序条例》对此规定了监督机制。考虑到在《湖南行政程序规定》实施状况调研过程中，行政执法案卷评查等机制应当说对督促行政机关履行程序义务发挥了积极作用，《行政执法程序条例》予以规定。对程序义务履行最为有效的监督机制当然是严格的司法审查，但这超出了《行政执法程序条例》的权限。

第九章，附则。

附　录

中华人民共和国行政执法程序条例
（建议稿）

第一章 总 则

第一条 （立法目的）

为规范行政执法活动和提升行政执法效能，保障公民、法人和其他组织的权利，保证法律规范得到有效实施，根据宪法和有关法律，制定本条例。

第二条 （适用范围及条例与其他立法的关系）

本条例适用于行政机关、法律法规规章授权的组织、受行政机关委托的组织的行政执法活动。

其他行政法规关于行政执法程序的规定与本条例不一致的，从其规定，但是与本条例规定的基本原则相抵触的除外。

第三条 （行政执法的定义）

本条例所称行政执法是指行政机关实施法律、法规、规章、行政规范性文件的活动。

行政执法包括但不限于作出行政许可、行政处罚、行政强制、行政确认、行政给付、行政征收、行政征用等行政决定的法律实施活动。

第四条 （合法原则与积极履职）

行政执法应当有法律规范依据。行政执法的依据包括法律、法规、规章、行政规范性文件。

行政执法的依据应当公开。未经公开的规范，不得作为行政执法的依据。

行政机关应当在法定权限内，遵循法定程序实施行政执法活动。

行政机关应当积极履行法定职责，保障法律法规规章行政规范性文件得到有效实施。

第五条　（公开原则）

行政机关在行政执法中应当充分保障公民、法人或者其他组织的知情权，公开行政执法的依据、过程和结果，涉及国家秘密、商业秘密、个人隐私的除外。

行政机关应当将行政执法的依据、实施主体、行政执法事项、行政执法流程、公众对行政执法的监督方式等在机关官方网站上公开，让公众周知。

行政机关在行政执法中获得对公众健康、公共安全有重大影响的信息的，应当及时在执法机关官方网站、办公场所、电视、广播、报纸等平台公开，让公众广泛周知。

行政机关应当将在行政执法中形成的执法卷宗向当事人公开，当事人有权查阅、摘抄、复制证据、行政执法决定文书。

第六条　（平等原则）

行政机关应当平等对待公民、法人或者其他组织，不得偏私和歧视，不得因性别、身体条件、民族、宗教、社会地位等非法定因素使其享有更多利益或承担更多不利后果。

第七条　（比例原则）

行政机关行使裁量权应当符合立法目的和原则，采取的措施应当必要、适当。行政机关可以采用多种方式处理行政事务的，应当选择采用对公民、法人或者其他组织最有利的方式。

行政行为对公民、法人和其他组织造成的损害与要达成的目的的利益之间不应显失均衡。

第八条 （诚实信用原则）

行政执法应当遵循诚实信用的原则。

公民、法人和其他组织因行政执法决定获得的正当权益受法律保护。非因法定事由并经法定程序，行政机关不得撤销、变更、废止已经生效的行政执法决定。因国家利益、公共利益或者其他法定事由撤销、变更、废止行政执法决定的，应当对公民、法人和其他组织信赖行政执法决定受到的损失进行补偿，补偿应当公平。

第九条 （引导先于执法）

行政执法的目的是保障法律规范的有效实施。

当事人的违法情节轻微，能够通过教育、劝诫、疏导促使当事人主动履行法定义务，停止违法行为的，行政机关应当先行进行教育、劝诫、疏导。当事人停止违法行为，自觉履行法定义务，且未造成危害后果的，可以不实施行政执法。

第十条 （行政执法信息化推进）

行政机关应当加快推进行政执法的信息化建设，规范行政执法信息的收集、保管、使用与公开，积极推进电子政务发展，方便公民和企业办理行政事务，提高行政执法效率。

行政机关应当基于国家行政整体性原则，将在履行职责过程中制作或者获得的执法信息提供给其他需要相关执法信息的行政机关，与其他执法机关之间实现执法信息共享，避免重复调查、收集信息与证据。

第十一条 （文明执法、便民执法）

行政执法人员应当文明执法，禁止粗暴执法。

行政机关应当积极采取措施，为公民、法人或者其他组织办理与行政管理相关的事务提供便利，提供优质服务。

第十二条 （实施条例的职责分工）

县级以上人民政府负责本条例在本行政区域内的实施工作。

县级以上人民政府法制部门和部门法制机构负责本条例实施的

具体工作。

县级以上人民政府办公厅（室）、监察、人事、编制、财政等部门按照各自的职责分工，负责本条例相应实施工作。

第二章 主　　体

第一节 行政机关与行政执法人员

第十三条 （职权法定与行政合作）

行政机关的执法权限和管辖依照法律、法规、规章的规定确定。行政机关应当将本机关的执法事项、对应的法律依据在本机关网站上公开。

行政机关应当在法定职权范围内实施行政执法活动，应当尊重其他行政机关依法行使职权，并根据行政的整体性、统一性要求，与其他行政机关相互合作，共同完成行政管理任务。

第十四条 （执法重心适当下移）

法律、法规、规章对上下级行政机关之间的职责没有作明确规定的，上级行政机关应当按照执法重心下移、财权与事权相匹配、权力与责任相一致、有利于行政效能发挥等原则确定执法机关。县级、市辖区执法机关作为主要执法机关实施行政执法。

法律、法规、规章规定县级以上人民政府作为执法机关的，根据行政事务的性质和需要，经省级人民政府授权，乡镇人民政府可以成为执法机关，但是应当保证乡镇人民政府具有相应执法能力。

下级行政机关能够自行决定或者处理的行政事务，应当由下级行政机关自行决定和处理。下级行政机关不履行法定职责或者不适当履行的，上级行政机关有权责令下级行政机关履行法定职责，必要时，也可以自行处理。

第十五条 （内设机构与派出机构）

行政机关设置的内设机构和派出机构对外行使职权时，应当以行政机关的名义作出行政决定，所产生的法律后果由内设机构、派出机构所属的行政机关承担，法律、法规、规章另有明确授权的除外。

第十六条 （行政执法主体与行政执法证件）

县级以上人民政府应当依法确认本行政区域内行政机关的行政执法主体资格，予以公告。

行政执法人员按照所在地区省级人民政府的规定参加行政执法培训，经考试合格，取得行政执法证件后才能执法。行政执法人员在执行公务时，应当出示执法证件；不出示执法证件的，公民、法人和其他组织有权拒绝配合执法。

第十七条 （行政执法辅助人员）

本条例所称行政执法辅助人员是指不具有行政执法主体资格，辅助行政执法人员开展执法工作的人员。聘用执法辅助人员的行政机关应当对辅助人员定期进行培训。

行政机关对外进行执法活动时，执法辅助人员只能辅助执法人员开展执法工作，不能独自实施执法检查、收集证据、听取意见等执法行为。

第十八条 （联合执法）

县级以上人民政府根据行政管理需要，可以组织相关行政机关联合执法。

联合执法的行政执法决定由参加联合执法的行政机关在各自职权范围内作出，承担相应的法律责任。

第十九条 （行政机关内部统一对外，健全内部工作程序）

行政执法事项需要行政机关多个内设机构办理的，应当确定一个机构统一对当事人办理与行政执法相关的事项。

对涉及两个以上政府工作部门共同办理的事项，县级以上人民政府可以确定一个部门或者政务中心窗口统一受理申请，并由一个行政机关会同有关行政机关提出意见后统一办理，或者组织有关行政机关联合办理、集中办理。

行政机关办理行政执法事项，应当健全内部工作程序，优化内部工作流程，提升行政效能。应当明确行政执法事项的承办人、审核人、批准人，由承办人提出初审意见和理由，经审核人审核后，由批准人批准决定。

第二十条 （行政协助·情形）

行政机关应当在各自其权限范围内互相协助，共同完成行政管理的任务。

有下列情形之一的，行政机关可以请求无隶属关系的行政机关协助。请求应当向能直接提供协助的行政机关提出：

（一）因法定原因，独自行使职权难以达到行政目的的；

（二）因事实原因，尤其因缺少必需的人力和设备而不能完成公务的；

（三）执行公务所必需的文书、统计资料等信息为其他行政机关所掌握的；

（四）执行公务必须要认定的事实，行政机关独自难以完成调查的；

（五）其他必须请求行政协助的情形。

第二十一条 （行政协助·协助义务）

被请求协助的行政机关应当及时实施协助，不得拒绝协助。

有下列情形之一的，被请求机关应当拒绝协助：

（一）协助行为不在其职权范围内；

（二）协助行为属于依法不应当实施的。

有下列情形之一的，被请求机关可以拒绝协助：

（一）由其他行政机关提供协助明显更为便利、经济的；

（二）提供协助将严重妨碍自身完成职务的；

（三）有其他无法提供协助的正当理由的。

被请求机关拒绝协助时，应当将理由通知请求协助的行政机关。

第二十二条 （行政协助·请求机关与协助机关的关系）

实施行政协助的费用由请求机关承担。费用的金额和支付方式由请求机关与协助机关协议确定。未能达成协议的，报共同上级机关确定。

实施行政协助，由协助机关承担责任；根据行政协助作出的行政行为，由请求机关承担责任。

因协助发生争议的，由请求机关与被请求协助机关的共同上一级机关裁决。

第二节 其他行使执法权的主体

第二十三条 （其他行使执法权的主体范围）

本条例所称的其他行使执法权的主体是指：

（一）根据法律、法规、规章授权行使执法权的组织；

（二）受行政机关委托，对公共事务进行管理的组织、个人。

行政机关自行授权其他行政机关、组织行使执法权的，视为行政委托。

第二十四条 （行政授权·授权组织的条件和法律地位）

法律、法规、规章授权组织应当符合下列条件：

（一）是行政机关之外具有法人地位的组织；

（二）具备实施执法活动必需的基本设备和条件；

（三）具有熟悉有关法律、法规、规章和业务的工作人员；

（四）具备其他有效行使授予的行政职能应当具备的条件。

法律、法规、规章授权的组织以自己的名义对外作出行政执法决定，承担相应的法律后果。

第二十五条　（行政委托·委托事项和受委托主体的条件）

基于技术、经济、便利等因素需要委托行政机关之外的组织实施行政执法的，根据法律、法规、规章的规定，行政机关可以委托组织、个人实施行政执法。

受委托的组织应当具备履行委托的行政执法的条件。法律、法规、规章对受委托主体的条件有规定的，适用其规定。

第二十六条　（行政委托·委托协议）

行政机关与受委托的组织之间应当签订书面委托协议。委托协议中应当载明委托依据、委托事项、权限、期限、双方权利义务、法律责任等。

行政机关应当将委托协议和其他重要事项在本机关网站、办公场所等公示，让公众周知。

第二十七条　（行政委托·受委托主体的法律地位）

受委托的组织、个人以委托机关的名义实施行政执法，委托行为产生的法律后果由委托行政机关承担。

受委托的组织、个人应当自行完成委托事项，不得将委托事项再委托给其他组织、个人。

第三节　当事人及其他参加人

第二十八条　（当事人的范围与行为能力）

本条例所称当事人是指与行政执法有直接利害关系，以自己名义参加行政执法程序的公民、法人和其他组织。

当事人在行政执法程序的行为能力根据民法关于民事行为能力的规定确定，法律另有规定的，适用法律的规定。

无行政程序行为能力人由其法定代理人代为参加行政执法程序。

外国人依其本国法律无行政程序行为能力，根据中国法律有行政程序行为能力的，视为有行政程序行为能力。

第二十九条 （当事人在行政执法程序中的权利）

当事人在行执法程序中享有以下权利：

（一）获得启动行政执法程序的通知；

（二）委托代理人。根据事务的性质，当事人应当亲自参加行政执法程序的除外；

（三）查阅执法卷宗；

（四）提出证据；

（五）陈述意见；

（六）获得行政执法决定文书；

（七）法律、法规、规章、行政规范性文件规定的其他程序权利。

第三十条 （利害关系人）

与拟作出的行政执法决定有法律上利害关系的当事人以外的公民、法人或者其他组织，是行政执法的利害关系人。

行政机关应当依职权或根据其申请，通知利害关系人参加行政执法程序。利害关系人有权就可能影响自己利益的事项陈述意见，有权知道行政执法决定中与自己利益相关的内容。

第三十一条 （代表人制度）

当事人人数是二十人以上，没有委托共同代理人的，应当推选一至五名代表人参加行政执法程序。当事人没有推选代表人，行政机关认为不利于行政执法正常进行的，可以为其指定代表人。

经推选或者经指定担任代表人的，没有正当理由不能辞退。代表人的选定、增减、更换，以书面形式通知行政机关后生效。

代表人代表全体当事人参加行政执法程序，其他当事人不再参加，但撤回申请、放弃权利、承担义务等，必须经过被代表人的同意。

第三十二条　（其他参加人）

本条例所称的其他参加人，包括代理人、鉴定人、翻译人员、证人等。

第三章　管辖与回避

第三十三条　（管辖·地域管辖的补充规定）

管辖根据法律、法规、规章的规定确定。法律、法规、规章没有规定地域管辖的，根据下列规则确定：

（一）涉及不动产的，由不动产所在地行政机关管辖；

（二）涉及公民的，由其住所地行政机关管辖。住所地与经常居住地不一致的，由经常居住地行政机关管辖。住所地与经常居住地都不明的，由其最后所在地行政机关管辖；

（三）涉及法人或者其他组织的经营行为或者从事的组织活动的，由行为发生地行政机关管辖。涉及法人或其他组织的其他事务的，由其主要营业地或者主要办事机构所在地行政机关管辖。

第三十四条　（管辖·紧急情形下的管辖权）

情况紧急、需要立即采取一定措施以避免造成重大损失的，事件发生地行政机关有进行必要处理的管辖权，但是应当立即通知有管辖权的行政机关。

第三十五条　（管辖·管辖权竞合）

数个行政机关对同一事项都有管辖权的，由先受理的行政机关管辖，但共同上级行政机关指定管辖的，不在此限。

第三十六条　（管辖·移送管辖）

行政机关受理当事人的申请或依职权启动行政程序后，认为自己没有管辖权的，应当移送至有管辖权的行政机关，并通知当事人。

受移送的行政机关应当在立案后将案件移送的原因、法律依据等及时通知与移送案件有关的当事人、利害关系人。

受移送的行政机关也认为自己没有管辖权的，不得再行移送，应当报请其共同上一级行政机关指定管辖。

第三十七条　（管辖·管辖权发生事由变更）

行政机关因法律、法规、规章或者事实变化而丧失管辖权的，应当将案件移送至有管辖权的行政机关，并通知当事人。但当事人及有管辖权的行政机关同意由原行政机关继续处理的，原行政机关可以继续处理该案件。

第三十八条　（管辖·管辖权争议的解决）

行政机关之间产生管辖权争议的，协商解决。协商不成的，报共同的上一级机关指定管辖。没有共同的上一级机关的，由各自的上一级机关协商决定。

公民、法人和其他组织申请行政机关履行职责过程中发生管辖权争议，行政机关没有提请解决管辖争议的，申请人可以向争议机关的共同上一级机关提出申请，要求其指定管辖。没有共同上一级机关的，可以向各该上级机关之一申请指定管辖。受理申请的机关应当在十日内作出决定。

管辖确定前，如果必要，争议机关应当根据当事人的申请或者依职权采取必要的处理行为，并通知对方机关。

第三十九条　（回避·回避情形）

有下列情形之一的，行政机关工作人员应当回避。当事人有权以书面或者口头方式申请回避：

（一）是行政事务的当事人或者当事人、代理人的近亲属；

（二）与行政事务有利害关系；

（三）与当事人有其他关系，可能影响对行政事务的公正处理的。

第四十条　（回避·回避的提出和决定）

行政机关工作人员自行回避应得到机关负责人的批准。

公民、法人和其他组织申请工作人员回避的，应当以书面方式提出。书写有困难的，也可以口头提出，由行政机关记录。申请书应当载明申请回避的事实和理由。行政机关应当自回避申请提出之日起三日内作出决定，决定作出前，应当听取被申请回避人员的意见。

回避决定作出前，被申请回避的人员停止参与行政事务的处理，法律、法规另有规定的除外。

申请人对决定不服的，可以向其上一级机关申请复议一次。上一级机关应当在三日内作出复议决定。复议期间，被申请回避的人员不停止参与行政程序。

行政机关或行政机关负责人与本案有利害关系的，应当报请上一级机关指定处理机关，申请人也可以申请行政机关工作人员集体回避。

第四章　依申请作出决定程序

第四十一条　（依申请启动行政执法程序）

需要根据公民、法人和其他组织申请作出行政执法决定的，应公民、法人和其他组织的申请启动执法程序。

公民、法人和其他组织可以采用网上申请、当面递交、信件等书面方式递交申请。行政机关应当完善网上办公系统，提高申请办理的信息化程度，便利申请人办理与申请相关的事务。

申请书需要采用格式文本的，行政机关应当提供申请书格式文本。申请书应当载明下列事项：

（一）申请人的基本情况；

（二）被申请行政机关名称；

（三）申请的事项、理由；

（四）申请人签名或者盖章；

（五）申请的年、月、日。

如果申请人书写有困难，也可以口头向行政机关提出申请，由行政机关工作人员记录，记录中应当记载前列第（一）项至第（五）项事项，并由申请人签字确认。

第四十二条　（与申请相关事项的公示）

行政机关应当将下列事项在本机关官方网站和办公场所进行公示：

（一）作为申请的提出和处理依据的法律、法规、规章和行政规范性文件；

（二）申请书示范文本和提出申请需要提交的全部材料；

（三）对申请进行审查和处理的办理程序；

（四）批准申请的条件，对申请进行处理的裁量基准；

（五）作出决定的期限；

（六）逾期不作决定的法律后果；

（七）其他行政机关认为有必要公示的事项。

申请人要求行政机关对公示的内容予以说明和解释的，行政机关不得拒绝。

第四十三条　（对申请的登记）

行政机关收到公民、法人或者其他组织的申请后，应当按照收到申请的时间顺序对申请进行登记。申请人到行政机关当面递交申请的，收到人员应当出具回执，标明行政机关收到申请的日期、地点、收件人和收到的证据材料清单。

第四十四条　（收到申请的处理）

行政机关收到申请人的申请后，根据下列情况分别作出处理：

（一）申请事项不需要经过行政机关批准的，应当即时告知申请人；

（二）申请事项不属于本机关职权范围的，应当即时作出不予受理的决定，并告知申请人有管辖权的机关；

（三）申请材料的错误可以当场更正的，应当告知申请人当场更正；

（四）申请材料不齐全或者表述不清楚的，行政机关应当当场或者在五日内书面一次性告知申请人需要补正的事项和合理的补正期限。如果申请人同意的，也可以电话告知补正事宜。逾期没有告知的，自收到申请材料之日起即为受理。申请人无正当理由逾期不补正的，视为放弃申请；

（五）申请事项属于本行政机关职权范围，申请材料齐全、符合法定形式，或者申请人按照补正要求提交全部申请材料的，行政机关应当受理申请。

行政机关受理或者不受理公民、法人和其他组织的申请，都应当出具盖有本行政机关专用印章和注明日期的凭证。

第四十五条　（对申请材料的审查、核实）

申请人应当如实向行政机关提交相关材料和反映真实情况。

行政机关应当对申请材料的内容的真实性进行核实和审查。为了查明申请人是否符合法定条件，行政机关有权调查收集申请材料之外的证据，但不得要求申请人提供与申请事项无关的材料。

行政机关在对申请材料进行审查时，发现申请事项直接关系其他公民、法人或其他组织重大利益的，应当及时告知利害关系人。

第四十六条　（不同部门的联合办理）

申请事项需要由地方人民政府两个以上部门分别进行审查处理的，县级以上人民政府应当组织建立申请审查处理信息共享平台，由处理申请事项的主要职能部门统一受理申请，并组织相关部门通过信息共享平台，对申请事项进行联合办理、集中办理。

第四十七条　（驳回申请听取申请人的意见）

行政机关拟驳回申请人的申请的，应当告知申请人拟驳回申请的事实、法律依据，并听取申请人的陈述和申辩。

出现下列情形之一的，应当举行听证：

（一）申请事项涉及申请人、利害关系人的重大利益的；

（二）行政机关认为必要的；

（三）法律、法规、规章规定应当举行听证的。

听证的程序适用本条例的规定。

第四十八条 （决定和说明理由）

申请人的申请符合法定条件的，行政机关应当作出准予申请的书面行政决定，行政决定书中应当简要说明理由。

行政机关依法作出不准予申请的书面决定的，应当在决定文书中对拒绝申请决定的事实认定、法律适用、裁量因素等作出说明。说明理由应当清楚、充分。行政决定书中应当载明申请人、利害关系人依法申请行政复议和提起行政诉讼的权利和途径。

行政决定书应当送达申请人。行政决定书对利害关系人的权益有重大影响的，应当送达利害关系人。

第四十九条 （决定期限）

法律、法规、规章、行政规范性文件对申请办理期限有规定的，行政机关必须在法定的期限内办结。

行政机关书面承诺办理申请事项的期限短于法定期限的，行政机关应当在承诺期限内作出决定。

法律、法规、规章、行政规范性文件对行政执法事项没有规定法定期限的，实行限时办结制度，行政机关应当按照下列规定限时办结：

（一）办理的事项只涉及一个行政机关的，行政机关应当自受理申请之日起二十日内办结；二十日内不能办结的经本行政机关负责人批准，可以延长十日，并应当将延长期限的理由告知申请人；

（二）办理的事项涉及两个以上部门的，行政机关应当自受理申请之日起四十五日内办结；四十五日内不能办结的，经本级人民政府负责人批准，可以延长十五日，并应当将延长期限的理由告知申请人；

（三）依法应当先经下级行政机关审查或者经上级行政机关批

准的事项，负责审查或者批准的行政机关应当在受理之日起二十日内审查或者批准完毕。

第五章　依职权执法程序

第一节　积极履职与行政检查

第五十条　（依职权积极履职）

行政机关应当依职权积极主动履行法定职责。具备法定启动条件时，行政机关应当启动行政执法程序，在法定期限内及时作出行政决定。

公民、法人和其他组织向行政机关投诉、举报，要求行政机关履行法定职责的，行政机构应当自收到申请之日起在十日内对是否启动行政执法程序向投诉人、举报人作出答复。法律、法规关于答复期限的规定少于十日的，适用其他法律法规的规定。

投诉、举报的事项符合启动行政执法条件的，行政机关应当启动行政执法。

第五十一条　（行政检查）

本条例所称的行政检查是指行政机关依照法定权限、程序，对公民、法人和其他组织是否遵守法律规定、履行法定义务进行监督检查的活动。

行政机关进行检查时不得妨碍公民、法人和其他组织正常的生产经营活动。公民、法人和其他组织有配合、协助执法机关执法检查的义务。

第五十二条　（常态执法机制）

行政机关应当建立定期行政检查机制。行政机关应当告知当事人行政检查的内容、方式。

行政机关制定年度行政检查计划，报政府法制工作部门备案。政府法制工作部门可以对行政检查计划提出修改建议。

必要时，行政机关可以开展临时行政执法检查。

第五十三条　（检查笔录）

行政检查应当制作检查笔录。检查笔录应当载明检查主体、被检查对象、检查内容、检查方式、检查过程、检查发现的问题、检查日期等内容。检查笔录应当有被检查人的签字。被检查人拒绝签字或者不能签字的，应当注明原因。有其他人在现场的，可以由其他人签字。

行政机关在行政检查过程中发现当事人存在违法行为，需要立案查处的，应当及时立案查处。

第二节　调　　查

第五十四条　（职权调查原则和全面调查原则）

本条例所称调查是指行政机关收集证据、查明案件事实的活动。

行政机关依照职权收集证据、调查事实。公民、法人和其他组织有配合行政机关调查的义务，应当向调查机关提供与行政事务相关的材料和信息，但行政机关不得要求公民、法人和其他组织提供与行政事务无关的材料。

行政机关收集证据应当客观、全面、及时，对当事人有利和不利的证据都应当收集，当事人具备法定减轻、从轻处理情节的，应当收集相关证据。

第五十五条　（调查人员人数和表明身份）

行政机关实施调查时，执法人员不得少于二人。实施调查措施需要经过行政机关负责人批准的，应当持有相关手续。

行政机关调查时应当向当事人或者有关人员主动出示行政执法

证件，说明调查事项和依据。调查人员不出示行政执法证件和持有相关手续的，被调查人有权拒绝调查和提供材料。因情况紧急来不及履行批准手续的，可以先实施调查措施，调查结束后要报告行政机关负责人，补办批准手续。

第五十六条　（调查措施的确定和选择）

调查措施直接影响公民、法人和其他组织权利的，应当依照法律、法规、规章的规定进行。没有法律、法规、规章规定，调查方法仅仅是技术手段的应用，对公民、法人和其他组织权利没有影响的，行政机关可以采用。

行政机关可以采取以下方法展开调查：

（一）询问当事人、证人；

（二）听取当事人的陈述和申辩；

（三）向个人、组织调取书证、物证、视听资料、电子数据等；

（四）现场勘验、检查；

（五）抽查取样；

（六）鉴定；

（七）法律、法规规定的其他调查措施。

行政机关根据立法的目的，基于调查的需要，合理使用必要、适当的调查措施，查明事实。

第五十七条　（实施调查尽到合理注意的义务）

行政机关进行调查时，应当尽到合理注意的义务，避免或者尽可能减少调查给被调查人带来不利影响。

第五十八条　（证据保全）

在证据可能灭失或者以后难以取得的情况下，经行政机关负责人批准，可以先行登记保存。

先行登记保存期间，证据持有人及其他相关人员不得损毁或者转移证据。

对先行登记保存的证据，应当在三十日内对是否解除证据保全措施作出处理决定；情况复杂的，经行政机关负责人批准，可以延长，但是延长的期限不得超过三十日。逾期不作出处理决定的，视为自动解除。

第五十九条 （中止调查）

经当事人申请，行政机关与当事人可以在调查过程中达成中止调查的协议。协议应当明确以下事项：

（一）申请人涉嫌违法的事实；

（二）申请人承诺消除违法行为后果的具体措施、期限；

（三）执法机关中止调查活动。

当事人未能在约定期限内采取承诺措施消除违法行为效果的，执法机关应当恢复调查。

第三节 证 据

第六十条 （证据的种类）

行政证据有以下几种：

（一）书证；

（二）物证；

（三）视听资料；

（四）电子数据；

（五）证人证言；

（六）当事人的陈述；

（七）鉴定意见；

（八）勘验笔录、现场笔录；

（九）法律、法规规定可以作为证据的其他材料。

行政执法证据应当具备关联性、合法性、真实性。

第六十一条 （举证责任）

行政机关对行政执法决定的合法性和适当性承担举证责任。

行政许可事项对公众安全存在重大隐患时，由申请人对其是否具备许可条件承担举证责任。

第六十二条　（证据的审核认定）

行政机关执法人员依据法律的规定，遵循公务员职业道德，运用逻辑推理和行政管理经验，全面、客观地审核证据，对证据有无证明能力和证明力大小进行判断，确定证据材料与事实之间的证明关系，准确认定事实。

第六十三条　（对单一证据的审查）

执法人员对单一证据可以从以下方面进行审查：

（一）证据与待证事实是否相关；

（二）证据的形式、取得是否符合法律、法规、司法解释、规章的规定；

（三）分析证据形成的原因和发现证据的环境判断证据内容是否真实；

（四）证据是否为原件、原物，复制件、复制品与原件、原物是否相符；

（五）提供证据的人或者证人与当事人是否具有利害关系；

（六）其他与关联性、合法性和真实性相关的因素。

第六十四条　（对全部证据的综合审查）

执法人员对调查收集到的证据和当事人、第三人提供的证据，从单个证据与待证事实的关联程度、证据之间的联系等方面进行综合审查判断。

第六十五条　（定案证据）

证据应当查证属实，才能作为行政执法决定的根据。行政机关以证据能够证明的事实为根据依法作出行政执法决定。

当事人有权对作为定案依据的证据发表意见，提出异议。没有听取当事人意见的证据不能作为行政执法决定的根据。

第六十六条 （不具备合法性、真实性的证据材料）

下列证据材料不能作为作出执法决定的根据：

（一）违反法定程序收集的证据；

（二）以偷拍、偷录、窃听等手段侵害他人权益获得的证据；

（三）以威胁、利诱、胁迫、暴力等不正当手段取得的证据；

（四）没有其他证据印证，且相关人员不予认可的证据的复制件或者复制品；

（五）被技术处理而无法辨认真伪的证据；

（六）不能正确表达意志的证人提供的证言；

（七）在中华人民共和国领域外形成的未办理法定证明手续的证据；

（八）不具备合法性、真实性的其他证据材料。

第六十七条 （证明标准）

行政执法决定对当事人有重大不利影响的，行政机关对事实的认定应当排除一切合理怀疑。

行政执法决定对当事人有不利影响的，行政机关对事实的认定应当有实质性证据支持。

行政机关在紧急情况下作出应急处置决定，或者作出准予给付申请决定的，对事实的认定应当有合理根据。

第四节 陈述意见

第六十八条 （陈述意见的权利）

行政机关作出对当事人不利的行政执法决定前，应当听取当事人的意见，并以书面方式告知当事人下列事项：

（一）当事人的基本情况；

（二）拟作出的行政执法决定认定的事实及证据、理由和依据；

（三）当事人的意见可以包括事实问题和法律问题；

（四）陈述意见的期限及逾期不陈述意见的法律后果；

（五）其他应当告知当事人的事项。

第六十九条　（当事人阅览卷宗）

当事人可以自收到行政机关陈述意见告知之日起到行政机关查阅、摘抄、复制行政卷宗中的证据材料，证据材料涉及国家秘密、商业秘密和个人隐私的除外。但证据材料部分涉及国家秘密、商业秘密和个人隐私的，行政机关应当进行技术处理，让当事人查阅、摘抄、复制其他部分证据材料。

当事人查阅、摘抄证据材料，行政机关不得收费。当事人复制证据材料的，只能收取工本费。

第七十条　（陈述意见的方式）

当事人可以采用网上提交、当面递交、挂号信、电子邮件等书面方式向行政机关提交意见。

当事人存在书写困难的，可以采用口头方式向行政机关陈述意见。行政机关应当制作记录，向当事人宣读或由其阅览确认内容无误后，由当事人签名或者盖章。当事人对记录有异议的，应当更正。

行政机关应当为当事人陈述意见预留合理的期间，不得少于七日。当事人没有在限定期限内陈述意见的，视为放弃陈述意见的权利。

第七十一条　（对当事人意见的复核和采纳）

行政机关对当事人提出的事实、理由和证据，应当进行复核；当事人提出的事实、理由或者证据成立的，行政机关应当采纳。不予采纳的，行政机关应当说明理由。

第五节　听　证

第七十二条　（适用情形）

有下列情形之一的，适用本条例规定的听证程序：

（一）行政机关拟作出对当事人的权利产生重大不利影响行政

执法决定的；

（二）法律、法规、规章规定应当举行听证的；

（三）行政机关认为有必要举行听证的。

第七十三条　（听证主持人的人选）

行政机关负责人指定本机关法制机构工作人员或者专职法制人员担任听证主持人，负责组织听证。必要时，也可以指定本机关非调查部门的其他工作人员担任主持人。

听证会设记录员一人，负责听证会的记录以及其他相关事务。

第七十四条　（利害关系人参加听证）

行政决定直接涉及当事人与他人之间重大利益关系的，行政机关应当通知利害关系人参加听证。行政机关没有通知利害关系人的，利害关系人可以向听证机关申请参加听证。

利害关系人在听证中享有与当事人相同的权利。

第七十五条　（通知）

行政机关将下列事项书面通知当事人、利害关系人。公开听证的，在机关办公场所和官方网站公告听证的时间、地点、案由。

（一）当事人、利害关系人的基本情况；

（二）进行听证的时间、地点和事由；

（三）听证事项，包括事实问题与法律问题；

（四）当事人、利害关系人在听证中的权利；

（五）缺席听证会的法律后果；

（六）其他应当记载的事项。

行政机关确定听证会时间时应当视具体情形为当事人、利害关系人预留合理期间，自通知送达当事人之日起不得少于七日。

第七十六条　（公开原则）

听证公开进行。出现下列情形之一的，听证主持人依职权或根据当事人的申请决定不公开：

（一）公开明显会对公共利益造成损害的；

（二）公开可能给当事人、利害关系人的利益造成重大损害的。

第七十七条　（听证开始）

听证开始时，由听证主持人核对调查人员和当事人，宣布案由和听证纪律，询问当事人是否提出回避申请。

第七十八条　（调查）

听证分调查和辩论两个环节。

调查按照下列顺序进行：

（一）调查人员陈述拟作出的行政执法决定的内容，以及认定的事实、证据、法律依据；

（二）当事人、利害关系人陈述意见；

（三）听证主持人出示书证、物证、视听资料；

（四）证人作证，听证主持人宣读未到场证人证言；

（五）听证主持人宣读鉴定结论、勘验笔录和现场笔录；

当事人有权在听证中提交新的证据。经听证主持人同意，当事人及其代理人有权向调查人员、证人、鉴定人发问。

第七十九条　（辩论）

经听证主持人许可，调查人员、当事人对证据、行政执法决定认定的事实、适用的法律发表意见，相互进行辩论。利害关系人有权就与自己相关的问题发表意见，与调查人员、当事人进行辩论。

调查人员、当事人、利害关系人在听证结束时依次作最终陈述。

第八十条　（处置措施）

为保证听证的顺利进行，主持人有权采取以下措施：

（一）对违反听证纪律的行为进行制止和批评；

（二）妨碍听证正常进行、情节严重的，责令其退场；

（三）当事人无故不到场的，径行决定开始、延期或者终止听证；

（四）出现特定情形需要中止听证的，决定中止听证；

（五）出现特定情形需要终止听证的，决定终止听证；

（六）为保证听证的顺利进行，采取其他必要措施。

当事人认为听证主持人的处置措施违法或者不当的，可以即时提出异议。听证主持人认为异议有理由的，应当撤销原处置措施；认为异议没有理由的，即时驳回异议。

第八十一条　（听证笔录）

听证应当制作笔录。听证笔录记载下列事项：

（一）听证主持人的姓名、部门、职务；

（二）当事人、第三人的姓名、名称、住所、是否出席听证；

（三）调查人员的姓名、部门、职务；

（四）听证的时间、地点；

（五）听证是否公开进行，不公开进行的理由；

（六）调查和辩论过程的记录；

（七）当事人、第三人声明异议及听证主持人对异议的处理；

（八）其他应当记载的事项。

在听证会中出示的证据是听证笔录的组成部分。

第八十二条　（确认及声明异议）

调查人员、当事人、利害关系人在听证结束后当场阅读听证笔录，经确认无误后签名或者盖章。拒绝签名或者盖章的，应当记明事由。

调查人员、当事人、利害关系人认为听证笔录记载的事项与事实不符的，应当即时向听证主持人提出异议。主持人认为异议成立的，应当更正或补充；认为不成立的，应当将异议附记于笔录中。

第八十三条　（听证终结）

听证主持人认为当事人的意见已经得到充分陈述，对事实的认定已经达到可以作出决定程度的，终结听证。

听证结束后，听证主持人根据听证笔录对行政执法决定提出建议，并阐明建议的事实根据和法律依据，连同听证笔录报送行政机关负责人。

第八十四条　（案卷排他原则）

行政决定应当根据听证笔录作出。未经听证质证的证据不能作为行政决定的依据。

第八十五条　（再次听证）

听证结束后，行政决定作出前，出现下列情形之一的，再次进行听证：

（一）发现新的证据可能改变事实认定结果的，行政机关应当再次进行听证；

（二）行政机关认为有必要的，可以再次进行听证。

第六节　简易程序

第八十六条　（适用情形）

行政机关处理事实清楚、当场可以查实、有明确法律依据，且拟作出的执法决定对当事人权利影响较小的行政事务时，可以适用简易程序作出执法决定。

法律对简易程序的适用范围另有规定的，适用其他法律规定。

第八十七条　（独任制和听取意见）

行政机关适用简易程序作出行政执法决定的，可以由工作人员一人进行程序中的行为。

行政机关可以口头告知当事人拟作出的行政执法决定的事实、依据和理由，当事人当场陈述意见的，执法人员应当将当事人的意见记录在卷。当事人要求向行政机关递交书面意见的，行政机关不得拒绝。

第八十八条　（当场作出决定的情形）

行政机关适用简易程序处理行政事务，能够当场作出行政执法决定的，可以当场作出行政执法决定。

当场作出行政执法决定的，填写有预定格式、统一编号的行政决定书。行政执法决定书应当载明当事人的基本情况、认定的事实和法律依据、决定的内容、作出决定的时间和地点、行政机关的名称，并由执法人员签名或者盖章。

执法人员当场作出行政执法决定的，应当尽快报所属行政机关备案。

第八十九条　（作出决定的期间和说明理由）

适用简易程序，除当场作出行政执法决定的，行政机关应当自行政程序启动之日起十日内作出行政执法决定。

行政执法决定可以填写有预定格式、统一编号的行政决定书。没有采纳当事人提出的意见的，应当说明理由。

第七节　作出行政执法决定

第九十条　（行政执法决定的作出）

行政机关依职权启动执法程序的，应当及时作出行政执法决定，保障法律规范得到有效实施。

一般行政执法决定由行政机关主要负责人或者分管负责人决定作出。

重大行政执法决定由行政机关负责人集体讨论决定作出。

决定机关法制工作机构或者法制工作人员对重大行政执法决定的事实认定、法律适用、执法程序、裁量权行使等事项进行合法性审查。

对涉及经济社会发展全局、影响公共利益以及专业性强、技术性强的重大行政执法事项，应当经专家论证或者评审后作出决定。

第九十一条　（行政决定书应当载明的事项）

行政执法决定以书面方式作出。行政执法决定书采用制作式，应具有说理性。

行政执法决定书应当记载以下事项：

（一）行政机关名称及发文字号；

（二）当事人的基本情况；

（三）决定依据的事实和证明事实的证据；

（四）决定适用的法律、法规、规章和行政规范性文件条文；

（五）行政执法决定的内容；

（六）当事人履行决定的方式、期限；

（七）申请行政复议的受理机关、申请期限，或者受理行政诉讼的人民法院、起诉期限；

（八）作出决定的行政机关的签章；

（九）作出决定的日期。

第九十二条　（说明理由）

行政执法决定应当说明理由，对事实认定、法律适用、裁量因素等作出说明。

说明理由应当清楚、充分，理由模糊或者仅简要记载当事人行为事实和适用的法律依据的，视为没有说明理由。

第九十三条　（未告知或错误告知受理机关、错误告知救济期间的处理）

行政决定书没有告知或者错误告知受理机关，当事人向没有管辖权的行政机关申请行政复议或者人民法院提起行政诉讼的，收到材料的行政机关或者人民法院应当将案件移送至有管辖权的行政机关或者人民法院。

行政决定书记载的救济期间错误，当事人未能在法定期间内申请行政复议或者提起行政诉讼的，以行政决定书记载的期间为准。决定机关书面通知当事人更正错误的，法定期间自通知送达当事人之日起开始计算。

第九十四条　（更正）

行政决定书有误写、误算或者其他类似错误的，决定机关随时依职权或者根据当事人的申请更正。

更正附记于原行政决定书。如果原行政决定书已经送达当事人和已知的利害关系人，应当制作更正决定书，及时通知并送达当事人和已知的利害关系人。

第九十五条　（行政执法案卷）

行政机关应当建立行政执法案卷。对公民、法人和其他组织的监督检查记录、证据材料、执法文书等立卷归档。

公民、法人和其他组织可以查阅、摘抄、复制与自己相关的行政执法案卷材料，依法不应当公开的信息除外。

第八节　期　　间

第九十六条　（期间的种类和计算）

期间包括法定期间和行政机关指定的期间。

期间以时、日、月、年计算。期间开始的时和日，不计算在期间内。

以月或年定期间，于最后一月没有相当期日的，以该月的末日为期间的末日。

期间届满的最后一日是节假日的，以节假日后的第一日为期间届满的日期。但期间涉及公民、法人和其他组织不利行政决定的，该日为期间届满的日期。

第九十七条　（内部程序承诺时限公开）

行政机关之间办理请示、报告、询问、答复、商洽工作等内部行政事务，应当按照简化办事程序，提高办事效率的要求，承诺办结期限，并将承诺的办结期限向社会公开。

第九十八条　（期间扣除）

期间不包括在途时间，公民、法人和其他组织以邮寄方式向行政机关提交材料的，以交邮当日之邮戳为准。行政执法文书在期限届满前交邮的，不算超期。

行政机关作出行政执法决定，依法需要听证、招标、拍卖、检验、检测、检疫、鉴定、专家评审和公示的，所需时间不计算在规定的期限内。行政机关应当将办理前述事项需要的时间书面告知当事人。

第九十九条　（期间顺延）

公民、法人和其他组织因不可抗拒的事由或其他正当理由耽误期间的，在障碍消除后的十日内，可以申请顺延期限，是否准许，由行政机关决定。

行政机关由于不可抗拒的事由或其他正当理由未能在法定期间内处理完毕行政事务的，于该事由终止前，停止期间的计算。

第九节　送　达

第一百条　（送达方式的一般规定）

行政执法文书应当在作出后当场交付当事人。当事人不在现场的，行政执法文书由行政机关直接交付受送达人或者邮寄送达。

邮寄送达的，采用挂号或其他需要受送达人签收回执的方式进行，以回执上注明的收件日期为送达日期。

行政机关可以探索建立和完善执法文书的电子化送达机制，提高执法效率。

送达行政文书，本条例没有规定的事项，适用《中华人民共和国民事诉讼法》的规定。

第一百零一条　（受送达人）

行政执法文书应当送达当事人本人。受送达人是公民的，本人不在的，可以交由其同住成年家属签收，但同住成年家属与受送达人就该行政执法决定存在相反利害关系的除外。受送达人是法人、其他组织的，由法人的法定代表人、其他组织的主要负责人或者该法人、组织负责收件的人签收。

当事人委托有代理人，且代理人的受送达权限没有被限制的，行政执法决定书可以送达给代理人。

当事人及其代理人可以指定行政执法文书代收人，向行政机关作出书面说明。受送达人指定有行政执法文书送达代收人的，送交代收人签收。

第一百零二条　（直接送达）

直接交付行政执法决定书的，在受送达人的住所地送交受送达人。受送达人没有异议的，可以在行政机关办公场所送交受送达人。

送达行政执法决定书必须填写送达回证，由受送达人在送达回证上记明收到日期，签名或者盖章。受送达人在送达回执上的签收日期为送达日期。

第一百零三条　（留置送达）

受送达人或者合法签收人无正当理由拒绝接收行政执法决定书的，送达人员可以邀请受送达人所在基层自治组织工作人员到场，说明情况，在送达回证上记明拒收事由和日期，由送达人、见证人签名或者盖章，把行政执法文书留在受送达人的住所；送达人员也可以把行政执法文书留在受送达人的住所，并采用拍照、录像等方式记录送达过程，视为送达。

第一百零四条　（公告送达）

出现下列情形之一的，为避免行政程序的延滞，行政机关应当公告送达：

（一）受送达人的住所地不明的；

（二）受送达人下落不明的；

（三）其他方法无法送达，需要公告送达的。

利害关系人可以申请行政机关公告送达。

公告送达，由行政机关在报纸、机关网站、行政机关公告栏刊登行政决定节本。自发出公告之日起，经过六十日，即视为送达。

受送达人在公告期间内到行政机关领取行政执法决定书的，领取之日为送达之日。

公告送达，应当在行政案卷中记明原因和经过。

第六章　行政裁量权基准

第一百零五条　（制定行政裁量权基准）

本条例所称的行政裁量权基准是指行政机关依职权对裁量权具体化的控制规则。

行政裁量权基准由享有裁量权的行政机关制定。上级行政机关已经制定行政裁量权基准的，下级行政机关不再制定适用范围相同的行政裁量基准。

行政裁量权基准制定后应当公开，让公众周知。

行政机关执法时应当遵照行政裁量权基准。

第一百零六条　（制定行政裁量权基准应考虑的因素）

制定行政裁量权基准，应当考虑以下因素：

（一）授予行政裁量权的法律、法规、规章的立法目的、基本原则；

（二）经济、社会、文化等客观情况的地域差异性；

（三）行政管理事项的事实、性质、情节、社会影响；

（四）其他影响行政裁量权合理行使的因素。

第一百零七条　（征求公众意见）

行政机关制定行政裁量权基准时，应当在政府官方网站、知名度较高的社会网站、地方性报纸等刊登草案，公开征求公众意见。

行政机关对公众提出的意见应当认真对待，没有采纳的，应当说明理由。

第一百零八条　（行政裁量权基准的公开）

行政机关应当将行政裁量权基准在机关官方网站公开，在办公场所印制成册提供给公众。

第七章 行政执法决定的效力

第一百零九条 （生效）

书面行政执法决定自行政执法决定书送达当事人之日起发生效力。

以书面之外其他方式作出的行政执法决定自以适当的方式通知或者使当事人知道时起生效。

行政执法决定以公告方式送达的，自最后登载日起发生效力。行政执法决定另外确定不同生效日期的，从其规定。

行政执法决定生效后未经法定程序被撤销、废止，或者未因其他事由失效，其效力持续存在。

第一百一十条 （行政执法决定对决定机关和当事人的约束效果）

行政执法决定生效后对作出决定的行政机关和当事人都具有约束效果。作出决定的行政机关应当保障行政执法决定确定的当事人权利的实现，当事人应当在规定期限内履行行政执法决定所确定的义务。

未具备法定撤销或者废止事由，行政机关不得撤销或者废止行政执法决定。

第一百一十一条 （无效行政执法决定）

行政执法决定具有下列情形之一的，视为无效：

（一）作出行政执法决定的主体不具有行政主体资格的；

（二）未经授权违反专属管辖规定的；

（三）行政执法决定书未载明作出决定的行政机关或者未加盖行政机关印章的；

（四）行政执法决定的内容违背公序良俗的；

（五）行政执法决定具有其他重大明显的违法情形的。

无效的行政执法决定自始不发生效力，当事人有权拒绝履行行政执法决定确定的义务。

第一百一十二条 （部分无效的情形）

行政执法决定的部分内容无效的，不影响其他部分内容的效力。如果去除无效部分内容行政执法决定不能成立的，行政执法决定全部无效。

第一百一十三条 （无效行政执法决定的确认）

行政机关可以随时依职权确认行政执法决定无效。

行政执法决定的当事人或利害关系人可以向行政机关申请确认行政执法决定无效，行政机关应当确认其为有效或无效。

第一百一十四条 （补正）

行政执法决定违反法定程序，存在下列情形之一的，视为补正，可不撤销行政执法决定：

（一）需当事人提出申请才能作出的行政执法决定，当事人在事后已提出申请的；

（二）应当参与共同作出行政执法决定的行政机关已于事后参与的；

（三）行政机关程序轻微违法，未对当事人的权利产生实际影响，已于事后纠正的；

（四）其他法律、法规规定可以进行补正的情形。

补正应当在行政复议和行政诉讼期限届满前完成，并及时通知当事人。

第一百一十五条 （违法行政执法决定的撤销与限制）

违法的行政执法决定在法定救济期间届满后，决定机关或者其上级行政机关仍可以依职权撤销。撤销决定应当告知当事人和利害关系人。

有下列情形之一的，不得撤销：

（一）撤销会给公共利益造成重大损害的；

（二）受益人信赖授益行政执法决定的持续存在，且其信赖利益显然大于撤销所要维护的公共利益的，但具有本条例第一百一十八条规定的情形的除外。

前款规定的撤销权应当自撤销机关知道存在撤销原因时起二年内作出。

行政决定不予撤销的，行政机关应当采取补救措施或者由监督机关责令其采取补救措施。

第一百一十六条　（撤销的后果）

违法行政执法决定被撤销的，追溯至行政决定生效之日失去法律效力。为维护公共利益或者避免受益人财产受到损失，撤销机关认为有必要的，可以另定失效日期。

第一百一十七条　（信赖不值得保护的情形）

受益人有下列情形之一的，其信赖不值得保护：

（一）以欺骗、贿赂等方法使行政机关作出行政执法决定的；

（二）对重要事项提供不正确资料或者作出不正确陈述，致使行政机关根据该资料或者该陈述作出行政执法决定的。

第一百一十八条　（授益行政执法决定被撤销后的信赖补偿）

授益行政执法决定被撤销后，如果受益人没有本条例第一百一十八条规定的情形，对其因信赖行政执法决定而遭受的财产损失，撤销机关应当给予受益人合理补偿。

对受益人的财产损失补偿包括直接损失和可预期收益，但补偿数额不能超过受益人因为行政执法决定存续可以获得的利益。

受益人的补偿请求权自行政机关告知其事由时起二年内不行使而消灭。行政机关没有告知受益人有补偿请求权的，自作出撤销决定之日起五年内行使。

第一百一十九条　（不利行政执法决定的废止）

作出行政执法决定的机关可以根据情势的变更，依职权对合法的不利行政执法决定全部废止或者部分废止。法律、法规禁止废止的除外。

不利行政执法决定对公民、法人和其他组织的权利有重大影响的，决定机关应当根据情势的变更废止不利行政执法决定。

第一百二十条　（授益行政执法决定的废止）

授益行政执法决定有下列情形之一的，决定机关可以全部或者部分废止行政执法决定：

（一）法律、法规规定准许废止的；

（二）附负担的行政执法决定，受益人未履行该负担的；

（三）行政执法决定的法律依据或者事实基础发生变化，行政执法决定继续存在将对公共利益造成严重损害的；

（四）其他不废止行政执法决定会对公共利益造成重大损害的。

废止授益行政执法决定应当自废止原因发生后一年内作出。

根据本条第三款和第四款废止合法授益行政执法决定的，对受益人因信赖该行政执法决定而遭受的财产上的损失应当给予合理补偿。补偿适用本条例第一百二十条的规定。

第一百二十一条　（废止行政决定的后果）

合法行政执法决定经废止后，自废止之日起或者自废止机关指定较后之日起失去效力。因受益人未履行负担而导致废止发生的，溯及既往失去效力。

第一百二十二条　（行政程序的重新进行·申请的提出）

行政执法决定的法定救济期间届满后，具有下列各款情形之一的，当事人或者利害关系人可以向决定机关申请撤销或者废止行政执法决定：

（一）具有持续效力的行政执法决定的事实或者法律依据事后发生有利于当事人或者利害关系人的变更的；

（二）发生新事实或者发现新的证据，可能会作出有利于当事人或利害关系人的行政执法决定的；

（三）其他具有行政诉讼再审事由且足以影响行政执法决定的。

当事人或者利害关系人因为重大过失没有在行政程序或者救济程序中主张前款规定的申请事由的，不能接受其申请。

重新进行行政程序的申请应当自当事人或利害关系人得知申请事由之日起三个月内提出。但自法定救济期间届满后已逾五年的，不得再提出申请。

第一百二十三条　（行政程序的重新进行·对申请的处理）

行政机关收到申请后，应当进行审查，并作出以下处理：

（一）申请人不是行政执法决定的当事人或者利害关系人的，驳回申请人的申请；

（二）申请重新进行行政程序的理由不成立的，或者虽然具备重新进行行政程序的原因，但认为原行政执法决定正当有必要维持其效力的，驳回申请人的申请；

（三）申请的理由成立的，应当撤销、废止或者变更原行政执法决定。

第八章　对行政执法程序义务履行的监督

第一百二十四条　（行政的监督）

县级以上人民政府应当加强对本条例实施情况的监督检查，及时纠正行政程序违法行为。监督检查的主要方式：

（一）听取本条例实施情况的报告；

（二）开展实施行政执法程序工作的检查；

（三）重大行政执法决定登记和备案；

（四）行政执法评议考核；

（五）行政执法案卷评查；

（六）受理公众投诉、举报；

（七）调查公众投诉、举报和媒体曝光的行政执法程序违法行为；

（八）查处违反执法程序的行为；

（九）其他监督检查方式。

第一百二十五条　（公民、法人和其他组织的监督）

公民、法人或者其他组织认为行政机关的行政执法违反法定程序的，可以向其本级人民政府法制部门、监察部门和上级行政机关投诉、举报，要求调查和处理。政府法制部门、监察部门和上级行政机关应当公布受理投诉、举报的承办机构和联系方式。

接受投诉、举报的行政机关对受理的投诉、举报应当进行调查，依照职权在六十日内作出处理决定，并将处理结果告知投诉人、举报人。

第一百二十六条　（行政执法程序状况档案）

县级以上人民政府法制部门应当建立行政机关依法行政档案，对本级人民政府各工作部门和下一级人民政府的行政执法中的程序违法行为予以登记，并将违法记录以适当方式向社会公布。

第一百二十七条　（对程序违法行为的自我纠正）

行政机关违反法定执法程序的，行政机关应当依职权或者依申请自行纠正。

县级以上人民政府法制部门对公众投诉举报、新闻媒体曝光和监督检查中发现的行政机关执法程序违法行为，应当向有关机关发出《行政执法监督通知书》，建议自行纠正，有关机关应当在30日内将处理结果向政府法制部门报告。

第一百二十八条　（对程序违法行为的处理）

行政机关不自行纠正违法行政执法决定的，由有监督权的机关根据违法行为的性质、程度等情况，依照职权分别作出如下处理：

（一）责令履行法定职责；

（二）确认行政执法决定无效；

（三）撤销；

（四）责令补正或者更正；

（五）确认行政执法决定违法。

第九章 附 则

第一百二十九条 （条例生效）

本条例自 年 月 日开始生效。